品成

阅读经典 品味成长

COACHING FOR LEADERSHIP

领导力教练

世界著名企业教练们的实践心得

〔美〕马歇尔·戈德史密斯（Marshall Goldsmith）
〔美〕劳伦斯·S. 莱昂斯(Laurence S.Lyons)　编著
〔美〕萨拉·麦克阿瑟(Sarah McArthur)

徐中　戴钊　胡金枫　译

人民邮电出版社

北京

图书在版编目（CIP）数据

领导力教练：世界著名企业教练们的实践心得 /
（美）马歇尔·戈德史密斯（Marshall Goldsmith），
（美）劳伦斯·S. 莱昂斯（Laurence S. Lyons），（美）
萨拉·麦克阿瑟（Sarah McArthur）编著；徐中，戴钊，
胡金枫译. -- 北京：人民邮电出版社，2024. 7.
ISBN 978-7-115-64537-1

Ⅰ. F279.1

中国国家版本馆 CIP 数据核字第 20243WT550 号

◆　编著　　［美］马歇尔·戈德史密斯（Marshall Goldsmith）
　　　　　　［美］劳伦斯·S. 莱昂斯（Laurence S. Lyons）
　　　　　　［美］萨拉·麦克阿瑟（Sarah McArthur）
　　译　　　徐　中　戴　钊　胡金枫
　　责任编辑　袁　璐
　　责任印制　陈　犇
◆　人民邮电出版社出版发行　　北京市丰台区成寿寺路 11 号
　　邮编 100164　　电子邮件 315@ptpress.com.cn
　　网址 https://www.ptpress.com.cn
　　文畅阁印刷有限公司印刷
◆　开本：720×960　1/16
　　印张：22.75　　　　　　　　2024 年 7 月第 1 版
　　字数：271 千字　　　　　　　2024 年 7 月河北第 1 次印刷
　　　　著作权合同登记号　图字：01-2022-6008 号

定价：69.80 元
读者服务热线：（010）81055671　印装质量热线：（010）81055316
反盗版热线：（010）81055315
广告经营许可证：京东市监广登字 20170147 号

我们有责任传承我们所学到的……

我很荣幸，也很感谢，在咨询领域，我被看作一位"智者"。我的使命是运用自己的才能去帮助其他从业者不断提高他们对客户和世界的影响力。

理查德·贝克哈德

本书献给迪克·贝克哈德，对本书的很多作者来说，他是一位优秀的教练，一位专业的同行，一位亲密的朋友和导师。他对众人的启发远远超越了他的期望。

推荐序

    企业教练是受到体育运动的启发后产生的，指的是将体育教练的理念、方法、技术应用到企业管理中，进而形成的一种新型的企业管理方法，同时也是培训界的一种技术和顾问流派。企业教练的概念和理论出现在 20 世纪后期的美国，经过 20 多年的发展，教练技术已成为欧美企业家提高效率的有效管理技术。目前，教练已成为美国顾问行业中呼声最高、增长最快的领域之一。

    关于教练的重要性和价值，前通用电气首席执行官（Chief Executive Officer，CEO）杰克·韦尔奇（Jack Welch）的一句话最为形象："我只想做一名企业教练。我想提醒你们我观念中的领导艺术是什么，它只跟人有关。没有最好的运动员就不会有最好的球队，企业队伍也是如此，最好的领导者实际上是教练！"一位卓越的领导者应该首先回答"我该怎样帮助这个人成为一个更有价值的个体，同时该如何使大家创造更大的价值"这类问题。

    今天的经理人需要有一颗更开放的心。过去，人们总是认为经理人理应比下属知道得多一些，而管理者的作用不外乎指挥与控制。这种观念在知识经济时代已经不合时宜了，高明的领导者应该能够提出问题，加以讨论，然后解决它们。领导者管理下属依靠的是相互信任而非控制，因此领导者要做的是真诚坦率地与下属沟通，领导者要成为下属的教练而非牵绊者。

《领导力教练》第 1 版在 2000 年出版后就成了企业教练界的经典作品，汇集了世界上顶尖的 45 位教练和管理与领导领域思想者的思想、经验和见解，为读者提供了进入教练领域的快速通道。2006 年出版的《领导力教练》第 2 版则针对大量的退休或即将退休的领导者，他们把教练看作传承自己平生所学的一种途径。当高管们遇到职业天花板时，转型成为企业教练，似乎也是一种很好的选择。《领导力教练》第 3 版与时俱进，针对的人群是年轻领导者和 21 世纪高潜力的新一代企业教练。

《领导力教练》的 3 版，更像是相互关联的 3 本书。企业教练现在已经得到了很大的发展。我国的领导力和教练领域具备了多个发展阶段的特征，因此这 3 个版本对我国的读者来说都有巨大的意义。读者可以系统地学习《领导力教练》，也可以挑那些自己感兴趣或者熟悉的篇章来读，还可以把本书作为有用的资料书来查阅。

人生旅途好似一场又一场的竞赛，职场更是如此，每个人都是一名"运动员"，如果有"教练"辅导和提升我们的能力，我们就能摘取更多人生的"金牌"！

杨百寅博士

中远讲席教授

清华大学经济管理学院领导力与组织管理系主任

译者序

教练技术加速数智时代的领导力突破

剧变的时代，人人需要领导力；AI 时代，人人需要加速突破领导力！

21 世纪的第三个十年，以 OpenAI 公司陆续发布的 ChatGPT（2023）和视频生成模型 Sora（被誉为"世界模拟器"，2024）等为标志的颠覆性新技术，以及全球供应链脆弱、极端气候频现等环境巨变，让所有的国家、组织和个人都面临着前所未有的挑战与机会。

关于如何看待当今和未来的新挑战，《人类简史》的作者尤瓦尔·赫拉利曾表示：AI 将是 21 世纪最伟大的革命，这次革命将在宇宙范围内带来极大的影响，权威会从人类身上转移到算法上……一个拥有足够多关于我的数据，也有足够算力的算法能理解我的欲望、情绪、想法、决策，能够在很大程度上控制我、操纵我……人类慢慢会失去自主决策能力。赫拉利的这个预言对于我们意味着什么？我们心甘情愿失去自主决策的能力吗？

与此同时，哈佛变革大师约翰·科特（John P. Kotter）教授在《变革加速器》一书中开篇指出的："我们正在穿越一条边界，进入一个充满难以预测的混乱和指数级变化的世界，我们对此尚未做好准备。"

毫无疑问，变革和适应已经成为我们今天生活的主题，且从未如此强烈！我们迫切需要找到一条与时俱进的变革之路。科特教授在《变革正道》一书中指出：研究表明，大部分的变革都失败了，原因在于影响组织变革的三个根系统——人脑中的"求生频道"与"求兴"频道、"以管理为中心"的现代组织设计和变革的少数人参与模式。

过去 50 年，在深入探索人的改变与领导力发展的过程中，学术界和企业界共同建立了管理学、心理学、领导学、组织设计等一系列的理论、课程和工作坊等。其中，教练技术（Coaching）是实现个人改变和个性化领导力突破的重要实践方法，尤其是高管教练技术，已经在业界得到广泛应用。在中国，最近 15 年也是教练技术发展最快的时期，数以万计的领导者和教练投入其中，不仅有效吸收了西方教练前沿的理论与方法，也产生了很多本土化的理论与方法。

我从 2003 年在清华经管学院从事高管教育工作以来，接触了全球领先的 MBA 课程体系、高管教育体系以及前沿的领导力培养体系。在 20 余年的高管教育过程中，我意识到企业中的高管只学习工商管理知识体系是不够的。如果他们的思想理念、思维模式和行为模式没有发生重大改变，他们就还是"穿新鞋走老路""自动驾驶"，远远跟不上今天这个日新月异的世界。

现代人力资源管理之父、密歇根大学商学院教授戴维·尤里奇的研究进一步证实：改变行为并不容易，一个人大约 50% 的价值观、态度和行为是由 DNA 和遗传决定的，另外 50% 是后天习得的。人们大约 90% 的表现来自习惯，而这些习惯很难改变。

因此，领导者要实现领导力的蜕变，必须一般和个性相结合，理论和实践相结合，自觉和自律相结合。为了探索一套科学的、完整的和系统的领导力发展体系，我在 2010 年底参加了 ICF（International Coach

Federation，国际教练联合会）认证的 CPCP（Certified Professional Coach Training Program）专业教练训练，并先后参加了高管教练第一人马歇尔·戈德史密斯的"高管教练"课程和领越 ® 领导力 LPI 教练等多个教练项目，组织翻译了《高绩效教练》第 4、5 版、《领导力教练：世界著名企业教练们的实践心得》第 3 版、《领导力教练（实践篇）》、《企业教练指南》等经典教练书籍，更加全面系统地了解了教练的理论与最佳实践。

十多年来，我们把教练技术应用到领导力课堂和高管教练之中，帮助数千位领导者更好地认识自我、发展自己的领导力，取得了十分积极的成果。在此，我们很乐意给教练朋友和领导者推荐这本由马歇尔·戈德史密斯主编的《领导力教练》第 3 版。

我第一次见到这本书是在 2011 年 5 月，当时去美国旅游名城奥兰多参加美国培训与发展年会，在年会的书店看到《领导力教练》第 2 版。巧合的是，我在年会的一个"未来领导者能力"的分论坛见到了该书的主编马歇尔·戈德史密斯。我告诉他希望翻译该书，他说《领导力教练》第 3 版即将出版，届时将有很大的变化，最好翻译第 3 版。回国以后，我向出版社推荐了该书，并组织开展了翻译工作。如今，我们又对全书做了进一步的审校和完善，希望更好地传达作者们的文字和思想。

一晃十年过去了，今天回过头来看，书里囊括的沙因、尤里奇、戈德史密斯、布兰佳、库泽斯、保罗·赫塞等大师的智慧，以及来自微软公司高潜人才培养的教练案例等经典内容，依然熠熠生辉、醍醐灌顶！

《领导力教练》第 3 版是高管教练领域的权威著作，领导力大师沃伦·本尼斯称之为高管教练领域的最佳文集。第 3 版主要针对聪明的年轻领导者和高潜力的新一代教练，反映了教练技术、心理学和领导力等领域的最新成果和前沿实践，是了解高管教练前沿理论与最佳实践的必读佳作。本书还从多个角度回答了戴维·尤里奇教授在本书中提出的教练的三个基本问题：**教练活动的成果是什么？一个合适的教练对象的条件是什么？一个卓越的教练需要具备哪些能力？**

在组织中，管理容易引进，但领导力和文化的根本则是本土化的。中国的教练行业还处于初级阶段，无论是优秀的教练、客户的认知，还是成功的教练案例，都还有限，这需要大家艰苦的努力、聪明的悟性、包容的团结和坚韧的耐心。同时，还需要考虑中国特色的文化环境、社会背景以及中国企业的发展阶段等实际情况，对发端于西方的教练技术进行恰当地本土化完善，开发出一套适合中国国情的教练技术体系。

只要方向正确，就不怕路远。四十多年改革开放创造的中国奇迹，让我们有充足的理由对中国的教练事业同样充满信心。

徐　中　博士

智学明德国际领导力中心 创始人

高管教练，《领导梯队》《领导力》等书译者

xuzh@excelland.com.cn

于清华大学科技园学研大厦

2024 年 2 月

序

教练行业演化历程

同许多职业一样，企业教练诞生于人们担任教练和运用教练技术的过程中。随着企业教练的广泛应用，人们对教练的期望和教练服务的范围都大大增加了。教练行业演化历程，如图 0-1 所示。早期从业者、创新者和试验者（如马歇尔·戈德史密斯和本书的其他作者）满怀激情地开创了教练行业。随着这个行业的发展，出现了多元化的教练，包括在学习和运用教练技术后希望进入这个流行的行业，但却并不致力于做出改变的人；正从一份工作换到另一份工作，但缺乏严谨、认真和努力的人；以及那些想要提高教练专业性的人。随着这个行业的进一步发展，人们开始深究以下 3 个问题。

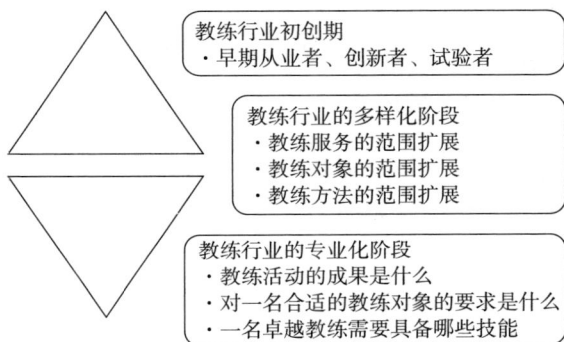

教练行业初创期
·早期从业者、创新者、试验者

教练行业的多样化阶段
·教练服务的范围扩展
·教练对象的范围扩展
·教练方法的范围扩展

教练行业的专业化阶段
·教练活动的成果是什么
·对一名合适的教练对象的要求是什么
·一名卓越教练需要具备哪些技能

图 0-1 教练行业演化历程

（1）教练活动的成果是什么？

（2）对一名合适的教练对象的要求是什么？

（3）一名卓越教练需要具备哪些技能？

在本书中，马歇尔、劳伦斯和萨拉做了出色的工作，从富有思想的教练和教练观察家那里收集了关于这些重要问题的答案。有了这些答案，教练行业将进入到菱形的底端，教练将变成一种规划更加严格、更有价值和更加专业的职业。我很荣幸能够提前看到这些优秀的文章，并简要概括这些文章对上述重要问题的回答（带着我的理解）。

教练活动的成果是什么

我经历过的最短暂、印象最深刻的教练经历之一，是为一名很有潜力的家族企业接班人做教练。我很荣幸在他即将继承家业、运营一家很大的家族企业时，受邀担任他的教练。在我们谈话的过程中，我问他为什么要接受教练辅导，以及他想从教练过程中得到什么。他似乎对这个问题感到惊讶，立刻回答道："我只是想让董事会看到我接受了某位著名教练的辅导，这样他们会觉得我做好了接班的准备。"当我追问他希望在企业发展或者个人发展方面获得什么时，他把问题推回给我："请你告诉我答案。"这次教练对话并没有持续多久，因为他没有准备好接受教练辅导，也完全不知道自己想从中获得什么。

很多个人和企业接受教练辅导都是因为一些与教练毫不相关的、杂乱的理由。随意无序的教练成果如图 0-2 所示。

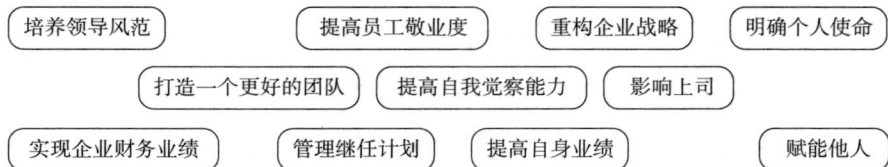

图 0-2　随意无序的教练成果

　　本书的各章对教练成果予以了充分的讨论，列举了大量的案例，分析了运用教练技术能够和应该解决什么样的问题。

　　随着教练职业的专业化发展，制定更加严谨的教练成果的分类标准变得更加重要，这些教练成果并不受制于教练对象、教练、组织的一时兴趣。下面我将提出一种基于两个维度的教练成果分类：①教练活动聚焦于行为改变还是交付成果；②教练活动更关注个人还是组织。根据这两个维度，图 0-2 中的教练成果可以按照图 0-3 进行分类。随着教练向

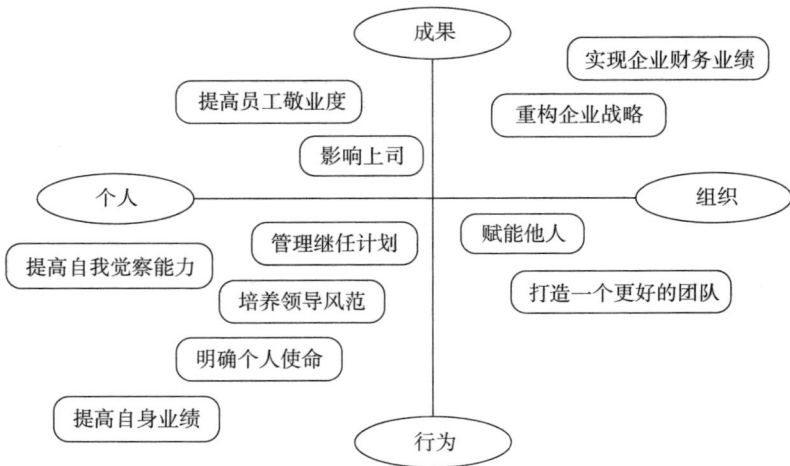

图 0-3　教练成果的类型

更高的专业标准发展，明确、清晰的教练成果将帮助教练对象知道，他为什么要接受教练辅导。它将帮助教练建立清晰的预期，以便教练活动能够被监管并被量化。它也将帮助组织认识到在教练活动上进行投入的价值。本书清晰地阐明了这些潜在的教练成果。

对一名合适的教练对象的要求是什么

前文提到了我失败的教练案例，教练对象没有做好接受教练辅导的准备。关于教练对象，要关注以下两点。

首先，谁能够和应该接受教练辅导。本书提供了大量的例子，阐述在什么时候、谁适合接受教练辅导，示例如下。

- 面对崭新的、始料未及的挑战而需要改变行为的企业领导者。
- 因为领导行为和风格与角色不匹配，不能实现目标的领导者（比如，缺乏自我意识或者向上管理能力的领导者）。
- 很少接触组织外部社会，或者很少有组织外经历的领导者。
- 只有同时具备情商、社交技能和技术专长，才能在职业生涯中获得成功的专业人士（如法律专业的学生）。
- 需要为未来职业发展提升技能的高潜力员工。

教练活动适用于以上目标人群，而且可以为其带来前面所概括的教练成果。

其次，教练对象必须愿意改变。我所知道的每一个好教练都曾有过中止某次教练活动的经历，因为教练对象不够投入，达不到实现改变目标所要求的标准。以下是做好充分准备的教练对象的几个特点。

- 愿意改变自我。

- 愿意尝试新想法。

- 能够承认和反思错误。

- 愿意带着好奇和谦虚心态倾听他人的建议。

- 乐于学习。

- 关注未来（向前看）而不是关注过去（向后看）。

- 能够根据情境需要调整行为方式。

- 拥有个人使命感和激情。

不是所有教练对象都能为教练活动做好充分的准备，但是他们应该知道，教练活动不是随意的谈话和对话。自我反思、界定行为、找出需要改变的行为以及坚持改变这些行为是严肃的和艰难的。这需要教练对象保持一种坦诚、开放的态度。除非教练对象是开放的、愿意改变的、乐于投入的，否则教练活动不会产生效果。

教练可能需要对希望接受教练辅导的人做预先的评估，让他们认识到教练活动需要他们投入的程度。

一名卓越教练需要具备哪些技能

教练的类型有很多。本书认为，领导者、人力资源专业人员，以及外部专家都可以扮演某种形式的教练。每个角色可能带来不同的教练成果，但是有很多教练技能是每个想要做教练的人都应该具备的。

我知道教练风格各种各样：有的外向，有的内向；有的是直觉型的，有的是数据导向型的；有的关注认知，有的关注感受；有的注重全局，有的追求细节。比起下面介绍的关于教练内容和流程的指南，教练风格没那么重要。本书为如何成为卓越教练提供了内容和流程方面的技巧。

内容是指教练要明确卓越教练意味着什么。卓越教练要把教练活动与组织的商业背景、战略和团队结合起来，并与教练对象的性别、背景结合起来，而且本身要具备一个卓越教练的心理模型。萨拉·麦克阿瑟（Sarah McArthur）在她的一篇优秀的文章中提出：当想法变成文字时，它们就变得更加清晰了。对教练来说，把自己对卓越教练的理解写出来是很有帮助的。一旦清楚了自己的观点，他们就能够更好地帮助教练对象梳理提升领导力的思路。

流程指的是教练和教练对象之间的约定。本书聚集了一些富有思想的领导者的智慧，提供了一些经过验证的关于管理教练活动的真知灼见。其主要内容如下。

- 关注未来，而不是过去。
- 建立信任关系，让教练对象知道，你关注的是他这个人本身。
- 认可、发掘并尊重教练对象的激情、意义和愿望。
- 倾听并理解。
- 针对浮出水面的深层次问题，提出探索性的问题。
- 尊重和肯定教练对象的优势，但也要敢于指出和面对其缺点。
- 公正但不严苛。
- 使用来自多种渠道的数据来帮助教练对象认清尚未觉察的结果。
- 找到合适的教练环境。
- 明智地安排时间（不要太长，也不要太短）。
- 通过持续跟进和问责，确保教练约定的执行。
- 对教练对象的独特特征（如性别、经历）保持敏感，并对谈论这些敏感问题保持开放的态度。

在我职业生涯的早期，有幸观察了比尔·乌奇（Bill Ouchi）—— 一名令人惊叹的导师和顾问，辅导一名高层领导者两个小时。我看到他在短时间内拉近了与他人的关系，使得教练对象能够放下防卫心理，接受他体贴的、具有同理心的辅导。教练需要关注教练过程，鼓励教练对象，然后通过适当的咨询方式来建立维持个人改变的组织基础。

结论

对教练活动的投入日益增加。教练不会是管理领域中仅流行一时的热门话题。教练通过对以下 3 个问题的解决，从一项活动变成了一个规范严谨的行业。

（1）教练活动的成果是什么？

（2）对一名合适的教练对象的要求是什么？

（3）一名卓越教练需要具备哪些技能？

本书对上述几个问题提供了的深思熟虑的、创新性的、可操作的见解。教练事业是一段值得追求的旅程！

戴维·尤里奇

密歇根大学商学院著名教授、人力资源大师

前言（第3版）

《领导力教练》第 1 版在 2000 年出版后就成了高管教练领域的一部经典著作。2006 年出版的《领导力教练》第 2 版则针对大量退休和即将退休的领导者，他们把教练看作传承自己平生所学的一种途径。本书第 3 版针对的是年轻领导者和 21 世纪高潜力的新一代企业教练。

从《领导力教练》第 2 版出版到现在，教练行业发生了很大的变化，来自各学科的从业者大量涌入教练行业。其中大部分人是有着心理学背景的。心理学是一个自身也在演变的学科，正渐渐将焦点从对功能失调（dysfunctional）的人的研究转到对成功人士的研究上。这将心理学更深地推入了商业领域——这正是本书的"沃土"所在。

在许多与领导力教练相关的学科中，我们认为哲学是非常重要的。在为思想提供模型方面，哲学提供了其他学科赖以建立的基础平台。哲学中经常被忽视的伦理学话题——行善（doing good），可能是任何领导力教育的主题。

今天的高潜力教练所面临的挑战是，如何综合运用许多不同的学科帮助客户学习和成功。

这就要求教练变成一个有辨别能力的"折中派"，发展出敏锐的判断力，能够为客户选择合适的方法。

今天，年轻一代的领导者很适应新的工作方式，喜欢不同的学习风格。本书反映了这种变化。在前两版强大阵容的基础上，本版增加了一些新的参与者，目的就是形成一种新的风格。本书所有章节简短、中肯而不失严谨。本书采用了一种强有力、快节奏的叙事的风格。

本书结构

本书的主题——领导力教练，面对这样一个大而广的话题，即便是一名经验丰富的教练或者领导者可能也很难判断哪些是重要的，得花宝贵的时间去学习。我们建议读者尽量挑那些自己感兴趣或者熟悉的篇章来读，以任何顺序读完本书都行。当读者寻找有关这个主题的方法、技术或者灵感时，本书是一本有用的指导书。本书分成了以下几个部分，每个部分代表领导力教练的一个重要方面。

第一部分是"教练基础"。本部分包括我们认为对读者来说是基础的、经典的、必须知道的内容。这些文章使来自任何背景的读者都可以进入领导力教练这一主题。

第二部分是"领导者的形象"。本部分主要描述当今的领导力现状，描述高潜力领导者所应具备的重要特质和才能。

第三部分是"行为改变所面临的挑战和阻力"。本部分反映了整个世界正在发生的快速、无形的变化，探讨了这些变化带来的挑战，以及基于最佳教练的最佳实践。

第四部分是"识别和培养高潜力领导者"。这是一个对领导者和教练行业从业者至关重要的话题。本部分提供了案例研究和理论的纲要，可以极大地帮助人们在这个关键领域实现成功。

第五部分是"付诸行动"。本部分聚焦于当高潜力者要成为未来的领导者时，他们需要做什么。

第六部分是"教练模型及工具"。本部分提供了一些好用且久经考验的教练实操方法。其中说明了什么方法有效，什么方法可能无效。

前言（第2版）

高管教练行业的从业人数正在爆发式增长。本书第1版中所表达的愿望，如今正在成为现实。

第1版被很多权威人士看作高管教练方面的经典。第2版在第1版的基础上，被翻译为其他4种语言。

在马修·C.戴维斯（Pfeiffer出版社的高级编辑）受命编辑本书之前，他最希望收到精选的最新作品，以吸引重要的新读者。本书超出了他的预期。第2版采用了与第1版相同的研究方法。我们再次找到第1版的作者，咨询了当下领导力教练这一行业的进一步发展，以及他们想如何呈现他们的想法。他们又一次给出了出色的回答。

本书展示的是被广泛接受的领导力实践，而不是突然冒出的新鲜观点。本书有14章是全新的，还有10章也做了重要修改。我们加入了新的研究案例，因为这是读者十分重视的内容。感谢所有的作者，他们和我们一起完成了目标；感谢那些优秀的企业，它们慷慨地分享了它们的经验。

我们的读者群正在扩大，这表明需求正在增加。本书的目的是能够满足这些新出现的需求。本书扩充和更新了部分内容，以适应两类读者：一类是快速增加的即将退休的高管，另一类是想要成为高管教练的人。

在接下来的5年里，美国有超过30%的高管退休。在加拿大，退休高管比例接近 40%。"高管失败率"的估计数字达到惊人的 50%。在这种背景下，公司开始在提高领导者的技能上加大投入。而高管教练能够满足新上任的年轻领导者的领导力提升需求。对那些已经退休，正想着把高管教练当作第二职业的领导者而言，一个完美的机会出现了。本书的作者在这方面有很多想法。

第二类读者包括人力资源部门的员工，他们面临着引进和管理教练项目的挑战。我们建议最好把教练技术看作一个行为改变管理项目，而不是一个培训项目。我们希望本书的观点能够让人力资源主管意识到教练机会的存在，并针对他们的各种需求给予指导。

本书为进入和研究教练技术这个领域的读者提供了世界顶尖水平的教练经过充分研究的最佳实践。事实上，我们不建议读者简单地复制那些在其他地方对其他人起过作用的经验。我们与读者（包括教练行业从业者、从部门经理转为高管教练的领导者和人力资源主管）分享的是最佳实践的精华原则，以及对在哪里、如何使用这些原则的理解。

我们相信本书将对正在发展的教练行业做出不可磨灭的贡献。我们确信，当你"航行"在全球商业的"大海"中，本书各位作者的见解、实践和经验会对你有所帮助。

从领导力教练最佳实践中可以获得什么

本书从解释和定义"教练"这个主题开始，然后进入关键部分——教练过程作为一个改变行为的策略，最后是案例研究和主要运用，换句话说就是高管教练如何在现实世界发挥作用。当然，你可以不按顺序阅读本书。只要选择一个你感兴趣的主题，然后去找相应的文章就可以了。每篇文章都有其自身的独立价值，可以很容易地与其他文章分开来看。

我们的希望

我们希望你通过本书获得对教练的更多理解，以便应对这个变革的时代。我们相信教练会对领导者和组织产生巨大的影响。我们真诚地希望你在本书中找到能够适用于你的组织和客户的理论、方法和策略。

前言（第1版）

初心：寻找更好的方式

我们很少有机会（也许一生就一次）进行一次彻底的、全面的改变。本书的出现是因为我们正处在这个非常时刻，处在职场发生巨变的关键阶段。随着企业的发展，以往的管理方式变得不再合适，于是，我们努力寻找新的方式。

彼得·F. 德鲁克（Peter F. Drucker）提出的"知识工人"正在快速取代"蓝领工人"。而如今"知识工人"也过时了。查尔斯·汉迪（Charles Handy）提出的更为扁平的、三叶草式的组织正在发展，现代网络组织变得像传统金字塔结构一样为人们所熟悉。过去我们被教导如何与管理者一起工作，而现在我们都必须问一个问题：我们怎样与同事们一起工作？

埃德加·H. 沙因（Edgar H.Schein）提出的"流程咨询"概念正从封闭的专业咨询领域跳出来，进入更为广阔的从业团体，毕竟越来越多从事各种工作的人都在把自己看作领导者。企业变得全球化了，工作更为不稳定，每个人更有压力。"终身工作"消失了，这迫使每个人管理自己的职业生涯和个人成长。在一个组织中，记忆、知识和学习变得更重要。消费者不断提高对产品的价值要求，并不断要求提供新的服务。"办公室"甚至也被重新定义为技术工作者可以随时在其中工作的地方，工作风格更具多样化。"更好的方式"必须在一定程度上适应所有这些变化，并为解决这些艰难的问题提供一些答案。

在一个管理者被要求进行流程再造的时期，我们注意到很多组织迈出了更大的步伐，把焦点放在人的身上。这些组织的方法是进行教练活动。教练很容易被看作是管理工具包中的一个工具。本书编者对教练的看法则不是这样的。本书认为，个人或者组织要想在这个新的商业世界取得辉煌成就，领导的态度是至关重要的：优秀教练提供对话机会和制定规则，两者提供了良好领导方式的结构和流程。

本书编者的目的是，在领导者和管理者都需要学习什么是好的教练技术的关键时期，把世界顶尖水平的教练的智慧汇集起来。本书提供了经过检验的指南，有助于培养有责任感的卓越教练。我们认为有责任把我们的经验、想法、理论和实践在一本教授如何成为领导者和管理者的书中阐明。

本书的读者

本书有很多读者。把自己看作"领导者"的人会在本书中找到有益的参考，以帮助自己改进个人领导风格。把自己看作"管理者"的人，会在本书中找到探索和实践领导活动的路线。本书写给教练项目发起人、教练和教练对象、教练项目的设计者，以及任何想要在职场人际沟通中，把教练技术整合到其个人风格中的人。

本书的作者

一开始我们就很清楚，我们需要把世界顶尖水平的教练和管理与领导领域的思想者的思想、经验和见解挖掘出来。他们贡献作品时的慷慨和对这个项目的热情让我们更加坚信教练的重要性。我们利用这个机会衷心地感谢本书的作者，感谢他们愿意分享，感谢他们坚持不懈地完成文章，感谢他们与我们一起修改文章，感谢他们一直的鼓励和支持。他们的回应让本书成为一本独特的文集，为读者提供了教练领域的入口。

我们阅读和编辑了这些文章。我们发现不同的作者会谈到一些相同的概念，我们试图调整某些语言，以便同样的词语在不同的文章中含义是相同的，以使全书保持统一。

我们始终是编辑，而不是审查员。除了保持语言的统一，我们有意避免了统一作者的观点。本书的主题是一个新兴主题，其中特定的场景就像经过检验的技术对产出的决定作用那样重要。今天看来可能是模糊的、吊诡的，甚至是矛盾的概念，将在真实世界得到检验。它们会不断融合，而我们集体的思考将不断进步，走向未来。

本书的主题

为了描述本书的主题，我们将做一些评论。教练活动的一些基础因素使得其可以适用于各种组织。教练活动是对个人和个人所在的组织都有益处的一种行为方式。它不仅是一项技术或者一个一次性活动，还是一个策略性过程，为教练对象和组织提供价值。

运用教练技术可以建立和保持健康的工作关系，流程包括找出问题（搜集原始数据）、面对问题（反馈）、解决问题（制订行动计划）和持续跟进（产生结果）。教练提供了一个帮助人们提升自我、铲除业绩障碍的过程。教练是一种平等的学习式对话过程。

教练的目标是改变行为。通过改变个人的行为，领导者可以改变整个组织，并提高员工的敬业度。教练技术可以为组织改变提供新的动力。

在教练活动中，人们可以把自己的行为与组织的价值观和愿景联系起来，帮助人们理解当他们的行为前后不一致时，其他人会怎么看他们，以及如何让他们保持前后的一致性。教练可以发挥真正的作用并建立健康的组织。

我们的希望

我们的希望是，通过阅读本书，读者可以理解教练作为一种受欢迎的、经过验证的有效提升领导力的工具的重要性；教练能够帮助领导者做出重大改变；为什么管理者需要转变为领导者；教练技术如何与其他技术和方法相配合。

我们希望读者能够彻底理解，教练技术应该如何运用在组织和职业生涯中，以及如何扮演教练、教练对象、教练项目发起人，或者教练服务的买方和卖方的角色。读者可以通过本书看到世界顶尖水平的 45 位专家是如何成功地处理复杂的教练问题，成功地把他们的想法运用到各种情况的。

最后，我们所希望的是，读者能够把优秀的教练实践迁移到工作中，让所有人受益。

2000 年 5 月

目 录

第一部分

教练基础

第一部分"教练基础"包含的是教练的基础要素，或者说经典要素，解释了在"后管理"商业领域，领导力教练为什么以及是如何切中需求的。第1章是更新版的马歇尔·戈德史密斯的文章《通过教练改变行为》。马歇尔描述了经过验证的行为改变流程，解释了把实用的行为改变机制作为一个基本要素整合进成功教练活动的重要性。为了帮助企业和非营利组织繁荣发展，教练技术必须支持核心价值的创造，也就是要传递真正的、可量化的经济成果。第2章是劳伦斯·S.莱昂斯的《战略教练》，介绍了一种新的、更广泛的思考战略的方式，将个人的理想与团队和组织的理想结合起来。这个共同战略的概念被看作教练的基础之一，通过描述这种重要的联系，提供了对教练、个人、团队和组织的宝贵指导。第3章是保罗·赫西和罗杰·希瓦利埃的《情境领导与高管教练》，它告诉我们，教练是情境性的。他们揭示了情境领导如何为高管教练提供必要的结构。在埃德加·H.沙因的《教练和咨询的异同》中，他提出并回答了关于教练的目的和本质等基础性问题，展示了教练为何被看作流程咨询的一个分支。在对教练和咨询做重要描述的基础上，他比较了两者，并指出了它们的不同。最后，戴维·尤里奇和杰茜卡·K.约翰逊在《揭开教练之谜》中，阐释了不同的教练类型、需求和方法。这篇文章是教练和潜在教练以及不管出于什么原因寻求与教练一起工作的人必读的文章。

第 1 章

通过教练改变行为

马歇尔·戈德史密斯（Marshall Goldsmith）

　　我的使命就是要帮助成功的领导者在其行为上实现积极正向的、长期的、可衡量的改变，不仅为他们自己，也为他们的员工以及他们的团队。在我们的教练过程中，领导者总是关注其积极的行为改变——只要执行以下描述的教练活动的步骤，领导者几乎都能发生积极的行为改变——这不只是他们自己认为的，也是预先选定的、关键的利益相关者的看法。这个教练过程在全球范围内取得了巨大的成功，无论是由企业的外部教练还是内部教练实施。

"只为结果付费"的高管教练流程

　　马歇尔·戈德史密斯集团公司为全球范围的领导者提供教练服务。公司的教练都采用的是被证明非常有效的教练流程。

　　首先，我们和客户以及他们的上司达成两项关键共识：①最大限度地提升教练对象卓越领导力的关键行为是什么？②6～18 个月之后，如果这些关键行为发生改变，由哪些利益相关者来做出判断？

　　我们只在客户实现了关键行为的积极改变，成为更高效的领导者（由他们的关键利益相关者来判断）之后再收费。

很多领导力教练的收费理由是错误的。他们的收费理由是"我的客户有多喜欢我"和"我在教练过程中花了多少时间"。这两者都不是实现积极正向的、长期的行为改变的正确的衡量标准。

在喜欢教练这个层面，我从没看到任何一项研究显示客户对教练的喜爱程度与他们的行为改变有很大关系。事实上，教练要是过于关注是否能被客户喜欢，在需要坦诚反馈的时候，可能就不会实话实说。

至于时间，我的客户都是决定数亿美元支出的高层领导，他们的时间很宝贵。我一直努力尝试花费他们最少的时间来达到最理想的效果。我认为领导者最不想在教练身上得到的就是时间的浪费。

确定客户的资质

由于我们使用的是"只为结果付费"的高管教练流程，因此我们必须学会确定客户的资质。也就是说，我们只为那些我们认为将从我们的教练过程中获益匪浅的客户提供教练服务。

清楚什么情况下教练无效

我们不为那些没有动力改变的领导者提供教练服务。你是否曾经努力改变一名对改变自我毫无兴趣的成功人士的行为？你有多大把握能够成功？很可能不会成功。我们只为这类高管提供教练服务：他们愿意为改变自己切实付出努力，他们相信这种改变能帮助自己成为更好的领导者。成功的客户是那些致力于开发领导力和践行公司价值观的高管。

我曾为几名世界知名的 CEO 提供教练服务。他们能够成功领导他人的原因之一在于，**他们总是努力改进自己，而不只是让别人改进。**

虽然有不同种类的教练，但我们只为成功的高管做行为教练——不是战略教练、人生规划教练或者组织变革教练。我们仅仅聚焦于改变领导行为，如果我们的客户有其他需求，我们会把他们推荐给其他的教练。

最后，我们永远不会为一个缺乏正直、诚信的人提供教练服务。我们认为，不正直、不诚信的人应该被解雇，而不是被教练。

我们的行为教练方法什么时候有效呢？如果教练对象的问题是领导行为方面的，而且教练对象获得了公平发展的机会，并且努力想要改进，本文描述的方法就总是有效。如果这些前提不存在，这些方法就不适合。

让关键利益相关方参与进来

我在行为教练生涯中，经历了3个不同的阶段。

在第一阶段，我相信我的客户会因为我而变得更好。我原本以为教练是行为改变中的关键变量，结果我错了。我们已经发表了一项领导力开发方面的研究成果，其中包括对86 000多名被调查者的调查结果。在研究中我们发现，客户成功改变的关键变量不是教练、老师或者顾问，而是教练对象本人及其同事。

我是以一种令人惭愧的方式认识到这一点的。我花费最多时间的客户没有实现改进，因此我没有得到酬劳！这让我知道我不是客户改变过程中的关键变量。

我花费最少时间的一位客户获得的改进却比我辅导的所有客户都多。这是一个令人激动的开始。后来，他成为美国年度最佳CEO，为人们所熟知。

当我问这位改进最多的客户，我能从他身上学到什么，他告诉我，我需要：①选择对的客户；②把教练的焦点放在客户和他们的团队身上（而不是聚焦于自我意识和证明自己有多聪明）。

在第二阶段，我花了大部分时间在我的客户身上。我慢慢了解到一位积极的、努力的客户比一名优秀的教练要重要得多！我了解到他们的持续努力比我的聪明点子重要得多！我的业绩提高了！

在第三阶段（也就是我现在所处的阶段），我花了大部分时间在客户周围的关键利益相关方身上，而不是客户身上。我聚焦于帮助客户从他们周围的所有人身上学习。通过见贤思齐，客户的业绩得到了更大的提高！

我是如何让关键利益相关方参与进来的呢？我请他们在以下四个特别重要的方面帮助我的客户。

第一，帮助我的客户和过去说再见。当我们不断地提到过去时，我们会挫伤客户试图改变自己的积极性。过去的一切不可能改变，聚焦于一个可以变得更好的未来，关键利益相关方能帮助我的客户提升自己。（我们把这个过程叫作"前馈"，而不是"反馈"。）

第二，对我的客户给予帮助和支持，而不是讽刺、挖苦或者评判。作为教练过程的一部分，我的客户与关键利益相关方关系密切，并且会请他们给予帮助。如果客户向关键利益相关方伸出橄榄枝，却感觉到因为想要改变而受到了"惩罚"，他们就会放弃这种努力。如果关键利益相关方给予客户帮助和支持，客户就会受到激励，从而更可能获得改进。

第三，对我的客户说真话。我不想为这样的客户提供教练服务——让他从关键利益相关方那里取得一个激情洋溢的反馈，却听到其中一个关键利益相关方说："他并没有真正变得更好，我们早就看出来了。"这对我的客户是不公平的，对公司或对我也不公平。

第四，建议我的客户选择几个方面来改进自己。我的客户在选择他们将要改变什么方面时，乐意听取关键利益相关方的建议。作为教练过程的一部分，教练需要持续提出建议。我也会让关键利益相关方选择客户需要改进的几个方面，并向我的客户提出建议。这让整个教练过程成为双向的，而不是单向的。这有助于让关键利益相关方扮演一个"旅行同伴"，而不是一个指手画脚的干预者的角色。这同样大大提高了公司在整个教练过程中收获的价值。在我的一个非常成功的案例中，我本来只是 CEO 的教练，结果却使大约 200 人都获得了改进。

高管教练的九个步骤

下面的九个步骤概括了我的行为教练方法。我所在的教练组织中的每位教练都必须一致实施以下步骤。如果教练能严格实施这些步骤，客户一般都会实现积极的改变。

第一，让教练对象参与决定他们最渴望改善的领导行为。如果教练对象对这一点没有清楚的认识，就不要期待其行为能有所改变。教练对象得到上级领导同意后，通常和我们一起来决定自己最渴望改善的领导行为。

第二，让教练对象参与决定其关键利益相关方。客户既要清楚自己需要改善的行为，也要清楚谁是他们的关键利益相关方（同样要得到上级领导的同意）。人们往往出于两个原因否认反馈意见的有效性：错误的行为目标，错误的评估者。让客户与他们的上级领导提前就所期待改善的行为和关键利益相关方取得一致意见，将有助于确保客户对教练过程的接受。

第三，搜集反馈信息。在我的教练实践中，我面谈了所有关键利益相关方。我的教练对象都是首席执行官或者首席执行官候选人，公司投入了很多精力来培养、发展他们。然而，在组织中那些较低的管理层级上，传统的 360 度测评所起的作用较大。在任何一种情况下，反馈都是至关重要的，如果客户和他们的上级领导对需要改变的行为没有达成一致意见，就无法对改变后的行为进行评估。

第四，在需要改善的关键行为方面达成一致。在积累了一些经验之后，我所采用的方法就变得更简单、更具针对性了。一般来说，我建议每位客户都只挑选一个或两个关键行为进行改善。这能帮助他们关注最重要的行为。我的客户和他们的上级领导（除非我的客户是首席执行官）在期望得到改善的行为上达成一致时，就可以确保不会出现这种情况：我花了一年的时间来和我的客户一起努力，而客户的上级领导却认为我们做的事情是不对的。

第五，让教练对象对其关键利益相关方做出响应。每位客户都应该和每一位关键利益相关方进行交谈，并收集改进关键行为的建议。在做出响应时，教练对象应该使对话更加积极、简单、有重点。一般而言，如果过去犯了错误，对此道歉并寻求帮助是个很好的方法。我建议我的客户听取关键利益相关方的建议。

第六，评估教练对象学到了什么，帮助他们建立行动计划。如上所述，我的客户需要接受这个方法的基本步骤。在这些基本步骤之外，我和客户所分享的所有其他观点都是对他们的一些建议。我只是要求他们在听取我的观点时要像听取那些关键利益相关方时的一样。而后，我让他们带着一个关于他们想做什么的计划来找我。这些计划必须是他们自己制订的，而不是由我制订的。在讨论了他们的计划之后，我一再鼓励他们要说到做到。我更像一名督促者而不是一名评判者。我的工作是帮助高度积极的高管在他们认为最重要的事情上做得更好，而不是告诉他们应改变什么。

第七，开发持续改进流程。这种持续改进流程应该是非常有效且重点突出的。客户可以问关键利益相关方一些问题，例如，"基于我上个月的工作，下个月你会给我什么建议？"这样客户可以始终关注未来。在 6 个月内要和关键利益相关方做 2 ~ 6 个项目的小型调查问卷，询问对方自己是否已经在定好的改进计划中变得更高效了。

第八，评估结果，再次开始。如果教练对象已经很认真地完成了这个步骤，那么关键利益相关方肯定会发现他的改进。在这个成功的基础上，在接下来的 12 ~ 18 个月中，教练对象还需要通过不断重复这个步骤来巩固成果。这种跟进行动将确保其朝着原有目标继续前进，并且还会发现其他一些可以改进的方面。关键利益相关方会很欣赏这种持续改进流程。他们如果能看到好的结果，会很愿意填写一份有重点的、包括 2 ~ 6 个项目的调查问卷。教练对象会受益于这种持续的、目标明确的步骤，从而提高绩效。

第九，在目标达成之后，结束正式的教练工作。我们的目标不是在教练和客户之间建立一种依赖关系。虽然我几乎总是与我的"毕业生"保持着联系，但我们没有持续的业务关系。

通过教练改变高管行为的价值

虽然行为教练只是教练领域的一个分支，但却是使用最为广泛的一种教练技术，对教练技术的大部分要求都包含行为改变。行为教练对顶级高管很有意义和价值，对高潜力的未来领导者也非常有用。提高领导效率如果不是一个一年的项目，而是一个持续 20 年的过程，将产生更大的影响。

人们常常会问："高管们真的能够改变他们的行为吗？"答案一定是：

"是的！"如果他们不改变，我们就永远得不到酬劳（而我们通常获得了酬劳）。在大多数组织的高层，一个小小的行为改变就能产生巨大的影响。从组织视角来看，高管正在试图改变领导行为，并且正在成为个人发展的楷模，这个事实可能比高管想要改变这件事更为重要。我送给我辅导过的每一名 CEO 的一句话是："帮助他人成长——从帮助自己开始。"

作者简介

马歇尔·戈德史密斯多次被《哈佛商业评论》评为世界上最有影响力的 50 位领导力思想家之一。《美国管理协会》杂志描述他为前 50 位思想家和在过去 80 年影响了管理领域的领导者之一。他被《华尔街日报》评为十大高管教育家之一；被《福布斯》评为五大最受尊敬的高管教练之一；被《经济时报》（印度）评为美国十大 CEO 教练之一，被《快公司》称为美国杰出的高管教练。马歇尔是被选出来与 120 位 CEO 和他们的管理团队一起工作的少数高管导师之一。他的许多著作销量超过百万册，包括被《纽约时报》评为畅销书的《魔劲》（*MOJO*）和《管理中的魔鬼细节》（*What Got You Here Won't Get You There*）[也是《华尔街日报》排名第一的商业图书和哈罗德·朗曼奖（Harold Longman Award）年度商业图书]。

第 2 章

战略教练

劳伦斯·S. 莱昂斯（Laurence S. Lyons）

教练的情境

请想象一下，在一个宽敞明亮的大会议室里，两位看起来像是同事的人坐在一张擦得光亮的桃木桌旁讨论着什么事情。他们显然正在解决一些很复杂的问题，轮流在白板上写着什么，一个人详细阐述了一个观点，另一个人开始深思。一种新颖的想法似乎激发了他们的灵感，他们非常兴奋，从各个可能的角度进行着深入探讨，为最终达成一个深思熟虑的行动计划而努力。

在旁观者看来，这个高管教练过程看起来像是一场愉快的交谈。但是，这种交谈场景其实有着复杂的背景。有人把高管工作描述为立足当下、继往开来。当今，任何职业都处于不断变化的工作环境中。人们需要与不同的利益相关方合作——上司、下属、合伙人、供应商、顾客，以及政府、贸易联盟、银行、股民等。这些都表明，公司高管是在一个竞争性和目的性都很强的组织环境中工作的。除此之外，高管还有另一个世界——一个经常被完全忽略的世界，这是我们在教练过程中迫切需要知道的，这是一个与企业、工作都无关的社会化、个人化、家庭化的世界。

我们必须承认，每个人都有工作之外的生活世界。

为了更好地支持高管的自我发展，教练对话必须能够整合高管工作和生活的两个世界。优秀的教练能够帮助高管或者其团队从各个方面开发潜能和提高业绩。

高管工作中，他的团队（如项目团队、工作小组或者委员会）成员往往是流动的。团队、个人和组织的目标也会随着时间而改变。组织本身也会不断地更新定位、使命和架构。

高管教练对话就是在这样复杂的背景下发生的。我们的研究显示，教练对话只要实施得当，几乎都能获得成功。看似简单的教练对话能够直面所有的混乱和不确定性，为高管和组织不断创造非凡的成果，这一点常常令人感到吃惊。在一些人看来，教练只是一次对话，难以获得持久的成功。但实际上，教练对话不仅能够取得战略意义上的成功，而且能够帮助高管达成日常的目标。

对话

高质量的教练对话颇为不易。教练最大的挑战是如何将高管带入一场聚焦明确目标的对话。你需要提出一个简单却很难回答的问题——"我们应该谈什么"。因此，教练与高管常常像侦探一样，一起探索一条合适的对话路径。高管教练对话具有潜在的高影响度和高风险性。如果教练对话的方向错误，则可能导致糟糕的结果，让高管和公司都感到失望。如果教练对话的方向正确，客户将获得极高的回报。

对话是教练的核心。对话中的两个人，一个是大型企业的高管，负责重要的业务；另一个是高管教练——不是这家公司的员工或顾问。高管有决定百万美元支出的权限，而教练没有任何权限。但是，这个外来的教练仅仅通过对话，就能对高管和公司产生重要影响。教练既没有正式的权力，也没有直接的管理责任，但他最大的愿望就是帮助高管改进思维方式和行为方式，从而使高管创造非凡的业绩。

融洽和信任的教练关系对确保良好的对话效果至关重要。双方接触之初的"化学反应"要能迅速促进双方建立起信任——高管必须相信教练不是在浪费他的时间。教练良好的倾听技巧以及真诚反馈的能力十分关键，它可以让对话建立在真实的基础上。教练和高管需要探讨如何将短暂的、情境性的因素和内在的、需要注意的因素区分开来。当公司处于动荡的环境时，这个区分往往需要认真地判断。教练从庞杂的原始信息中梳理出事实的每一种努力都是很有意义的，经过仔细筛选的信息，能够决定整个教练项目所取得的成果质量。

任何教练对话的方向和成果主要取决于所探讨的问题的性质。问题可以用来挖掘潜在的话题，也可以帮助高管重新思考工作或行动计划。通过聚焦问题探讨，高管的态度或观点要么得到强化，要么受到挑战。也就是说，他当前的选择要么被确认，要么被改变。即便对话只是确认了他当前的行动计划是可行的，也是很有价值的——增强了高管的行动信心，同时将公司面临的风险保持在可控范围内。

如果在提出好的问题后进行了富有启发意义的分析、制订了详细的行动计划，并在工作中不断地验证、改进，教练将持续对战略实施发挥重要作用。教练与高管一起工作，可以在对话中最终形成一个行动计划。一场教练对话的结束是高管计划改善某种行为的开始。最重要的是，任何教练的完整价值只有当高管展现出一种新的行为时才会显现出来。在教练对话结束以后，教练鼓励高管坚持改变，并陪伴他执行行动计划。因此，教练是一个持续的过程，或者是一个持久的支持系统，而不只是一次对话过程。

　　优秀的教练不需要是高管所做工作和所在行业方面的专家，也不必掌握高管需要掌握的那么多社会技能。优秀的教练是一个带着对客户的恰当欣赏和互动活力，能建立融洽关系的人：他了解高管当下的工作环境；他在提供反馈时诚实而勇敢；他是一个很好的倾听者；他能提出好的问题；他既富于远见又善于分析细节；他也是一个很好的计划者，会考虑如何让战略落地，以及如何实现最终的成果。

　　在教练过程中释放出来的强大力量必然会使高管和教练去思考几个严肃的问题，比如：在这场对话中，成功的因素有哪些？具体而言，谁是我的客户？隐私问题应该如何对待？哪些话题超出了教练范围？如何识别出那些影响工作绩效的问题？面对这些难题，教练必须努力使对话与目标保持一致。教练必须足够勇敢地促使高管面对问题——往往是要面对高管忌讳的某个话题。教练对话总是能够帮助高管追求他选择的目标——而不是高管完全被教练牵着鼻子走。总之，教练要做的是引导，而不是提建议。虽然教练可以陪伴高管顺着当下提出的话题继续教练对话，但是没有人能确保能够找到最佳的目标和路径，实现最佳的效果。

　　成功教练有两个要点。第一个要点是，教练必须观察对话背后的问题，要知道离开了对话的背景，这场对话不会发生。高效的教练依赖于充分的准备。在教练对话开始之前，教练要在收集、验证、分析信息方面做大量的工作。收集的信息包括高管公司所处的市场、技术、政治现状，以及同事、合伙人、直接下属印象中的高管形象等。通过这些信息，教练可以对高管有一个比较全面的了解。有时，教练对话开启的一个重要突破口就是从高管的个人经历谈起，离开真实的个人经历的教练对话是一场危险的游戏。

　　第二个要点是，教练对话要超越一对一的对话，在教练对话中结合组织情景，让个人行为改变与组织变革联系起来。当把高管与整个组织相连时，教练活动就变成了战略性的。而且，在一个现代学习型组织中，团队教练和战略性思考可以变成同一件事情。

对教练来说，公司战略不仅仅与季度利润目标相关。战略教练丰富了战略的含义，使战略至少包含个人、团队和组织因素。战略教练是一个实用方法，融入了平衡计分卡的理念，能够很好地适应不断变化的复杂世界。

改变组织中的人

对教练活动发起人而言，一次教练对话可能会被看作独立的项目而不是整个组织战略的一部分。但是，当教练成功地把组织需要与高管个人发展需要密切联系起来时，教练活动在本质上就必然是战略性的。

当组织的继任计划和人才发展出现问题时，许多组织会面临整体上的领导力转型问题。这种情况在企业并购、裁员，或者大量人员退休的情况下最为典型。企业为了留住顶级人才而破例创造一条职业路径，或者为了向全球市场扩张而提出一项激励措施，这时就需要战略教练。不管出现问题的原因是什么，组织现在遇到了人才瓶颈，需要尽快解决问题以保证组织的战略实施。在一家领先的汽车制造企业，优秀的工程师接受教练辅导是为了成为高管。同时，一家世界 500 强企业也在一项宏大计划中实施了教练项目，这项计划把 5 个独立运营的业务整合到一个有凝聚力的、高度成功的地区业务中。

对教练对象（高管本人）来说，教练的经历也是战略性的。教练为高管提供了一个回到过去并反思个人发展问题的机会。高管从繁忙的工作中专门抽出时间来接受教练辅导，教练对话可以让其短暂地缓解工作的压力，仅仅关注自己的发展。从这个角度来说，教练的介入能够改变高管日常工作中的反应和重复的简单逻辑。在教练对话中，高管有时间冷静地、前瞻性地审视更重要的问题。他可能会开始思考工作与生活的平衡。为了在工作中持续学习和发展，高管们必须首先理解他们在工作中和生活中的角色。他们需要反思自己的目标，或者挑战当前的工作状态。这样的反思可能会鼓励他们向一些新的目标前进或者在现有的道路继续前进。教练让高管更敏锐地反思并有计划地行动，这再次说明高管教练活动在本质上是战略性的，有助于把组织和个人联系起来。

在组织发生重大变革时，教练往往会为建立高效的团队提供必要的动力。团队教练有助于集体协作，把一个集体变成高效的团队，让不同职务和不同部门的人团结起来。我们见过团队教练激发业务部门的各类员工团结起来，从而实现了团队转型的案例。当团队信任建立起来，团队就具备了凝聚的条件，团队精神也就自然而然被激发了。这样的团队是充满激情、具备有效解决问题的能力、善打硬仗的。一场经过精心设计的团队教练活动能够把对的人聚集起来，激起广泛的斗志，建立起一个永不放弃的团队。

教练同样可以在组织的高层（也就是由顾问或者高级管理者组成的董事会）发挥重要的作用。在高层，讨论话题往往是激发性的而不是技术性的。技术性的话题讨论中，教练将作为解释者，将那些专业术语转化为人们普遍能够理解的商业概念。激发性的话题讨论中，高管们可能在企业使命等信条上有显著的差异，可能对什么是成功以及如何衡量成功有着相互矛盾的预期。股东们可能对资产评估有着完全不同的看法，也有各自偏爱的退出或者并购战略。处于大企业的中层，部门的或者地区的管理者常常面临一个令人困惑的问题，那就是："我们如何通过独特的优势找到提升价值的方法？"在所有这些情况下，教练为对话提供了一个框架。教练提供了一个环境，让那些看起来不存在的问题显现出来，大家一起直面问题并解决问题。教练给高层提供了一个打破前进道路上的僵局的实用工具。

在所有这些情况下——对个人、团队和董事会而言——教练提供了针对当前目标的结构性的对话，这场对话最终促进了战略目标的达成。

在具备了正确的条件的情况下，教练可以促进组织转型、团队发展和战略调整。战略教练模型如图 2-1 所示。

战略教练促进个人、团队和组织从其今天所处的位置向期望的位置去奋斗。领导者的目标是保证教练对话的存在和持续，并将其与业务成果联系起来。

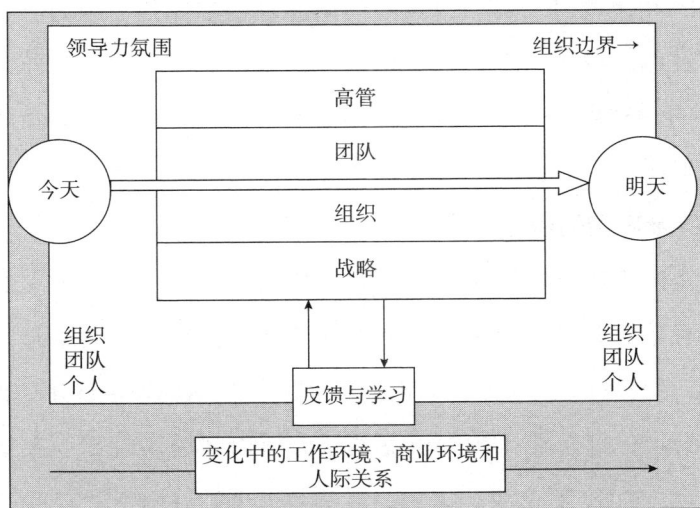

图 2-1　战略教练模型

领导力

在一个领导取代管理、学习取代指导的年代，教练对战略规划与实施发挥着越来越重要的支撑作用。战略规划不再是组织中一个专有部门的职责。今天，随着人们工作节奏加快，战略已经渗透到每个高管的日常工作中。教练对话不是一次性的，它为战略规划与实施提供了持续的支持。在今天，战略规划就是瞄准一个动态的目标而不断调整。最佳的"交通工具"——在前往终点不断变化的路途中，能够减少风险的工具——能够在教练对话中找到。

任何对话，如果能够帮助高管在现实中向前迈进一步，那么，它在战略层面上就是成功的。结果导向的对话从当前的对话中扩展开来，让战略规划和实施变得可行。教练有能力让战略逐渐形成，并在实施过程中发挥作用。高管教练越来越普及，主要是因为它变得越来越重要、越来越能创造价值。教练对话促进成功，促进人们想要的工作方式和必需的工作方式相协调。它对当今世界的商业越来越重要，因为它是整体性的、适应性的。教练对话也是一种视人为人，而不是把人当作商业机器上的齿轮的一种领导力开发方法。教练活动植根于对话，逐渐成为培养领导力的工具。

一个完全不同的职业环境

随着知识工作者的比例逐渐上升，我们见证了可能是史上最为精英化的工作环境。管理不再是维持商业机器运转的手段，而是对员工的激励和领导。我们对管理本质的理解是在急剧变化的环境中逐步加深的。

迄今为止，把企业比喻为机器的认知可以帮助高管更为系统、更好地计划、激发和控制企业。但是，管理这个词已经变成控制的代表词，扼杀了真正的创新思考，而创新思考是成功的前提。随着市场变得更加高效、竞争更激烈，强迫和控制的理念——两者都依赖于固定的规则——会阻碍而不是帮助企业取得成功。

显然，那些用来描述管理的形容词已经开始变化了。曾经从工程和财务领域引用的专业术语正在被来自社会和人文方面的词汇所取代。因此，"高效的公司"已经变成了"学习型组织"。语言并不是唯一的改变。人们的观念也在慢慢转变，如从更注重劳动力到更注重知识，从管理到领导，从产品到顾客和服务，从例行的操作到被激发的创造性，从任务重复到市场创新。随着技术的快速发展和自动化机器的广泛使用，人类面对的挑战是智力提升，而不是肌肉增加。

快节奏的竞争意味着企业不再鼓励过于刻板的重复性管理工作。一种新的文化，即奖励明智的行动和恰当的适应性的文化，对书本上的战略构成了挑战和补充。战略规划的拖延，使得企业处于漫无目的的状态。高管带着写好的战略规划，是很难进入教练对话的。现在，企业竞争的优势无法在写好的战略规划中找到。企业的成功与每个高管在每天工作中的思考、行动和相互影响的方式密切相关。为了成功和赢得奖励，高管们必须做正确的事，而不仅仅是做规划的事。高管把问题抛给别人，只等待回应是不够的。今天成功的高管不是等待"开会"，而是"直面需要的会议"。

随着领导者的工作日益全球化，工作本质的变化不仅是激进的，也是广泛渗透的。一种新的认识席卷全球，那就是公司的关键竞争优势植根在公司的社会网络中。然而，技术性的商务流程只是在最近才被看成变革的支配性杠杆，组织的人性化开始被看作一个有效的价值驱动因素。如果我们把这个准则用好，最近出现的领导文化趋势就给领导者提供了一个让世界变得更好的真正的机会。

学习型高管

从教育与工作之间的关系来看，一场彻底的变革正在组织中发生。在传统的企业模式中，一位高管在整个职业生涯中只从事某个领域的工作，学习被定义为长期的"干中学"，并伴随着单次培训之后的多年实践。这种情况对很多人来说已经大不相同了。今天，终身学习正在迅速取代"一生做一份工作"的状态，成为占主导地位的职业生涯模式。一个人一生不再只做一份工作，而是多份工作。学习是终身的，而不是一次性的事件。

高管能力必须与工作要求相匹配。现代企业变化太快，思想老旧、刻板、过于简单化的高管很难取得成功。在个人层面上，所有的高管都在实用主义地机械回应变革趋势和工作压力，他们面临一个又一个的新挑战，但企业现在需要的是敏捷反应。在一个快速变化的世界，高管"依葫芦画瓢"地开展工作已经不起作用了。因此，今天的高管们必须学会自我发展和学习成长。在一个组织不再能保证提供一生的工作机会的时代，每个人都要把"终身学习"当作目标。

可喜的是，这样的方法同样对解决组织当前的迫切问题有帮助。在任何领域，我们发现周期都变得更短了，行业周期、企业周期、产品周期都在变短。企业需要在永无止境的竞争中找到一条更快的发展之路来实现全球扩张。这使得企业要求员工工作更长时间。在这样的氛围之下，高管不得不花更多的时间来学习新的技术和商业知识。但领导技能的提升最好发生在工作中，并且学以致用。这种边干边学的能力培养，是另一种形式的教练活动。

高管需要新的知识和技能去解决他们面对的问题。他们面对的问题经常是模糊不清的。一个高管可能需要帮助一位令人头疼的同事；完成一项全新的任务；陈述一个复杂的商务提案；使方案变得"可视化"；或者更高效地与直接下属交流。教练完美地适应了新的学习模式，他们支持高管们在工作中学习，在跟上企业发展步伐的过程中学习。

为成功而奋斗

高管们总是关心与企业、团队、个人成功相关的话题。他们面临的新的竞争规则和成功定义，要求他们必须找到让企业、团队、个人协同一致和平衡发展的方法。他们必须选择真正能够提升商业价值的活动，而不是仅仅看起来高效的努力。这看起来像是商业常识，但它反映了工作中真实态度的转变。

在知识型工作的各种类别里，日常的、被动的管理工作不断地被创造型和创新型工作替代。企业对员工的奖励正在从强调努力转变到关注结果。准时上班和经常加班，不再被认为是一个高效高管的特征。

技术让工作变得更加开放和灵活，也让工作与生活的交集更多。教练可以帮助高管们穿过这个微妙的交集，而不被打扰。与此同时，教练需要一个道德定位和实施规则，以便开展教练活动。随着我们开始越来越多地使用信息技术，从中获得更多自由的选择，我们通常更喜欢将工作贡献的价值用收入或成果来衡量。特别是对知识型工作者而言，工作时间和工作地点已经变得不那么重要。现在，企业对工作者的奖励依据是工作结果而不是工作投入。

在昨天的商业世界里，"数字"和例行的机械操作欺骗了组织和组织的高管，让他们相信可以通过简单地重复传统模式实现目标。当然，重复的工作方式在工厂模式中仍然有效，但是重复性工作在服务行业和知识经济中不再是成功的保证。时代呼唤新的领导风格，从管理到领导的转变就是其中一种。领导使人们从刻板到灵活，使人们得以适应一个充满不确定的环境；领导促使人们承担责任，积极主动，做正确的事，并因此而变得优秀。

领导者意识到商业世界的不确定和动荡，他们正在推翻在稳定的等级制管理时代建立起来的熟悉的、传统的"社会规范"。今天，成功的高管必须顺应这个趋势，才能在一个更加动荡的商业世界里实现想要的目标。

在现代组织中，领导力对创造价值和确立竞争优势更为关键。领导力不是少数几个最高层高管独有的，领导力不分等级，人人都有。一个成熟的领导者会把他人当作能够负责的成年人，鼓励所有人为了共同的成功而努力。他会提升团队成员的价值感、集体感，并积极地指导所有活动向着组织的商业目标前进。一个组织的文化和领导风格并不是以某种特定方式工作的结果，而是工作得以完成的环境。管理者指挥员工，而领导者鼓舞员工。能够鼓舞士气的企业才能获得胜利。企业需要更少的管理者和更多的领导者，而教练提供了一种直接而实用的方法来将这种新文化融入企业。

教练提供了一条发展领导力的路线。教练可以释放管理者自身潜在的领导力，并加强已经存在的领导力。教练文化可以培育更多人的领导力。当教练把个人、团队和组织发展统一到关于成功的共同定义上来，教练技术就变成了领导力。教练通过教练过程为所有人提供战略性、可行性的前进方向。

教练过程的实施

领导者处在现代型组织的高层。在一个组织内部，问题会在自由的交谈中产生，不管交谈是在多么扁平化或者虚拟化的环境中进行的。真正创新的概念在早期阶段听起来总是有些疯狂，很少有高管愿意冒风险去推动这些概念落地。领导者需要在一个安全和具有支持性的环境中来完善他们的想法。而教练对话满足了这种需要。

教练过程为高管们提供了一个发展自己思想的对话机会。如果没有教练，这种反思性对话的机会可能会被忽略。当高管们没有机会进行创造性、激发性的对话时，就不能检验和形成创造性和深刻的想法，于是高管全面深入的反思就被忽略了。在所有这些方面，教练都可以为高管和组织学习提供强大的支持。教练为高管的战略构想和实施提供了一个机会，以实现其战略意图。

每个组织都是不同的，都有其独特的成功定义。无论董事会、高管团队或高管个人以何种方式阐述企业成功的定义，教练都有责任帮助高管找到一条发展的道路来获得成功。在为成功奋斗的过程中，领导者必须找到推动组织发展的方法，同时尊重组织的核心价值观和基本信念。教练必须从内心深处去理解上述背景。为了提供高质量的服务，教练需要透过组织的表面现象，看得更深远，发现组织在实践中反映出来的真正的价值观。从表面上看来，所有公司的价值观都是相似的。但随着世界的持续发展，组织的战略环境需要重新描绘，这些价值观也需要与时俱进。

外部教练和内部教练

大多数领导者知道，要保持组织健康运转就必须与利益相关方联手，融入整个商业环境中。现代组织可以通过与教练、顾问和其他人对话，积极地拓展社会关系。组织要持续发展，就需要与外界互动。

传统的或者法律上的公司定义让我们错误地以为公司永远是自给自

足的，从而忽略了公司与外部的交流与合作。实际上，"系统理论"在多年前已经指出，公司与外部的互动是非常重要的。今天，组织与环境的互动被认为是减少商业风险的一项重要活动，而教练对话则促进领导者打开思路，加强与外部的交流和协作。

此外，组织如果认为高管教练只是一项完全由外部供应商提供的服务，那它就永远无法营造一种真正的领导氛围。现代组织必须能够在这个不断变化的、更扁平的、网络化的工作场所中保持凝聚力。领导者并不寻求让自己如何与众不同，而是决心将自己的最佳领导行为复制给身边的人，他们会不断学习和传播良好的行为。因此，内部教练在现代组织中至关重要，其可以让所有的组织成员发现教练对话是自然而然的事情。不管组织有多扁平，高管都需要不断地与下属交流。这使得领导者成为教练，通过教练对话激发和培养直接下属成长。

"导师辅导"（Mentoring）这个专业术语被广泛用来描述一个与教练很相近的活动。导师往往是与被辅导者有过相似经历的成功前辈。因此，相对而言，这种辅导关系的本质更倾向内容而不是形式，更多是成长经验的分享和指导。对导师的尊敬和信任是辅导过程产生"化学反应"的决定因素。一个资深导师往往可以帮助被辅导者轻松获得之前难以接触的有用资源。

如果导师与被辅导者在同一个组织中工作，那么导师就不需要再熟悉公司文化。公司需要采取措施和阶段性的考核来保证内部导师不会在日复一日的辅导过程中，无意间成为被辅导者的利益伙伴。

教练也渗透到了各种工作关系中。例如，一些组织建立了非正式的系统，可以分享培训中的信息。《财富》500强公司中的一些较大的部门在薪资上把教练作为全职员工对待。一些高管跳槽的时候也会带着自己的教练一起离开，这种情况并不少见。这成为雇佣谈判过程中的一个部分，与股权分配和其他利益并列。教练关系在组织中普遍存在——不管是组织内部、外部，还是组织之间——证明教练活动已经被看作一种有效的工作方式，在组织内外有着模糊的界限。

成功的蓝图

现在，越来越多的教练来自各行各业，包括咨询业和辅导业。他们面临的一项挑战是把客户个人的发展与商业成果的实现联系起来。只有当这两方面都能够实现以后，一个教练计划才能被充分证明是值得的。

成功的教练有以下特征：他们必须选择与个人、团队和组织相关的话题；他们必须与组织领导风格协调；他们必须促进组织的积极发展；他们必须务实、有效；他们必须有助于商业成果的实现。

把这些特征组合起来，战略教练模型（见图 2-1）则提供了一幅商业成功的蓝图。该模型以现代领导力文化为指导，以人际互动为基础，简单地说，当教练活动立足于战略的核心时，其效果是最好的。

作者简介

劳伦斯·S.莱昂斯是一位资深的教练、顾问、公共演说家、作家，是数字设备公司前任技术总监。他曾被亨利管理学院描述为"企业转型的领先权威"，他是该学院的教授和未来工作论坛的创始研究主任。

莱昂斯博士被认为是高管教练的先驱；他担任过美国和欧洲企业的几百位高级和高潜力高管的教练。他的很多教练客户在名人录里都能找到。

莱昂斯博士拥有布鲁内尔大学的博士和硕士学位以及市场营销学文

凭。他是领导者协会思想领袖论坛（原德鲁克基金会）的特邀成员。

莱昂斯博士是本书的姐妹篇《领导力教练（实践篇）》的编著者。

第 3 章

情境领导与高管教练

保罗·赫塞（Paul Hersey）

罗杰·切威利（Roger Chevalier）

高管教练需要特殊的领导方式和提问技巧来保证教练活动的有效性。从任何方面来讲，领导力都需要帮助客户分析他们的行为表现，确认其背后的原因。本章将展示，情境领导如何提供必要的指南来指导高管教练与他们的客户一起工作。"高管教练指南"这部分会进一步说明这个过程。"绩效差距与原因分析""用问题来引导"这两部分的内容，可以用来帮助高管教练引导他们的客户提高组织的绩效。

情境领导

情境领导给高管教练提供了与客户一起工作时所需要的指南。情境领导的根本原理是高管教练应该根据客户的准备水平（能力和意愿两个方面）调整客户的领导方式，来完成一个预定的任务。领导力是领导者提供的任务行为（指导行为）和关系行为（支持行为）的总和。情境领导模型见图 3-1。

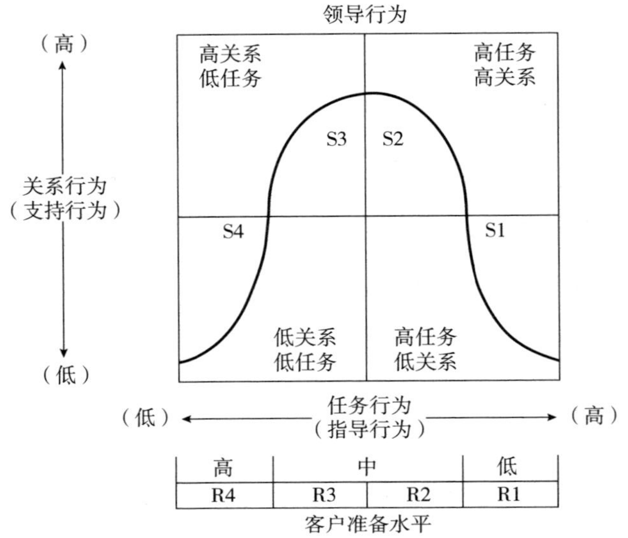

图 3-1　情境领导模型

资料来源：Copyright©1985 by Center for Leadership Studies. All rights reserved.

为了保证效果，高管教练必须根据客户对他们希望完成的每项任务的准备情况调整教练方式。高管教练是情境领导原理的一种独特运用，这个原理在高管教练与客户一起工作的过程中发挥着指导作用。

个人或群体最低的准备水平（R1）是指他们不想也不能完成一项预定的任务。相对应的领导方式（S1）是提供大量的任务行为（指导行为）和少量的关系行为（支持行为）。个人或群体第二个准备水平（R2）是指他们想做但不会做的一项预定的任务。相对应的领导方式（S2）是提供大量的任务行为和大量的关系行为。

个人或群体第三个准备水平（R3）是他们会做但是不想做的一项预定的任务。相对应的领导方式（S3）是提供大量关系行为和少量的任务行为。个人和群体完成一项预定任务的最高准备水平是想做而且会做

（R4）。相应的领导方式是提供少量的任务行为和少量的关系行为。

情境领导模型提供了一个框架，教练可以据此对客户所处的不同情境进行诊断，并判定在某种特定情境下，哪种领导方式成功率最高。使用这个模型，可以让高管教练提高效率，因为这个模型展示了他们选择的领导方式与客户的准备水平之间的联系。所以，情境领导是高管教练与客户一起工作时可以使用的强有力的工具。

高管教练指南

下文描述了正式的面谈、教练咨询和教练情形下的实施过程。这个过程分为两个阶段，即首先评估客户的准备情况，然后选择一种合适的领导方式。第一步，采用情境领导方式 S4、S3 和 S2 来提起话题，然后诊断客户为了取得成功，对各种任务的准备情况。

当高管教练不和客户一起工作时，客户感受到的领导方式是 S4。当教练通过回顾相关材料（如前一次见面的记录）为教练对话做准备的时候，客户会一直感受到较少的指导和支持。

在与客户刚见面的时候，高管教练的领导方式要调整到 S3，通过建立密切关系、打开对方的话匣子、强化积极的表现，来增加对客户的支持。在这一步骤中，高管教练的主要工作是通过提出开放式问题来评估客户是如何看待整体处境的。

然后高管教练的领导方式转变为 S2，用直接的问题聚焦讨论话题，进一步了解客户当前问题。针对严重影响到客户成功的每一个任务，高管教练必须帮助客户找出绩效差距，确认背后的原因。高管教练必须评估客户为处理每一个绩效问题所做的准备情况（从能力和意愿两方面），这样才能选择合适的领导方式。

图 3-2 说明了评估步骤。

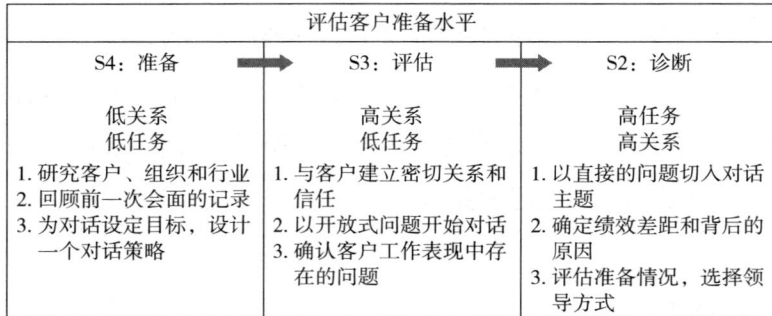

评估客户准备水平		
S4：准备 ➡	S3：评估 ➡	S2：诊断
低关系 低任务	高关系 低任务	高任务 高关系
1. 研究客户、组织和行业 2. 回顾前一次会面的记录 3. 为对话设定目标，设计一个对话策略	1. 与客户建立密切关系和信任 2. 以开放式问题开始对话 3. 确认客户工作表现中存在的问题	1. 以直接的问题切入对话主题 2. 确定绩效差距和背后的原因 3. 评估准备情况，选择领导方式

图 3-2 评估步骤

在评估客户对每个问题的准备情况以后，高管教练根据客户对各个绩效问题的准备情况从图 3-3 中选择合适的领导方式。因为是情境领导方面的案例，在判断客户的准备水平之前，教练必须清晰地定义客户的绩效问题。

对于不同的问题，教练对象可以有多种对不同的相关任务的准备水平。一旦准备水平确定以后，相应的领导方式就确定下来。在最初的介入之后，如果教练对象做了相应的回答，高管教练就转入下一种风格来进一步开发客户。领导方式的选择如图 3-3 所示。

S4：跟进 低关系 低任务	S3：加强 高关系 低任务	S2：发展 高任务 高关系	S1：命令 高任务 低关系
1. 以书面形式记录每次对话 2. 跟进所有的承诺 3. 监督进展，为下一次对话做准备	1. 强化已经进行的步骤，以及已经取得的进步 2. 增强自我肯定，提高自我评价 3. 鼓励、支持、激励和赋能	1. 讨论提升绩效的方式 2. 就最好的行动方案达成共识 3. 引导、解释、说服、培训	1. 陈述新的行动方案 2. 确认最好的行动方案 3. 告知、描述、说明、指导
领导风格与客户的匹配			
会做和想做 或有信心	会做但不想做 或没信心	不会做但想做 或有信心	不会做也不想做 或没信心
R4	R3	R2	R1

图 3-3　领导方式的选择

如果教练对象不会并且不想做或者不自信（R1），那就采用 S1（命令）来告知、描述、说明、指导。如果教练对象不会做但是想做或者有信心，那就采用 S2（发展），来引导解释、说服、培训。如果教练对象会做，但是不想做或者不自信，那就采用 S3（加强）来鼓励、支持、激发和赋能。在完成最初的谈话以后，教练可采用 S4（跟进），来跟踪教练对象的进步，为下一次对话做准备。

图 3-4 所示的高管教练指南是从情境领导模型衍生出来的操作手册，描述了人的发展过程。高管教练给予客户的指导和支持会随着高管教练准备、评估、诊断、命令、发展、加强和跟进这个过程的变化而变化。

评估客户的准备情况			
S4：准备 低关系 低任务 1. 研究客户、组织和行业 2. 回顾前一次会面的记录 3. 为会谈设定目标，设计一个谈话策略	**S3：评估** 高关系 低任务 1. 与客户建立密切关系、信任和个人权利 2. 以开放式问题开始谈话 3. 确认客户工作表现中存在的绩效问题	**S2：诊断** 高任务 高关系 1. 以直接的问题切入谈话主题 2. 确定绩效差距和背后的原因 3. 评估准备情况，选择领导方式	
S4：跟进 低关系 低任务 1. 以书面形式记录每次谈话 2. 跟进所有的承诺 3. 监督进展，为下一次谈话做准备	**S3：加强** 高关系 低任务 1. 强化已经进行的步骤，以及已经取得的进步 2. 增强自我肯定、提高自我评价 3. 鼓励、支持、激励和赋能	**S2：发展** 高任务 高关系 1. 讨论提升绩效的方式 2. 就最好的行动方案达成共识 3. 引导、解释、说服、培训	**S1：命令** 高任务 低关系 1. 陈述新的行动方案 2. 确认最好的行动方案 3. 告知、描述、说明、指导
领导方式与客户的匹配			
会做和想做 或有信心	会做但不想做 或没信心	不会做但想做 或有信心	不会做也不想做 或没信心
R4	R3	R2	R1

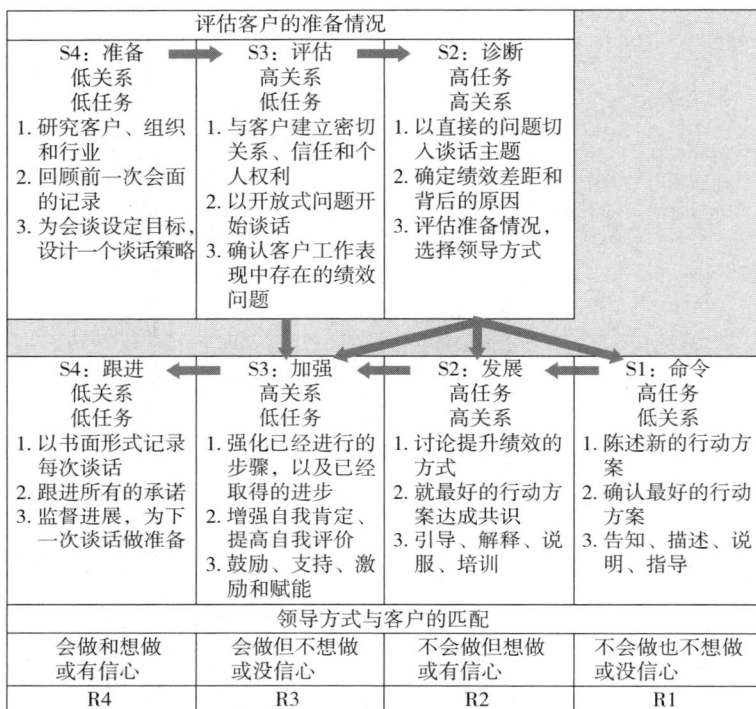

图 3-4　高管教练指南

评估阶段对教练过程非常关键，其中高管教练必须在开始真正介入之前进行准备、评估、诊断。

实际上，高管教练必须"获取介入的权力"。很多高管教练常常不花时间对客户的准备情况做真正的评估就开始介入。在依据客户对给定任务所做的准备情况确定最初的领导方式时，教练的目标是采用连续的领导方式来提升客户。这一领导方式贯穿高管教练命令、发展、加强和跟进的全过程。

绩效差距和原因分析

高管教练过程的关键在于以正确的顺序提出正确的问题，协助客户了解他们的整体处境、具体的绩效差距和背后的原因。高管教练过程是领导力的运用过程，在这个过程中教练变成了客户的可信任资源。

协助客户分析绩效差距的方法称为"差距分析法"。高管教练必须引导客户确定个人或者企业当前的绩效水平，以及他们想要达到的绩效水平。两者之间的差距就是绩效差距。另一个有用的步骤是确定一个合理的目标，这个目标在短时间内是可实现的，可以推动企业向目标前进，其中应该包含质量、数量、时间、成本的衡量标准。

绩效差距确定以后，下一步就是确认原因。由托马斯·吉尔伯特（Thomas Gilbert）开发并在他的著作《人的能力：绩效价值工程》中（*Human Competence: Engineering Worthy Performance*）提出的行为工程模型（Behavior Engineering Model，BEM），为我们提供了一个方法，来系统地确定个人和组织绩效的边界。这个模型最近又做了更新，以便更好地帮助高管教练协助客户确定产生绩效差距的原因。

升级版的行为工程模型（见图3-5）关注了影响绩效的环境因素与个人因素。环境因素是分析的起点，因为其形成了典型绩效最大的边界。当环境的支持性很强的时候，个人就更能达到人们对他的期望。

工作环境给予的支持可以影响绩效，具体分为3个因素：信息、资源、激励。信息包括清晰的期望、必要的工作指导，提供阶段性的具体行为反馈。资源包括合适的材料、工具、时间和程序。激励是包括财务和非财务的激励措施。

个人影响工作的因素包括：动机、能力、知识和技能。个人动机应该和工作环境保持一致，这样员工才有完成工作和取得卓越成就的意愿。

个人应有学习能力，能为了工作的成功做所需要做的事情。个人应具备必要的知识和技能来完成某个特定的任务，以便实现某个目标。

	信息	资源	激励
环境因素	1.清晰定义角色和绩效期望，给予员工及时、经常和相关的行为反馈 2.用来描述工作流程的清晰的、相关的指南 3.绩效管理系统指导员工的表现和发展	1.拥有完成工作必需的材料、工具和时间 2.清晰定义工作的程序和步骤，如果按流程去做，就能提高个人绩效 3.工作环境安全、干净、有组织，有利于产生优秀的绩效	1.拥有物质激励和精神激励；绩效衡量标准和奖励系统有利于提高绩效 2.工作能够满足员工的需要 3.总体工作环境是积极的，员工相信他们有机会获得成功；职业发展路径是清晰的、现实的
	知识和技能	能力	动机
个人因素	1.员工具备必要的知识和技能来表现希望的行为 2.具备必要的知识和技能的员工被安排在合适的岗位上，能够运用和发挥他们的专长 3.员工们接受交叉培训来理解其他人的角色	1.员工有能力学习和完成必要的工作 2.员工的招聘和选拔与工作需要相适应 3.没有影响员工绩效表现的负面情感因素	1.员工的动机与工作内容和工作环境相匹配 2.员工热切地渴望完成所要求的工作 3.招聘和选拔的员工与工作需要相匹配

图 3-5　升级版行为工程模型（BEM）

这个模型给出了评估影响个人和企业工作绩效的六个因素——信息、资源、激励、动机、能力、知识和技能。环境因素应先于个人因素评估，是因为环境因素更容易改善，而且对个人和企业绩效的影响更大。如果信息、资源和激励都不足，就很难评估个人是否有正确的动机、能力、知识和技能来工作。

用问题来引导

高管教练可以用问题来引导客户确认绩效差距的原因。托马斯·吉尔伯特在他的行为工程模型中，提出了一系列用来评估六个因素的问题。他把这些问题叫作 PROBE 模型，PROBE 是 PROfiling Behavior（规范行为）的简写。PROBE 模型由 42 个问题组成，这些问题可以用来评估在任何工作环境下的任何工作完成状况。

在吉尔伯特的引领下，更新后的 PROBE 问题可用来支持升级版行为工程模型。更新后的 PROBE 问题包括一些开放式问题，用来开启教练与客户的讨论。这很重要，可以防止客户对一系列直接问题产生防御心理。

更新后的 PROBE 问题

A. 信息

开放式、探究性问题：

你是如何与员工沟通公司对他们的绩效期望的？

直接的后续问题：

你向员工描述过公司对他们的明确绩效期望吗？

员工理解他们的多种角色和各种角色的优先次序吗？

公司是否有清晰的绩效辅助手段来指导员工？

公司是否会针对员工的绩效提供足够的、定期的、有针对性的具体行为的反馈？

绩效管理系统是否有助于管理人员向员工说明公司对他们的行为和结果的期望？

B. 资源

开放式、探究性问题：

为了成功地完成任务，你的员工需要做什么？

直接的后续问题：

员工是否有工作所需的材料？

员工是否有工作所需的工具？

员工是否有完成工作所需的时间？

程序和步骤是否清晰，是否有助于提高员工的绩效？

工作环境是否安全、干净、有组织，有益于员工产生优秀的绩效？

C. 激励

开放式、探究性问题：

员工在表现优异时，会获得什么奖励？

直接的后续问题：

公司是否有足够的物质激励来鼓励员工产生卓越的绩效？

公司是否有足够的精神激励来鼓励员工产生卓越的绩效？

衡量标准和报告体系是否有助于跟踪员工的行为和结果？

工作是否足够充实，能够满足员工更高级的需要？

员工是否有职业发展的机会？

D. 动机

开放式、探究性问题：

员工如何响应公司设定的绩效激励？

直接的后续问题：

员工的动机是否与公司的激励保持一致？

员工是否有强烈的意愿把工作尽力做到最好？

招聘和选拔的员工是否与工作需要相适应？

员工是否认为工作环境是积极的？

如果较差的绩效提高为优秀的绩效，员工是否会有奖励？

E. 能力

开放式、探究性问题：

担任各项工作的员工是如何筛选的？

直接的后续问题：

员工是否有做好这项工作所需的优势？

员工是否有做好这项工作所需的知识？

员工是否有能力学习在工作中取得成功必须具备的知识与技能？

员工是否有任何阻碍绩效完成的负面感情因素？

员工的招聘、选拔与工作需要匹配吗？

F. 知识和技能

开放式、探究性问题：

员工是如何学习那些要想在工作中取得成功，必须具备的知识与技能的？

直接的后续问题：

员工是否具备完成工作所必需的知识？

员工是否具备完成工作所必需的技能？

员工是否具备完成工作所必需的经验？

员工是否有系统的培训计划，以增长知识、提高技能？

员工是否理解他们的角色对组织绩效的影响？

总结

情境领导是一个有力的工具，可以指导高管教练与客户互动。高管教练指南是从情境领导模型衍生而来的，让领导过程更加结构化。因为高管教练和客户之间的关键互动环节是确认绩效差距、了解原因，所以升级版的行为工程模型提供了更新后的 PROBE 问题。这组与绩效相关的问题为高管教练提供了必要的结构框架。

作者简介

保罗·赫塞是美国领导力研究中心的主席，该中心提供领导力、教练、销售、客户服务培训。他是情境领导的创立者之一。情境领导是全球范围内数百万位经理人所采用的绩效工具。他曾在 117 个国家及地区讲授情境领导，影响了全球范围内上千个组织、400 万位经理人的领导技能。他是组织行为著作——《组织行为管理》（*Management of Organizational Behavior*）的合著者。

罗杰·切威利是 2008 年国际绩效改进协会卓越奖获奖作品——《绩效改进的经理人指南》（*A Manager's Guide to Improving Workplace Performance*）的作者。这本书是由美国管理协会出版的。他是一位独立的咨询顾问，擅长将培训嵌入综合性的绩效提升解决方案中。他培训过 30 000 多位经理人、主管和销售人员，在数百个工作坊中为他们提供关于绩效提升、领导力、教练技术、变革管理和销售的项目。

第 4 章

教练和咨询的异同

埃德加·H. 沙因（Edgar H. Schein）

在开始阐述教练和咨询的异同之前，我有必要指出，各种形式的教练活动是在 20 世纪 90 年代开始盛行的，之后持续兴盛。今天，我遇到的大多数培训师或咨询顾问都声称他们的主要业务是教练，而且多数是高管教练。如果教练活动成为所有培训与咨询的主流活动，那么理解这种复杂进程的心理动态将变得非常重要。在我为各种组织做咨询的 45 年经历中，我经常发现自己扮演教练的角色，有时是有明确的需求要扮演这个角色，有时是无意中扮演的。我从未想过教练是一项具有如此独特动力的活动，但现在是时候面对并描述这些动力了。

教练作为一种选择，在两种情况下出现：①当客户认为，他需要教练的帮助来解决个人问题时，在这种情况下，教练过程类似于咨询或者治疗；②当一位管理人员请求一位教练辅导某个人，帮助他改善工作表现或者克服某些发展缺陷，在这种情况下，教练过程类似于教导或者强制性说服。这两种情况也可能在一个团队或者大型组织中同时出现，比如，当一位项目顾问帮助一个团队解决团队的问题时，或者当一位顾问被要求帮助一个团队学习新流程或者改变一些价值观时。我发现自己作为个人咨询顾问同时为好几个客户提供服务；并且处理着更广泛的团体和组织问题，这并不属于教练工作本身，而是涉及教导和教育元素。从这个角度看，咨询顾问的工作有时比教练工作更广泛，这里的教练工作不只是个人教练项目的总和。

虽然基于体育运动的类比，教练经常被看成是为个人提供教练服务，但人们还是可以想象为一个团队、一个部门或者整个组织做教练辅导。在运动项目中，教练通常处于直接监督的角色；而在组织中，教练往往是组织成员或者外聘专家。如果CEO被教练如何改善他与董事会的关系，或者公司战略方面的事情，可以说，他的任何行为的改变都会影响整个组织。如果是一位中层经理被教练如何使工作更加高效和获得晋升，那么他的所有行为改变对组织的影响就不如 CEO 大。这里要说明的是，教练和咨询重叠的程度依赖于：①谁发起教练活动；②谁被教练；③接受教练的客户扮演什么角色；④教练的实际目标是什么。

在分析上述问题之前，让我们先检查教练中的人际互动过程。首先教导、培训、教育和教练的本质区别是什么？所有这些都包含了一个想要改变（改善？）某个人的行为的目的。教练与其他 3 项不同的是：①教练不一定要提前决定方向或者结果；②教练没有大于客户的权力；③客户被激励，自愿去学习。如果组织强加给教练预定的学习方向，那么，根据教练定义，这是教导，而不是教练。教练会询问客户想在什么方面提升，并严格地帮助客户自我提升。换句话说，教练活动，就今天被广泛使用的含义而言，是在目标方面很模糊的项目。组织能够要求一位教练帮助一位经理在确定的公司标准下表现得更好，但是在教练项目中，教练可能发现这位经理真的不适合这份工作，并且可能帮助这位经理离开组织（即使这家公司已经支付了教练费用）。为组织工作和为个人工作之间的区别反映了专家咨询和流程咨询、教导和治疗之间的差别。

我认为需要从根本上区分顾问可能在任何客户关系中扮演的3种不同的角色：①专家意见的提供者；②诊断医生和开药方者；③流程顾问，聚焦于帮助客户自我提升。包括教练在内的所有角色的首要目标是对当前的客户有帮助，并留意这种帮助对更大的客户系统和群体带来的影响。

我认为，咨询顾问必须在3种角色间不断变换，但是他必须总是从流程模型开始，以便找到他的专长或者诊断意见及治疗方案。为了了解这些，他必须取得客户的信任，鼓励客户说出真正的问题，以及他们需要何种帮助。我们在治疗和咨询的经验中发现，除非客户感觉到这个顾问真的在试图帮助他，否则他不愿意说出真正困扰他的问题。

在组织咨询的案例中，更复杂的是，咨询顾问将永远不能充分地理解客户所在组织的文化，以制订精确的解决方案或者提供切实可行的方法。因此，在组织咨询中，咨询顾问和客户必须成为一个团队，共同控制所有"诊断"和"治疗干预"的结果。即便如此，必须说清楚的是，要解决的问题是客户的，所以客户要为最终解决方案负责。咨询顾问与客户之间的关系相当于治疗和被治疗的关系，咨询顾问通过一切可能的方法来推动客户在他的处境中获得改善。

显然，教练技术可以被看作一种在特定的环境下，可能对客户有帮助的干预措施。在这种背景下，我认为教练技术是由教练（顾问）做出的一系列行为，这些行为可以帮助客户在他认为有问题的处境中，形成一种新的观察、感受和行为方式。因此，同样的问题又出现了：教练在什么时候应该是一位专家，简单地告诉客户该怎么做；在什么时候应该是一位诊断医生和开药方者，指出客户为什么有现在的问题并提出相应的治疗措施；或者，在什么时候应该是一位过程导向的治疗师，帮助客户认识他的处境，并了解如何改善自己的行为。当然，这些角色的平衡和时间节点取决于教练行为是否是客户或者组织中的其他人所要求的，客户在组织中的角色是什么和客户所揭示的问题的本质是什么。

谁发起教练活动

教练活动因为各种原因被发起，但是发起者是谁呢？有时是客户的上司，有时是客户自己。不同的发起人会带来不同的教练结果。

客户的上司发起

一个主要的发起原因是，组织中更高层的某人建议下属接受教练，来克服一些他认为会限制下属效率提升和职业潜力发挥的缺陷。一种常见的情况是，公司对某个人的工作表现进行全方位的评估，搜集来自这个人的上司、同事和下属的反馈。公司认为需要一位外部教练来和被评估者一起审视这些信息。如果被评估者的问题主要是由上司界定的，那么教练就要搞清楚，是应该向上司报告教练活动的进展，还是让教练活动完全成为教练和被评估者之间的私事。

如果教练被要求向上司汇报，那么教练所做的表面上是"教练"，实际上是培训或者教导。在这种情况下，教练基本为上司工作，即便教练可能声称尽力在帮助客户。这时教练应该表现得像专家、诊断医生、开药方者，因为期望的行为结果不是由教练对象界定的。客户的基本选择是，是否接受这段教练关系和是否努力学习新的行为及看待事物的方法。如果新的行为和看待事物的方法碰巧符合客户本身的发展潜质，结果将对组织和个人都好。然而很多时候，客户被期望学习的并不符合他的个人需求，所以，结果要么是失败，要么就是只有短期的适应，而没有长期的改变。从咨询顾问的角度来看，这个方案是在冒险，因为失败的可能性很大——上司没有准确地看到最初的情况，上司没有说清楚需求，或者咨询顾问没有理解上司想要的结果是什么，客户不希望或者不能够被"训练"，或者只是表面接受而没有实际的改变。

不过，通过另外一种可选择的途径，上司能够比较成功地发起教练活动。上司可以向教练（顾问）大致描述他看到的问题是什么样的，但是不要求教练报告进展，并授权教练在合适的时候对客户进行指导。换句话说，在这种方案中，上司应该做好准备接受教练行为的结果可能不是组织期望的，但却对客户个人的发展有好处。教练行为甚至可能导致客户个人意识到与组织不合适，然后离开组织。如果这是上司可以接受的一种结果，那么教练就可以聚焦于帮助客户进行自我提升。在这种情况下，上司有效地扮演了一个顾问的角色，试图对客户起到帮助作用。这个问题与教练的角色是什么相互影响——教练的角色取决于上司是想帮助客户获得更大的发展，还是想让客户学习某种特定的看待事情的方法，或者培养一些与组织相关的能力。例如，学习使用一种新的计算机化的预算系统。

客户发起

任何时候，组织的成员向外部人员或者内部成员寻求某种帮助，都有形成教练或个人咨询 / 治疗关系的可能。在这种情况下，结果不再由组织以任何形式指定，并且改善的问题可能与组织没有关系。这种教练 / 咨询活动，与有人向我们寻求帮助时我们所面对的融合在了一起——我们要告诉他们该怎么做吗？我们要私下判断这个情况，并给出解决办法吗？或者我们是否花一段时间和他建立关系，以找出怎样做最有帮助？这些问题不断地出现在家庭中，出现在朋友间、父母和孩子间、老师和学生间。进行这种个人教练 / 咨询的能力应该成为每个成人储备技能的一部分。其基本原则是首先通过过程咨询建立人际关系，只有当客户的需求明确时，教练才转变为专家或者诊断者角色。

谁被教练

教练 / 咨询关系如何发展取决于教练对象在组织的地位和级别。从社会学上讲，一个人的地位越高，他作为一个社会客体就越受尊敬，他就越需要维持个人形象。如果为 CEO 或者高管提供教练服务，教练必须能够与之建立起平等的关系，否则客户也许会不愿意接受教练关系。因为高管的潜在敏感性，教练项目需要从项目模型开始，这样可以保证教练在提供任何指导、建议或者诀窍前，建立起帮助型的人际关系。

如果教练是客户的上级，客户可能主动寻求并期望得到专家建议。给出专家建议的风险在于，它不符合客户个人情况，会被忽略或者被无意识地推翻。一般下属不会对上级说他没有理解或者不同意上级给出的建议，或者他已经努力了但是没有用，等等。所以，在这种情况下，教练要进行开放式问询，在客户能够决定需要何种帮助之前与客户建立一种平等的帮助关系。

如果教练是与客户地位相当的同事，客户可能因为自己有问题而被单独选出来接受教练而感到失落和沮丧。因此，提供帮助的教练必须首先与客户建立较好的关系，尤其是当教练活动中要处理可能伤面子的个人问题时。

接受教练的客户扮演什么角色

如果接受教练的客户是高管，必须弄明白客户是以高管的身份来解决自己的个人问题，还是解决他作为高管所在的组织的问题。个人问题可能是如何学习一些新的技能，比如变成一个计算机能手，或者发展一种更具战略性的思维，以便晋升到更高层。组织问题可能是：怎样学会更好地管理高管团队，以便改善组织的战略执行；如何学会像营销人员一样思考，因为组织的将来依赖更好的营销；或者如何学习组织未来将使用的新的计算机预算和财务系统。

如果客户是个人，那么上面提到的观点同样适用，只有先建立帮助关系，教练活动才能够适当地推进。如果客户代表组织，问题会更复杂。假设 CEO 想就以下的问题接受教练：如何让自己的团队产出更多，如何让团队成员在工作上更有竞争力，如何让自己的下属更努力。教练／顾问如何判断如果这个目标可能伤害组织中的中基层人员，那么它是不是一个合适的目标？如果教练／顾问认为组织实施的将是错误的战略，该如何处理？如果教练是组织外部人员，他可以不管这样的冲突，但如果他是组织成员，他不能不管。教练和咨询就是在这样的问题上区别开来的。教练必须满足客户的需求，并且成为一名培训师／教导师；顾问必须考虑客户所在组织的需求，并且根据需要，调整 CEO 的目标。

有人可能会假设，相似的问题会出现在个人教练行为中，也就是教练不同意客户提出的学习目标时，教练和客户可以协商目标。但是，如果这些目标是由组织中的其他人设定的，那么即使客户自己没有设定，教练也会按照这些目标来采取行动。这又是教导或者强制性说服的情形。许多教练可能会发现，作为一名顾问，你可以提出自己的不同观点；但是作为一名教练，你的工作是组织决定的，教练的工作就是帮助个人满足组织的需要。

教练的实际目标是什么

教练的服务范围涵盖从帮助人们学习一种新的计算机系统到帮助人们拓宽公司战略的各个方面。当然，我们最熟悉的是体育竞技中的教练，他们通过观察、判断、提供反馈、演示以及设置训练路径和目标，帮助运动员提高运动水平。虽然这个目标由客户选择，但是教练像专家和培训师，教练过程经常是具有强制性的。这样的教练行为也适用于更广泛的目标，就像前面引用的例子，让一名教练与一位接受 360 度评估的客户一起审视评估的结果。在弗莱厄蒂（Flaherty）的书里引用的一个案例中，教练目标是拓宽一位高管的战略视野，使他能够在他的公司晋升到更高层。

我的观点是，要实现从具体的技能发展，到抽象的心智模式重塑目标，如果不首先建立一种帮助型人际关系，就难以成功。这在更抽象的个人领域是相当明显的，但是经常在技能发展教练过程中被忽视。我注意到，尤其在教人们使用计算机时，教练很快就进入专家或者医生角色，在教练对象还未认识到问题时就已经做出"指示"。这类教练没问过教练对象，他们在计算机方面的问题是什么或者他们的学习方式是什么。他们带着"指示"扎入知识的海洋，但发现自己只是在挣扎、抵抗，而不是在学习。

在组织方面，这种区别有一个重要的对应。我们讨论的是基于任务、战略和目标的教练活动，还是基于手段、测量和组织用以实现其目标的教练活动？我认为，教练对客户在任务和目标方面的需求更敏感，因为这些更抽象。当开始对方法和进程进行教练时，教练迅速成为"培训师"，并且忘了建立帮助型人际关系。这种成为专家的倾向，可能导致了许多项目的实施不良，比如，新的计算机系统、企业重组、全面质量工程、360 度反馈项目。如果教练对象不参与设计自己的学习计划，如果他们与教练没有建立一种令自己感到舒适的关系，他们将无法满足组织的需要。为了避免这些，教练必须成为娴熟的进程顾问。

结论

教练是咨询的一部分。要想教练活动成功，教练必须能够像一位顾问一样，与客户建立帮助型人际关系。为了建立帮助型人际关系，有必要从一个过程模式开始，此过程模式包括了教练对象／客户，真正要解决的问题，一个由教练和客户组成的团队，他们共同为结果负责。教练关系的状况受以下因素的影响：谁发起教练活动，教练和客户之间的地位差距，客户是在解决个人问题还是组织问题，教练是考虑组织的使命和目标还是组织的流程和手段。在每种情况下，教练都应该有能力在过程顾问、内容专家和诊断医生、开药方者这些角色之间随意转换。教练的根本技能是，评估当下的现实情况，进入合适的角色。

当目标人物或者群体没有和教练建立关系时，教导和强制性说服不会奏效；而如果这样的关系是通过将教练对象吸引到学习的过程中而建立起来的，就会取得很好的效果。教练对象是否愿意把这个过程称为"教练"，取决于其对教练活动的定义有多广泛。而人们理解教练和客户之间不同的关系，比如何称呼它重要得多。

作者简介

埃德加·H. 沙因是麻省理工学院斯隆管理学院的荣誉退休教授。他是《组织学习协会专刊》（*The Journal of the Society for Organizational Learning*）的创始编辑。此刊物致力于联系知识创新、传播与使用方面的学者、咨询者和从业者。

　　沙因教授是一位多产的研究者、写作者、教师和咨询顾问。除了在专业期刊上发表了大量文章之外，他还写了 14 本著作，包括《组织心理学》《职业生涯动态》《组织文化与领导力》《过程咨询》卷 1 和卷 2、《过程（再版）》和《企业文化生存与变革指南》等。他写了一部关于新加坡经济自行开发研制董事会的文化分析作品——《战略实用主义》。他出版了两部关于美国数字设备公司（Digital Equipment Corporation）起起落落的案例分析作品——《DEC 死了》《DEC 永生：DEC 公司永远的遗产》。他是艾迪生·韦斯利出版社关于组织发展的系列图书（理查德·贝克哈德纪念奖作品）的合作编辑者。这个出版项目自 1969 年开始，已经出版了 30 多个主题的图书。沙因教授的咨询聚焦于组织文化、组织发展、过程咨询和职业动态。他的客户多就职于国外的知名公司。

第 5 章

揭开教练之谜

戴维·尤里奇（Dave Ulrich）

杰西卡·K. 约翰逊（Jessica K. Johnson）

每一位优秀的领导者都在追求卓越、超越自我。为了提升自己，他们参加研讨会、读书、搜集正式和非正式的反馈，然后采取新的改进措施。最近这些年，教练技术盛行，似乎教练适合所有人、所有问题。教练包括专业教练和高管兼任教练。随着教练技术在内容和流程方面不断发展，通过教练技术来帮助高管提升变得更加困难了。面对教练技术的复杂性，高管们更加难以回答这个问题：我能从我的教练经历中获得什么？谁适合做我的教练？

我们先从他们能从教练经历中获得什么开始，然后讨论 5 个教练模型，高管可以选择其中之一。

我能从我的教练经历中获得什么

我们认为，高管接受教练通常有两个目的：行为改变和战略澄清。行为改变的前提是被教练的高管有一些行为倾向阻碍了他成为一位卓越的高管。战略澄清的前提是被教练的高管需要帮助来聚焦于业务战略，

以便促进企业实现财务、顾客和组织方面的目标。这两个维度产生了 4
个教练结果（见图 5-1）。

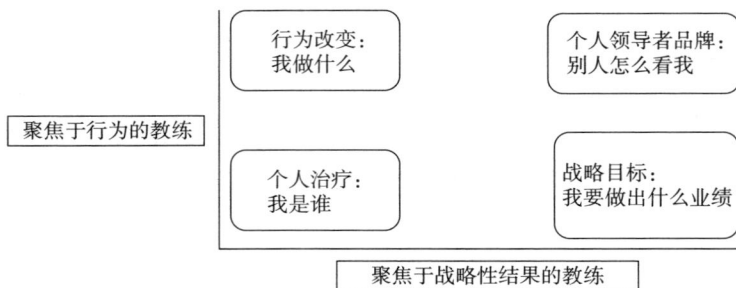

图 5-1 教练结果

聚焦于行为的教练

改变行为并不容易。我们从研究中发现，一个人的价值观、态度和
行为大约 50% 是由遗传决定的，另外约 50% 是后天习得的。这意味着
虽然每个人都有自己的倾向，但还是能够学习新的行为。我们还发现，
人们的行为大约 90% 来自习惯（来自遗传或者后天习得），而这些习惯
很难改变。在帮助领导者改变行为的时候，让他们认识到自己的倾向是
有益处的，但是要理解他们并不被自己的倾向所限制。当具体行为被识
别、检查和修改，教练帮助高管实现改变。过去只是我们产生行为的背
景，并不决定我们的行为。

聚焦于战略性结果的教练

战略性结果教练聚焦于帮助高管澄清他们想要实现的结果是什么，
以及如何实现。这个问题不是心理层面的，而是组织层面的。战略教练
从澄清理想目标开始，然后探讨高管如何在关键人物身上下功夫，如何
完成任务以达成组织目标。

个人领导者品牌教练

每位领导者都有身份、声誉，或者称之为"领导者品牌"。领导者品牌是行为和绩效的综合。行为教练帮助领导者认识和发扬他的领导风格，绩效教练帮助领导者聚焦并达成理想的结果。领导者品牌是个人作为领导者的身份、声誉或独一无二的标志，代表着个人的优势、倾向，包括了减少劣势影响的措施。当这种个人身份变成了一种声誉，别人就会对此做出反应，并不断增强。成熟的高管知道，随着时间的变化，人们可能会忘记领导者做的一些事情（完成的项目、所做的演讲、设定及完成的目标），但是，人们将记住领导者的行动和他们展现的领导风格。

聚焦于治疗的教练

通常，教练会透过表面现象，触及更深层次的心理和情感问题。受过专业训练的治疗师有时会乔装成教练，以避免高管对专业心理治疗的抗拒。有时，教练会触及高管的情感伤口，而这需要更多的治疗。在成长过程中，与父母的关系、情感的创伤和童年的经历都可能导致领导者采取自己都不能理解的行为方式。在这些情况下，教练要么自己是经过训练的治疗师，要么求助于他人才能帮助高管重新定义其认知类型。

接受教练的高管应该清楚，他们想从教练过程中获得什么。他们是否对行为改变或战略性结果、个人领导者品牌、心理探索和治疗感兴趣？每种结果都要求高管有不同程度、不同类型的投入。通过选择合适的教练，这些目标都可以达成。

谁适合做我的教练

5 种教练类型见图 5-2，领导者可以从每种教练那里获得指导。

（1）自我教练。通过自我觉察，领导者可以改变行为，提高绩效。

（2）组织内的同伴教练。领导者可以在组织内找到朋友，他们可以提供建议或者给予指导。

（3）组织外的同伴教练。领导者可以加入由志趣相投的专业人士组成的社会性机构，获得帮助。

（4）上司教练。一位领导者的直接主管可以担任帮助其改变行为和绩效的教练。

（5）专家教练。一位领导者可以找一个有证书、有经验的专家教练，来改变行为和提高绩效。

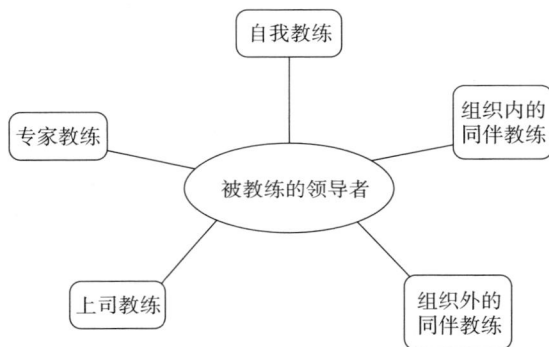

图 5-2　教练类型

每个教练类型都有优点和缺点，能或多或少地实现 4 个教练结果中的一个。这些教练类型不是互相排斥的，而是可以串联起来以实现理想的结果。

自我教练

在很多方面，本人比其他人更了解自己。我们可以采用最有效的激励方式——内在激励。在进行自我管理的过程中，发现自己的意图与行为不一致时，自我教练就发生了。在一些层面上，自我教练是最理想和最有效的。如果领导者认识到自己的倾向并采取措施来调整它们，他就更可能让改变持久。例如，戴维知道自己有点内向。因此，当他教别人或者发表讲话时，他知道自己需要克服这种倾向。杰西卡知道她会在内心建立对自己和别人的期望，如果她不认清并与他人沟通这些期望，其他人就不可能知道它们。

领导者需要反思什么是有效的，什么是无效的。领导者不应该停留在过去做了什么，应该征求意见，坦诚地倾听反馈，通过严格自律来实现改变。

我们教练过的一位领导者收到一些反馈说他经常表现出自己的沮丧，这影响了员工的斗志。他想要着手解决这个问题，于是开始反思是什么触发了他的这种状况，在公开场合与员工一起讨论触发这种状况的原因，并寻求员工的帮助。他告诉我们现在整个工作场所的气氛欢快多了，他自己的压力也减轻了很多。

自我教练可能更有助于实现业绩目标而不是改变行为。业绩是更加可见和公开的，而行为更加私人化、个性化。比起弄清自己的行为是帮助还是阻碍了业绩提升，自我教练的领导者可能更容易厘清为什么产生了或者没有产生业绩。但是，自我教练也是危险的，我们通常以我们的意图判断自己，而他人以我们的行为判断我们。我们教练过的一位高管想要保证团队所做的决策是最好的。他常常干涉团队的决策制定过程，推销自己的决策。他的意图是让决策更完善，但是他的团队成员把这看成干扰和独断。于是团队成员退出了决策过程，成了消极的观察者。他没有认真考虑别人是怎么看待他的意图的。马歇尔·戈德史密斯发现，绩效排在前20%的人中有80%的人根据自己的意图，而不是结果评价自己。

组织内的同伴教练

培训须知中总有一条，那就是关掉手机。在培训项目的最后，当我们让参与者拿出手机给一个朋友发邮件或短信，内容是他们学到的东西，或者将要做的事情。大多数参与者选择给组织内部他们所信任的同伴发信息。这些同伴在帮助领导者实现改变的过程中变成了教练（有正式的，也有非正式的）。

采用同伴教练的领导者通常有一个工作中的朋友，这个朋友很关心他。这个朋友观察这位领导者的行为，了解他的意图。在非正式或休闲的场合，同伴教练能够帮助领导者改变行为，交付更好的业绩。领导者询问他们的工作伙伴自己做得怎么样后，可以很快知道工作伙伴是否能做教练。那些不给出真诚反馈的朋友也许可以继续做朋友，但是做不了同伴教练。聪明的领导者会选择有洞察力、愿意做教练的同伴。团队中的伙伴和公司中愿意私下反馈领导者做得怎么样的伙伴就是同伴教练，同伴教练也是一个宝贵的关于他的领导风格的意见来源。

同伴教练不一定是同一个组织中同一条业务线上的人。我们见过一些来自同一家公司的不同业务部门的领导者定期聚会，讨论他们想要改进的领域和他们正在努力解决的问题。很多人做得很成功。同类的问题围绕公司产生，听到不同视角下的解决方案和被证明有效的经验，这些对领导者都很有益处。

但是，仅仅依赖于同伴也是有局限性的，因为同伴可能看不到全局，对领导者的动机和期望也没有很深的理解，而且朋友作为同伴教练或许不能做到完全客观。

组织外的同伴教练

社交网络改变了陌生人之间联系的方式。当前有一种时尚，就是喜欢待在家里的老年人加入一个村级网络组织，通过这个组织把他们和其他有相似处境的人联系起来。在美国大约有 100 个这样的"村网"，而且它们还在迅猛发展。个人付费加入村网，然后相互提供服务。原来的陌生人由此取得了联系。

芬妮，25 岁，股票交易员，为苏珊（73 岁，退休的家庭护士）提供网上教练服务。

巴德，89 岁，退休高管，帮助鲍勃（66 岁，退休律师）开发一个学前教育志愿者项目。

苏珊，32 岁，帮助凯萝（68 岁，大学退休行政人员）在她的新公寓中建立文件管理系统。

如果社交网络能够帮助退休者学习和成长，它同样也能帮助领导者。我们将把人们聚在一起的社交网络分为 4 种类型。在每一种社交网络中，领导者都可以与组织之外的人联系，来获得有明智的建议，变得更好。

（1）关系网络：当想放松一下的时候，我们会去找的人。盖洛普组织曾说，我们需要有一个工作上的好友。我们想说，对领导者而言，拥有一个家庭之外、工作之外且与自己的工作很少关联的好朋友，也同样重要。

（2）知识网络：在需要信息时，我们会去联系的人。领导者可以加入专业协会，结识更多的同伴；或者参加会议，与有解决问题想法的同伴交流。

（3）信任网络：我们会进行私人的、私密的交流的人。领导者可以从邻居、社会组织、长期的朋友或者亲戚中找到可信任的人，与他们讨论个人问题，听取他们的意见。

（4）目的网络：当我们需要完成一个任务时会去联系的人。领导者可以从咨询顾问、导师、教师或者其他专家那里寻求关于他们想要实现的项目的意见。

以网络为基础，这些工作之外的同伴可以为行为改变和战略澄清提供意见。有很多工具可以帮助领导者建立在线网络，但是请记住，它还不足以成为领导者的社交网络。不管是在线网络，还是人与人之间的网络，都需要精心维护。组织外的同伴可以提供坦率的意见，因为他们并没有处在一个可能会破坏友谊的位置上，但是他们也可能缺乏实现持久改变所需要的情感上的敏感性。关于关系的研究显示，我们需要亲密的朋友（称为"紧密的关系"），他们可以从情感上支持我们，同时也需要更多比较随意的朋友（称为"宽松的关系"），他们给我们提供创新的问题解决方法。领导者投资于关系、知识、信任和目的网络，就是在建立可以帮助他们成功的宽松的关系。

上司教练

在一个组织中，高管压缩了教练预算，因为他认为领导者的顶头上司就是最重要的教练，他不想削弱这层关系。从很多方面来讲，他是对的。注重教练和沟通而不是命令和控制的领导者更易于产生影响力。但是从另一些方面看，他又是错的。当我们教练他人时，他们需要能够探讨一些问题——其中可能包括他们与上司的关系，他们在公司中的未来，以及其他不愿意在上司教练过程中提及的个人问题。

从事教练的上司需要发展的不只是一种倾向，更是一系列的教练技巧。与他们经常要求结果的做法不同，他们要学习询问经过认真思考的问题并通过倾听来理解答案。我们一直鼓励从事教练的上司掌握表 5-1

中所列的问题。

表 5-1　上司的教练问题

教练原则	上司需要提出的教练问题
建立信任关系	我怎样才能帮到你 你喜欢这次谈话中的哪些方面 请将这件事情解释得更清楚一些
描述当前的表现	你追求什么样的结果 你觉得你做得怎么样 你是如何取得目前的成绩的 你做了什么事情帮助或阻碍自己达成目标
陈述想要的结果	你想要实现什么目标 你对自己追求的结果怎样看 你如何知道自己已经成功了
为行为改变建立行动计划	为了达成目标，你可以采取哪些行动 这些行动的利弊各是什么 你需要采取的第一个步骤是什么 为了帮助你获得成功，我能做些什么 如果事情进展不顺利，你怎么看 谁来衡量你的进步

遵循表 5-1 所示教练原则的上司会成为优秀的教练；他们询问问题多于给出答案；他们在给出指导之前寻求理解；他们在采取行动之前取得信任。

但是，上司做教练也有局限性。Lominger 公司发现，在企业领导者的 67 项关键技能中，教练技能排在接近末尾处。

很多上司实现他们的影响力不是通过教练行动而是通过行动。他们所面临的问题是，虽然自己很有能力，但是无法增强别人的这种能力。渴望进步的领导者可以也应该从上司那里寻求帮助，不只是回顾绩效，还有讨论职业发展，上司还可以为领导者指明正确的方向。

专家教练

专家教练有很多种。专家可能经过公司内部培训，可以为其他部门同事做教练。专家也可能是一个获得认证的心理学家，可以帮助领导者探索行为背后的情感性因素。最常见的是，专家教练为人们做个人和组织改变方面的培训，具有为不同公司的高管做教练的经验，能够把他之前的经验运用到所教练的领导者身上。教练认证像其他所有的认证一样，能够保证教练拥有专业基础知识，但不能保证他一定能成功教练别人。就像一位有证书的律师、建筑师或者心理学家，他们了解所学专业的基本知识，但是有证书并不表示他们在实际中能做得很好。

教练对象要对那些看起来专业的教练进行选择。被教练的领导者需要与专家产生"化学反应"，并且愿意与专家分享那些可能很难与同事分享的私人问题，领导者要愿意面对现实，切实做出改变。

专家教练可以帮助领导者实现行为改变和业绩提升。他们可能会挖掘领导者行为和表现方面的深层次信息。他们可以就领导者如何实现进步和挑战现状提供建议，也可以帮助领导者通过把行为和业绩融入自己的领导角色来创造个人领导者品牌。我们教练过的一位高管说，他很享受教练过程，因为"当你们来到我的办公室时，我就成了你们的工作中心。每个看见我的人都希望得到我的关注，不管是明显的还是隐含的，而你们也在持续关注我"。专家教练在领导者把思路转化成行动时，给予领导者帮助。

但是，专家教练也有局限性。他们不在组织内部，不了解组织日复一日的活动。他们可能没有真正承担对行动的责任。作为专家教练，我们发现，在教练活动之前和之后，与教练对象的人力资源主管见面，是最有用的。人力资源主管可以在教练活动之前提醒我们当前组织中的问题，帮我们了解教练对象的思想状况。在教练活动之后，如果依然保持着信任，教练对象的人力资源主管可能会确保跟进活动变得常态化。

总结

教练活动日渐成为领导者提升自我的重要手段，但是，当教练活动的内容（实现什么）和过程（选择谁是教练）不清楚的时候，教练活动就只能停留在表面，不会形成持久的领导力。我们鼓励那些想要寻求教练辅导的领导者一定要清楚他们想要从教练活动中获得什么，以及他们想要谁做他们的教练。

作者简介

戴维·尤里奇是密歇根大学罗斯商学院的教授，也是 RBL（一家致力于帮助组织和领导者创造价值的咨询公司）的合伙人。他研究组织如何通过人力资源的杠杆作用，让领导者做好培养人才、提高效率、持续学习、承担责任等方面的工作。他协助创办了很多获奖的数据库，其用于评估战略、组织能力、人力资源实践、人力资源能力、顾客与投资者业绩之间的相关性。

杰西卡·K. 约翰逊是 RBL 的首席顾问。在加入 RBL 之前，杰西卡在思科工作，并创造了思科的首个全球性的基于结果的外部事务战略。在那儿之前，她在弗吉尼亚麦克莱恩市的毕博咨询公司工作。在那里，她负责毕博全球运营中心印度区和中国区的运营管理。她的咨询职业生涯始于为众多联邦客户服务的项目。

第二部分

领导者的形象

领导者看起来是什么样的？他们做什么？人们对未来的领导者有怎样的期待？第二部分"领导者的形象"回答了这些问题，以及一些在过去的管理时代人们根本不予考虑的问题。第 6 章是劳伦斯·S. 莱昂斯的文章《成就型的领导者》。这篇文章非常重要，不仅对高管教练提出了宝贵洞见，指出了高管教练在组织中的重要价值，而且在内容和风格上成了"管理小说"《领导力教练（实践篇）》的先导。在第 7 章中，萨拉·麦克阿瑟选择了一个复杂而宏大的主题，并提炼出其中最为精华的内容。在文中，萨拉为写作新手和老手提供了一个如何开始写作或者继续创作领导力代表作的路径图。内森·莱昂斯，本身就是一位富有潜力的年轻领导者，他在第 8 章中探讨了在这个充满尝试的时代，高潜力的人如何开创一条成功之路。约翰·巴尔多尼相信领导者既要赢得权威，也要拥有理解和关心下属的品质。读约翰的文章《领导者的风范》，有助于领导者认清自己的定位。理查德·J. 莱德是他所宣称的"意义的力量"的忠实拥趸，不管是在领导工作中，还是在生活中。在《使命型领导者》一文中，他用案例证明"意义与关心他人相关，而关心他人对敬业度非常关键"，为读者提供了一个不同寻常的审查清单。在文中，理查德所表达的对追求和成就的观点是新鲜而又深刻的。本部分的压轴文章是詹姆斯·M. 库泽斯和巴里·Z. 波斯纳的经典之作《教练型领导者》。在这篇基础性文章中，作者认为领导力是一种人际关系。

第 6 章

成就型领导者

劳伦斯·S. 莱昂斯（Laurence S. Lyons）

个人成功仅仅带来业绩，帮助他人成功才会带来真正的成就感。通过他人获取成功——这是咨询师、顾问、教练的共同理想——是领导力协同效应和领导力品质的源泉。

成就型领导者留下社会性遗产。其在组织中留下他的印记，并且将让更多有天赋的人把这种印记延续到未来。要想实现这一点，成就型领导者就需要花时间把自己的所学传授给他人。

这个理念是迪克·贝克哈德提出的，他的名言是"我们有义务传授我们所学到的"，这给本书的写作者以极大的启发。领导力教练有很多经验可以传授给教练对象。相应地，这也给了教练一个成为成就型领导者的机会。

领导者只有在回馈他人之后才变得完整。

位于布鲁塞尔机场的喜来登酒店与候机楼只有几分钟的步行距离，这使得它成为那些富有的旅客们常选择的住所。在宽阔的餐厅里面，你可以找到一个经常被商务人士光顾的隐蔽咖啡馆。查克，一位衣着整齐的 50 岁男子，自信地走进餐厅，很快找到一个安静的角落。舒适的气氛让他感到十分惬意。

查克来得有点早，正好有时间思考。25 年的工作经验无疑让他有足够的能力应对即将开始的会面。查克在小企业和大企业都工作过。他曾担任有 600 人的部门的经理，主要从事过运营、财务和客户服务方面的工作，担任过区域副经理。他体验过兼并企业，也经历过企业被收购。他一直在各个企业辗转，并且成功地生存了下来。

查克遇到过许多困难局面和难缠的人，每次经历都让他学到一些新的经验。作为一名"挫折管理学院"的校友，他深刻地体会到了现实的残酷。查克知道组织每天因为不合理的政策和制度，产生了多少风险。他见过伟大的想法被否定，见过费尽心思做出的规划最终被束之高阁。查克理解，并时常能准确预测一般人想不到的组织结果。他擅长运用管理语言，能像领导者一样思考。今天，他准备把他的经验传授给他人。

他想起这将是他作为独立商业教练的第一次面对面会谈，他打开手提箱再一次查看他的笔记。

一会儿，查克将会见到苏珊，一位快速升迁的高管，目前负责管理一家蓝筹股公司的市场部门。苏珊 30 岁出头，希望从事公共关系工作，为升迁到更高的职位做准备，以期有一天能加入董事会。在上周的电话沟通中苏珊告诉查克，她与领导相处得不好，最近她的升迁请求没有通过，怀疑自己遇到了晋升的瓶颈。苏珊管理着 14 位市场公关人员，但她看起来似乎对这份工作和她的同事只有一个模糊的了解。

大厅里细心的观察者可能会注意到查克轻咬着下嘴唇，皱着眉头。他在深思："我该怎样开始清楚了解苏珊的情况？我对市场公关或者晋升瓶颈确切地知道什么？我们应该谈些什么？应该从哪里开始谈？我能起到什么作用？我可能会造成什么伤害？"当查克沉思这些严肃的问题时，他意识到实际上自己内心深处有那么一点点担心。

简单的数字描述无法有效地指导他们的谈话，因为查克不知道苏珊会说什么样的开场白。为了更好地满足苏珊的需求，查克需要一个大方向，而不是具体的建议。查克应该怎样描述他工作的范围？他该如何处理自己不熟悉苏珊的某些处境？查克如何才能发挥自己的强项？现在，他急需的是一个好的教练理论指导。

教练的清晰关注点

现在查克需要花时间认真地思考一下他将要做什么。在将要进行的谈话中，查克将与苏珊讨论众多的话题。作为教练，查克有时会讨论客户的职业生涯规划；他可能会从个人咨询中借用一些技巧；他有时会进行过程咨询。他将总是依据自己的经验和知识。从事教练活动让查克置于一个学习的环境中。而客户一般是高管，所以查克一般都在组织环境中工作。

高管教练的作用是帮助客户从组织学习中获益。以普遍的个人技能发展为手段，以帮助苏珊找到走出困境的方法为目的，查克作为教练追求的就是这样的结果。查克的影响力将由他的能力——把组织中的情境转变成现实的学习挑战，以满足客户当前的需要——所决定。最重要的是，客户现在是怎样思考的，客户如何才能有不同的思考方式。这是影响整个教练活动效果的关键因素。

需求的多样性

不同的人偏好不同的学习方式。因此，对查克而言，给苏珊提供学习方式就尤其重要。作为管理者，查克自己也许能轻松地从 A 经过 B 再到 C。作为教练，他的任务不是护送苏珊到她的中转点 B，而是帮助苏珊找到她自己到达 C 的路径，甚至帮助苏珊找到一个更好的目的地。

这里有一个等效性系统概念，它允许存在多种个人学习方式，每一种都可以被应用到一个特定的情况，来达到相同的学习或者业务目标。多种个人学习方式的选择非常重要，能够保证苏珊学习过程中的每一步都遵从她个人的价值观。只有拥有选择的自由，苏珊才能保留真实的自我。一定不能让她感到，成为一名领导者要迫使她去模仿一种不适合她的方式。她设计属于自己的真诚的"苏珊"风格，会让她对自己和教练过程感到舒适。她可能有时会尝试一种不熟悉的策略，当她这样做的时候，教练一定要给予鼓励。

设计这样一个学习策略的根本在于教练对客户所在组织的深入了解，如它是如何运转的，客户在其中生存、取胜有哪些不同方法。幸运的是查克是这方面的专家。优秀的教练不能只是指出一个高管的缺点，还要通过鼓励客户发挥优势来帮助他们。对查克来说也是这样，他的优势之一是他对组织运行的专业理解，这一优势来源于他对商业世界的深刻洞察。这是他从经理人转变为高管教练时必须掌握的技能。

像理论家一样思考

一位高效的教练需要像理论家一样思考。

有的理论只是书本上枯燥无味的内容，而一个好的理论会激励人们行动。理论能够指导人们做很多有用的事情。它帮助人们把注意力聚焦在重要的事情上，它把人们发现的能有效观察世界的方法归纳总结起来。理论能够帮助人们迅速切中要点。理论帮助人们揭露隐藏的联系，帮助人们记住可能忘却的东西。当人们手头没有可靠的数据时，理论也许是唯一能依赖的。教练是理论实践者，对他们而言，一个好的理论就是好的实践的总结。

当理论帮助实践者解决实际问题时，它就变得"有生命"了。当查克在酒店机械地等待苏珊时，他最需要的是这种"有生命"的理论。查克也许觉得他只是在寻找一些经过验证的理论来指导他的教练过程。理论和模型非常多，简单地收集它们也是一项繁复的枯燥活动。查克只有在帮助到客户的时候，才算创造了价值。他只有理解到，他在作为教练的新工作中变成了一名理论家，他才可能开始帮助客户，并作为教练取得真正的进步。理论家在面对一个问题时，总是从一个对原因和结果有根据的猜测开始着手。

学习理论

查克的工作和科学家的工作有很多相似之处。他们都要收集理论家的成果，并在现实世界中进行试验，从中学习。

作为一名教练，查克必须清楚他的角色和职责。他必须能够提炼知识，并且能够传递自己的见解。他交付给客户的经常是一个学习机会。当然，这并不是说，查克将总是能得出正确答案。查克对某一状况的观点永远只是一种假设，可能同时还有很多其他假设。客户必须从多种方法中选择一种合适的学习方法。查克所能做的，最多就是基于自己的经验提出好问题。

查克担心的是，苏珊目前面临的一些问题看起来似乎超出了他的现有经验。比如，他自己从来没有遇到过晋升瓶颈。查克在与苏珊的对话中得到的好消息是，虽然他可能面临完全不熟悉的问题，但是，作为曾经的经理人，他完全够格去分析其中的关键因素——比如处境和人际关系的类型。对查克而言还有个更好的消息：他现在是一位教练而不是经理人，他的角色是帮助客户学习、成长——这意味着他可以免于提供任何具体的建议。查克所要做的，就是加大对教练理论的关注。

查克知道他很快就将了解到苏珊的事情。他在为挖掘和整理苏珊的故事做准备。他考虑了一会儿本次谈话可能涉及的广泛内容。在今天的简单谈话中查克期望能对苏珊、苏珊亲近的人以及苏珊所在组织内外的其他人的生活带来相当的影响。

查克认为有一点非常重要：摆脱可能产生影响的偏见和错误假设——包括他和苏珊脑子里的。他深深地感受到了作为一名倾听者的责任，意识到他将需要训练自己的倾听能力。查克不想假设或者判断苏珊的故事。他将以研究的态度，或者以自己更熟悉的管理视角友好地旁听。在今天的对话中，查克将少说多听，集中精力建立密切关系。

苏珊的故事

苏珊已经证明她是一位出色的市场营销人员。苏珊拥有培养和领导一个优秀团队的经验。她已经到了一个职业阶段，其他部门的同事对她的评价对她在公司的晋升变得很关键。要在这个阶段保持可信，很重要的一点就是，苏珊要根据更广泛的企业理念来表达自己的意见。为了证明自己，苏珊必须展示她可以从战略角度思考，并且能协调好她的多个角色。

苏珊的领导想要合并当地的市场部门和公关部门，并能看到这样做的好处。但是苏珊工作在一个矩阵组织，她所在市场部门的领导想要保持这些职能部门的独立性。市场部门的领导认为，公关部门和市场部门需要不同的管理、不同的技能，以及不同种类的人维持运行，而且这样做可能意味着市场部门规模的缩小。

苏珊对两个阵营都保持忠诚，因此她只能选择两边都没有争议的策略。这让她产生了挫败感。而且，这个问题不解决，也会对业务发展不利。苏珊如履薄冰，工作达不到最佳标准，成本倍增，员工积极性变低，工作效率不可避免地受到影响。苏珊在立场上的模糊态度，对她作为领导者的长远发展构成了某种威胁。

导致这种紧张局面的是组织的一种非理性行为，虽然这些行为很不理性，但是苏珊需要面对。苏珊需要变得更加精明，发挥她的长处，利用好她已有的市场营销知识。她需要一个教练来帮助她轻松地利用已有的知识来提升她在公司的位置。同样，她的营销团队也将用同样的方法提升公司的业绩。

组织变革代理人

在任何时候，教练看起来都是在与一个人谈话，然而实际上他是在与客户所在的组织对话。很快，苏珊将把她的情况告诉查克，我们目前还不知道他们会说些什么，但是，我们知道，苏珊很有可能因为这次谈话，做些不一样的事情。苏珊也许会问领导新的问题，可能做出新的反应，她甚至可能创造全新的处境，并在其中开启新的对话。苏珊可能通过一些试探性的提问，开始研究整合两个部门的可能性。

查克与苏珊的对话的影响力将被苏珊的领导和其他人感知。苏珊通过解决她遇到的这种两难处境取得进步后，经过精心的准备和陈述自己的经验，苏珊将有机会给同事留下深刻的印象，并启发她的直接下属以这种方式向她汇报。

查克将和苏珊交谈，并了解整个组织，甚至还会做得更多。他对苏珊的事业产生的影响将不限于这家公司。他将影响苏珊的职业生涯，将扩展苏珊在她的个人生活中使用的技能。查克已经成为很多个复杂组织变革的代理人，他背负着很重的责任。

理论基础

在公司背景下思考

在高管教练中，最基本的问题就是怎样在公司环境下思考。一个好的理论的特征在于提供一个有用的模型，为教练的工作提供足够丰富的公司描述。

根据不同的情境，查克或者苏珊可以用不同的方式使用这个模型。查克回顾自己的职业生涯，更好地理解他作为经理人是如何思考的。在这个案例中，查克成了教练对象。在另一种情况下，查克应用这个模型时，苏珊是教练对象，查克的目标是解决苏珊关于晋升瓶颈的问题。再一种情况是，如果交谈的主题是苏珊的同事如何看待苏珊，那么被放在模型中心的就是她的经理、直接下属、同事或者顾客。查克和苏珊有权去收集反馈，把数据填入当前的教练模型，开启一个影响更多人的学习项目。只要教练状态良好，一些在公司环境下思考的模型就会开始发挥作用，不管我们知道与否。

关于"思考"的思考有多个角度。心理学和哲学同样对思考的话题感兴趣，它们都能丰富教练理论，为我们理解客户是如何思考的贡献观点。但是，这些观点只有指导实际行动实现业务目标，才对高管教练对象有价值。教练的根本工作就是帮助客户把观点转变为具体公司情境下的行动。

我们可能观察到某位高管思考速度很快。的确，当教练的目标是聚焦于行动时，这一点可能非常重要：面对一个潜在的危险，那些只按照正常速度思考的同事可能会被抛在后面。这对中层经理人的行为教练很有意义，他们可能会被建议尝试新方法来"帮助客户成长"。

深入思考

对组织高层的教练活动，倾向于将注意力转移到公司战略和公司制度层面。在这里，"客户如何思考"这句话的意义应该延伸到思考是理性的、社会的、态度的、情感的、以利益为中心的、计划的、目标导向的方面。这样才能产生教练结果。

假设苏珊告诉查克，她写了一份备忘录给大家，以便他们参与新的营销项目。查克看了这份备忘录，认同它具有逻辑、让人印象深刻、能激起人的兴趣的论证过程，其正确性毋庸置疑。但是令苏珊吃惊的是，所有收到这份备忘录的同事都没有给予任何回应。

这里的问题在于，苏珊是从纯理性的角度考虑说服他人的，而没有考虑发挥她的个人魅力和告诉同事利益关系。为了能有效地让他人参与，她必须描述项目与他人的利益关系。对她来说，调动他人参与意味着需要给出一个理性的解释，苏珊现在就是这样想的。

查克面临的挑战是探索苏珊如何能深入思考。用模型分析苏珊的想法，查克把思考的概念拓展到包括所有重要的有影响的态度因素。苏珊在激励她的同事上缺乏自信。当她作为经理需要挺身而出时，她有一种受限的感觉。另外，苏珊可能有一些盲点，这可能就是她晋升瓶颈之所在。

查克发现所有这些和苏珊在公司环境下的思考方式有关。洞察苏珊的想法成为查克为苏珊设计学习项目的必要基础。

丰富的描述

有时我们使用类似"思考"（think）这样的词时，其含义中包括了一些更常用其他词汇描绘的因素。另一个例子是"程序"（process），它有时可能简单地表示一套机械重复的动作。同样，我们也可以用这个词来表示一个完整的系统，它有目的、结构和运行的文化，甚至有适应改变的能力。在某种意义上，一个完整的商业活动可以简单描述为一个过程。

当理论家选择按这样的方法延伸一个单词的含义，远超过字典的字面说明时，他们就是在使用丰富的描述（rich description）。丰富的描述能够拓宽视野，扩大教练影响的范围。如果苏珊在与她的领导的沟通中，使用"受众"（audience）这个词的丰富描述，她将拥有一个对整合公司营销部门和公关部门有益的词汇表。

像研究员那样行动

作为一名教练，查克将花费大量时间在研究上。研究员就是这样的人，给他一堆杂乱的信息，他会先筛选出那些重要的信息，然后演绎出新的问题。这些研究问题意在显现那些可能很重要但还不明确的信息。高管教练把焦点放在组织情境中的学习上，因而高管教练的研究工作的目标通常是发掘客户的思维方式，帮助客户实现个人发展。苏珊有一个令她受益的发现：她作为一位领导者的信誉度将促进她适当地调动她的同事和激发她的上司。查克要比一个常规研究者做得更多，他必须辩证地、一丝不苟地看待材料。在与苏珊的谈话中，所有的信息都来自一个单一的源头——苏珊。优质的信息很可能不足，尤其当苏珊存在一些盲点时。虽然对查克而言，假定苏珊讲述的个人经历完全是真实的更为安全，但是一切描述苏珊处境的信息，包括她的所有同事对她的看法，都大大缺乏事实根据。事实上，仅从这次交流的信息而言，查克可能几乎没有能使用的可靠信息。

试探性的解决方案

现在我们已经知道查克需要的可靠信息可能存在巨大的风险，幸运的是他已经是一位理论家了。在缺少信息的情况下，任何教练都存在通过不正确的推理犯严重错误的风险。而应对这种情况正是理论家擅长的。查克对真实世界组织的洞察，让他懂得如何把信息联结起来，使得他能推断出更加健全的理论。查克将大量的理论和基于真实组织工作经验的研究问题带入了谈话。查克用讲故事的方法把标准的模型带入与苏珊的谈话中。

客户学习

查克将要从事的研究是纯理论的，这也使得查克与苏珊的合作关系处在理论性的一端。而苏珊的角色是要完成所有这些困难的工作。通过向领导和同事提出新的问题，来与整个工作系统互动，将是苏珊面临的困难。总之，学习必须由苏珊来体验，而不是查克。

扩展

查克可能发现，他无法联系到苏珊的利益相关方。苏珊将带着与同事互动的故事定期接受教练，而理论将从中建立和提炼。这种教练方法在气氛紧张的政治处境中相当有效，例如当一位高管新上任，同事们对他还"不了解"的时候；或者在其他无法合理搜集到支持性信息的情况下。这并不是说让更多的人参与信息搜集就一定更好，从众多源头分析信息也会带来相应的问题。

挑战与生效

和很多业余教练一样，查克坚持要把他的客户变得更好。查克急切地想把苏珊变成一个"更好的"高管，并且为了做到这点，他觉得必须克服她在反馈中显示出来的弱点。他可能觉得需要说："苏珊，我知道你觉得自己是一位优秀的倾听者，但是我从你的 12 位直接下属那里得到的反馈完全不是这样的。现在，我们是不是应该开始提高你的倾听技巧？很多有用的方法可以达成这样的效果，比如，在谈话中留出暂停的时间，让人有机会确认你表达的意思。"

但查克是一个像理论家一样思考，像研究员一样行动的人。他会问："苏珊，他们说你不善倾听，他们为什么会这么想？"苏珊回应说，在过去的 6 个月中，在管理欧洲的市场部门的同时，她一直代表公司进行秘密的收购谈判，直接向 CFO（Chief Financial Officer，首席财务官）汇报。这些谈话经常发生，参与者包括来自英国五大银行的专家顾问，还有律师、会计师和技术专家团队，所有这些人都被小心地分散安置在顶级酒店。她经常需要出差，而且还需要完成很多后续工作。苏珊说，她意识到她的团队成员可能感觉被疏远了，但是公司不允许她告诉他们原因。

研究员不应该立刻探讨补偿行为，而应该首先询问原因和背景，一位专业教练会验证原始数据。查克很有兴趣了解，在征集对苏珊的反馈时是否有什么不同寻常的事发生。让苏珊在说下一句话之前做深呼吸以解决她的倾听问题的建议，是不会起作用的。

案例研究

查克为何会出场

乔是管理会计，在苏珊所在的公司负责批准财务支出以及其他一些事情。几个月前，他犯下了他第一个严重的错误。乔差点驳回特尔玛的预算。特尔玛是人力资源副总裁——一位态度严肃的高管。乔给特尔玛发了一封电子邮件，让她对她的教练项目做一份投资回报率（Return On Investment，ROI）分析，原因是管理人员要对持股人的钱负责，持股人有权知道他们可能得到什么回报。乔在邮件中问道："收益在哪里？"结果对方回答："收益就在那里。"这不是他期望的回答，而且这个回答出乎他的意料。

特尔玛没有简单地回复一封邮件，而是正式地邀请乔到她的办公室。乔按时到达。因为特尔玛迟到，她的个人助理告诉乔，他可以在她的办公室等待，乔照做了。

当特尔玛终于到达办公室时，她向乔道歉，面带微笑地称自己迟到了 10 分钟 22 秒，因为她中途去更换手表电池了。乔猜想，特尔玛对时间的精确确认，与她最近确保从采购中获得良好价值的风格是一致的。乔作为一名负责预算审批的人，非常欣赏这种品质。他不知道的是，在很短的一段时间后，他就将回到自己的办公室。

"你让我评估我们教练项目的投资回报，那么，我们开始吧。作为一项投资，这个项目的投资回报就是股票价格的上升。以我的经验来看，投资者喜欢这个。所以我猜想这应该回答了你提出的问题。相关投资者表示，股票的价格与分析师对管理人员的信心有很大关系。教练是我们用来提高管理人员的水平，并转化为实际商业影响的方法。""在我印象中，你的会计报告标准没有与此相关的最基本的成功衡量标准——保护和提高股票价格。既然如此，我如何对你的问题给出合适的回答呢？"

特尔玛堆满笑容。乔试图说些什么，但是被打断了。

"但是那不是重点。通过询问 ROI，你在告诉我，你没有理解我们在做的事情，乔。我们没有把领导力教练项目视为一种投资。别搞错，这个项目是一项不可避免的开支；没有它，我们无法顺利完成今年的计划。

这也是为什么你要求一个 ROI 数字，而它实际上毫无意义。"

在接下来的短暂停顿中，乔在他的记事本上凌乱地写了几笔。特尔玛倒着看见他所写的，好像是一个卡通形象，但是她不能完全确定。

"此外，你应该了解，相关的回报已经得到了，并且这项计划中的开支已经在公司层面被董事会默认批准了。坦白地说，进一步的判断看起来是不需要的。"

在那个时刻，出于某种原因，乔突然感到他的喉结动了动，但是说不出什么原因，他有如此多的问题，却不知道先问哪一个。他没有提问的机会。

"你看起来很疑惑，那么我来解释一下。被质疑的资产是我们的高级管理团队，我们的区域董事会。公司希望我们执行一个工作项目，不管我们明年会遇到什么意料之外的变化，我们在这项业务上都必须取得成功。事实上，作为董事会，我们有义务去做任何需要做的事，来给我们自己最好的机会达成最好的目标。教练项目可以帮助我们完成这项职责。"

"它通过排除错过机会的风险，提高了我们的收益。"

乔在脑海里，慢慢地重复了最后一句。特尔玛停顿了一会儿，给乔时间来消化这些，然后笑得很灿烂，表现得非常通情达理，她继续说道：

"看看周围。我们有刚加入董事会的成员，并且随着最近的重组，我们董事会有的人在今年需要以新的方式一起工作。我们还有'咄咄逼人'的销售目标、发展目标，业务环境变化又很大，包括可能会进行本地收购。我们运作这个教练项目，是为了保证所有在职的人员在做这些事情的时候，都有最好的机会做到业务需要他们做的那样高效。简单地说，它就是我们已经达成共识、签字确认的商业计划的'软性'部分。我只是遗憾我们没有早点开始这些。

"是的，确实有一些选择要做。当然，我们将非常慎重。正确地做这些事情的关键在于我们人力资源项目的设计，我们已经把这个当作一个首创性方案。我们做了很多努力。自然，只有合适的高水平教练才能对我们的优秀人才有所贡献。对高潜力人才，比如苏珊，我们找到一个叫查克的人，完美地符合她的需求。对高级管理团队，我们想要一位重量级的教练，与区域董事会密切地工作在一起。面对今年的战略挑战和深度变革，我们决定聘请一位非常有经验的、本领域内的顶级教练。当然，在我拿到数据时会马上复制一份给你。

"乔，我很高兴你对此表现出个人兴趣。我知道，直接的股票价格提高和收益风险降低，可能不是你通常在我们的区域成本预算里看到的典型利润。但是我们的业务必须非常确切地了解它。如果说我们从业务流程重组的经验中学到了什么，那就是软性因素驱动硬结果。我们的董事会对此深信不疑，于是我们人力资源部门也建立了强有力的计划来达到今天的硬结果，并保护我们的人才走向未来。

"高管团队是公司的资产，即便你可能没有把它视为固定资产。当然，它现在仍然需要'营养'。这种新的方法将使我们的公司更加强大。这才是这个教练项目真正的作用。这才是现代企业对高管教练项目的看法。

"好了，我想该说的都已经说了。今天我们能面对面交谈而不是简单地交换报告，真是太好了。我非常喜欢像这样的部门交叉合作。乔，我希望你知道你的支持对我多么重要。非常感谢你今天花时间来与我见面。"

当乔准备离开的时候，特尔玛面含微笑，深情地看着她的个人资产——她手腕上的镶钻劳力士切利尼石英表。"没有人会在换一块价格公道的电池的时候犹豫，"她说，然后，直视着乔的眼睛，微微地眨了一下眼，"但是谁会愿意拥有一块昂贵却不能准确报时的表呢？"在人力资源部门努力为公司寻找增加战略价值的方法的时期，像特尔玛这样的领导者高举着闪亮的"明灯"，照亮一条道路。并且，就像乔将要见证的，沿着这条路前进，必将引发巨大的改变。

混合式教练

我们已经熟悉了把咨询顾问看作企业变革或者帮助管理者们发展他们专业业务能力（比如营销、运营能力）的外部代理人。最近，与个人和团队一起工作的行为教练已经作为组织社会结构发展方面的从业者出现。今天的高管教练是行为教练与那些以整个社会－技术商业系统的管理为舞台的人们的混合体。他们必须擅长使组织的政治行为与战略哲学相吻合。

现代企业已经清醒地意识到，企业不会孤立地存在。除了简单的经济交换职能，如今的企业被外界认为是拥有社会职能和世界角色的。那些通过把当前的工作和员工的个人发展与企业的更高目的联系起来而激励同事的管理者，是新的企业领导者中的一部分。那些能够激发领导者思想中的灵感，培养这种有目的连通性（purposeful connectedness）的教练，是真正的领导力教练。

苏珊走进大厅，查克已经把笔记放回了公文包，他准备好了。他今天会成功，未来也会成功。随着经验的累积，查克会教练更高层的管理者；教练一个完整的管理团队；甚至接受高难度的教练项目，对同一团队进行跨组织层面的教练。在那种非常有挑战性的背景下，他将发展自己的能力。查克有潜力成为少数能够提供高度有效、结果导向、解决冲突的教练服务的人，找到超越野蛮对抗和不理想的调解的道路。

查克聚精会神、有目标、准备充足，部分原因是查克读了很多教练方面的书，对他帮助很大。查克自己当过经理的经历也很有帮助。这些都是查克能在首次教练任务中取得成功的深层原因。

这次谈话的几星期后，苏珊正式宣布了她作为一名教练对象的成功，她开始在组织中发挥影响。现在查克才真正确定自己回馈了社会：他传授的经验对他人有用。苏珊的突破性进展给了他巨大的成就感。他同样感到，一些基础性的东西已经改变了。他开始意识到自己是一位成就型领导者。

作者简介

劳伦斯·S. 莱昂斯是一位资深的教练、顾问、公共演说家、作家，是数字设备公司前任技术总监。他曾被亨利管理学院描述为"企业转型的领先权威"，他是该学院的教授和未来工作论坛的创始研究主任。

莱昂斯博士被认为是高管教练的先驱；他担任过美国和欧洲企业的几百位高级和高潜力高管的教练。他的很多教练客户在名人录里都能找到。

莱昂斯博士拥有布鲁内尔大学的博士和硕士学位以及市场营销学文凭。他是领导者协会思想领袖论坛（原德鲁克基金会）的特邀成员。

莱昂斯博士是本书的姐妹篇《领导力教练（实践篇）》的编著者。

第 7 章

领导力著作写作：写出你的声音

萨拉·麦克阿瑟（Sarah McArthur）

作家能做的最为原创的事情是描写他自己。这同样也是对他来说最困难的事情。

——罗伯逊·戴维斯

在写作本文的此刻，某网站已经有 1 427 897 本关于商业和投资方面的书。这些书中有超过 1/3 被归入了"管理与领导"一类。而且此刻还有几千本关于这个主题的书正在写作中。商业类书籍数量还赶不上历史书（2 374 960 本）和文学与故事书（2 135 181 本），但商业似乎是一个比宗教与文化（985 484 本）更有趣的主题，也是一个比艺术与摄影（413 947 本）以及娱乐（496 568 本）要更令读者兴奋，可能也更令写作者投入的主题。

这表明如果你是如此众多想要写作或者正在写作领导力书籍的人之一，要想脱颖而出是很难的，要想从一个新鲜的角度来写也不是轻而易举的事。另外，如果没有能对读者产生吸引力的新鲜、有趣、有用的内容，并且没有以独特的领导力声音来写作，你的书会被扔进那些从未被阅读的商业书籍中。

我从哪里开始

开篇是一部作品最重要的部分。

——《理想国》，柏拉图

首先，我必须说，我觉得自己特别没有资格告诉商业领导者和教练有关如何教练有潜力的领导者的任何事情。我从没教练过一位领导者（我为他们工作过）；我从没领导过一项业务（我只是在其中工作，运营我自己的一家小编辑公司）。但是我阅读过几百本有关这个主题的书，其中既有没出版的，也有已出版的，作者包括有建树的思想领袖、高潜力的萌芽期领导者、一线领导者和他们的教练。有接近 20 年的时间，我与数不清的有抱负、有建树的写作者谈论他们的业务和领导力著作，以帮助他们理解他们可以给读者提供什么。这些让我在一定程度上成了商业、领导力和管理写作领域的专家。因此，我的导师之一、本书的合作编辑劳伦斯·S·莱昂斯曾经对我说："萨拉，我相信以你帮助我们完成的所有著作而论，我们应该给你一个领导力著作写作方面的博士学位！"

与写作者、教练和领导者一起工作，寻找他们在写作（不管是书、文章还是博客的形式）中的领导声音时，我常常建议他们从问自己一些内省的和"so-what"式的问题开始，示例如下。

· 我的想法是什么？
· 我的经历是什么？

•我为什么想要分享这个想法？

对我而言，我的答案很简单：帮助人们通过把他们的想法、经历、信条和故事以写作的方式贡献给全球知识库，从而使他们在生活中寻找到意义和灵感。

我的想法是什么

想象力将人类从黑暗时代引领到当前的文明时代。想象力引领哥伦布发现美洲大陆，想象力引领富兰克林发现了电。

——L. 弗兰克·鲍姆

你可能听过这样的话：每个人至少有一部著作。这是真的！每个人都有一个故事要讲，都有一些东西可以教给其他人。但是，要把自己的想法变成书面的成果，需要奉献、坚持和热爱。同时，还需要艰苦奋斗，并具备把自己和读者联系起来的表达技巧。

对写作新手来说，第一个想法，通常是那个从脑海中直接冒出来的想法。这就是你一直想要写的那个主题。它是你的著作的基础，或者说是"洋葱"的第一层。

对有经验的写作者来说，想法通常是在写作或者与别人聊天时一闪而过的灵感。它可能从一些有挑战性的情境中迸发出来。它是在你谈话时、完成某项任务时，或者参加一个会议时，突然出现的一个想法。这个想法是如此大声、有力，以至于你想要更深入地探讨它，因为你感觉到你新发现的主题有更多的东西可以挖掘，而且你想要表达。这些时刻是转瞬即逝、变幻无常的。当你有这样的想法时，把它写下来——不是在别的时候，而是就在此时，因为它可能转瞬即逝。

如果这是你第一次写作，一定要把握机会，把你的想法跟一位朋友或同事讲讲，看看他兴趣如何。它是否引起了你的朋友或同事的共鸣？它是否激发了一场谈话？这些都是确定的信号，表明这个想法有更多的东西可以挖掘。但是，如果这个想法没有引起共鸣，那么你有两种选择：①细说这个想法，直到它引起对方的兴趣；②找另一个朋友聊。

有经验的写作者知道，与其他人分享想法可以帮助自己把想法具体化。这可以帮你回答这个问题：继续跟进这个想法是否值得？这个问题是最容易得到反馈的问题之一。同样，与别人交谈可以帮助你聚精会神地开始写作，而且通常会为你的文章提供新颖的内容、方向和架构。换句话说，此类讨论提供了那些你必须分享的经验和你需要收集的信息。

我的经历是什么

空洞如风的词语还是不说为妙。

——荷马

你是否遇到过内容空洞的文章？虽然页面上有很多文字，但是其实什么也没说？在这种情况下，写作者可能有一个有趣的想法，但是没能用他的经历去支撑，因此这样的文章只是空洞、无意义、重复的文字堆砌在一起。

所以，你可以问问自己：在这个想法里，我想分享我的哪些经验？在生活中，在学校里，在家里或者在工作中，关于这个想法，我都学到了什么？我与这个想法之间是如何联系上的，是情感上的、理智上的、个人的，还是专业上的？我从那些有过相关经历的人那里听到过什么故事？我可以和哪个有这种经历的人交谈？要想填满其中的空白页，我需要做一些研究——毕竟没有人知道关于任何事情的所有知识，而自己对这个研究有多大的兴趣？

当然，你可以试试"无所不知"的做法，但是它很少奏效。无所不知听起来傲慢而肤浅，更何况事实并非如此；更严重的是，听起来像是骗子。骗子是肯定会被读者识破的——那些人的语言空洞，没有主题，也缺乏相关经验，浪费了读者的宝贵时间。

我为什么想要分享这个想法

写作的欲望会随着写作而增长。

——德西迪里厄斯·伊拉斯谟

如果你并没有采取无所不知的态度，你有一个很有趣的想法，有关于它的经历、故事和资源可以分享，那么，你为什么想要把它分享给你的读者？这个问题的答案将是你的撒手锏。它将在你想要放弃写作时，为你提供坚持写作的动力。

所以，我再次想问：你为什么想要分享这个想法？你是否希望它能改变什么？你是否指望它能让你出名？你是否认为，它关乎人类的未来？你是否想要引导人们到某个特定的方向？为什么？有什么意义？你究竟想要通过分享这个想法实现和得到什么？

分析自己想要分享某个想法的原因是一个探索和发现的过程。当你获得了关于这个原因的哪怕只是一个模糊的想法，请抓住它！在你开始写作时，要把它"锁"进你的脑袋，否则中途要想再找基本是不可能的。

事实上，没有这个理由，大多数写作者会迷失和放弃。有很多次，我看见那些想要成为写作者的人，或者有潜力甚至有经验的写作者，他们很伟大的想法，有很多经历和资源，有很多故事可以讲，但是他们遇到了困难，然后放弃了。他们无比激情地开始写作，写了一段或者一章，就不再聚焦于他们的目的，要么是因为生活的干扰，要么是因为他们陷入了僵局，记不清他们最初为何开始这个写作项目。他们反复阅读自己已经写出的内容，找到有说服力的意义或目的，但最终把写作扔在一边。那些想法（无论它们曾经多么伟大）现在被永远地放弃了。

如果你打算开始写作，在写作的中途保持初心是很困难的，但并非不可能。写作者有时要在他们的书桌旁贴一张便条，来提醒自己写作的意图、他们的读者以及他们的目标。或者他们可以选择咨询一位编辑、写作搭档或者教练，这些人知道他们的意图，能够在他们迷失在写作中时，帮助他们回到正轨。

悦耳的音乐还是刮擦黑板的噪声

写作就像绘画和音乐，有视角、光与影的法则。如果你生来就知道它们，那很好；如果你不知道，那就学习它们，然后运用这些规则，让它们为你服务。

——杜鲁门·卡波特

有一个想法、经历和清晰的目标之后，在接触读者之前最后需要跨越的一个障碍是培养描绘你的想法的技巧和技术。以一种你听起来觉得舒服的声音来做这件事，并且让别人愿意以接纳的态度去倾听，这是一个挑战。关于商业、教练和领导力这些主题，有多少本书就有多少种声音。就像前面提到的，这些都是大量存在的。有些声音很平静、温和，包含善意和同情；有些声音生硬、冷漠、鲁莽，使人沮丧。有些声音欢快、轻松、幽默；有些声音稳重、理智、冷静。所有的声音都是不同的，就像所有的人都是不同的一样。哪种声音是你的？

我所知道的最为勤奋的一位作家再也不写作了。一直以来，他被培训教育为一个作家，且以作家的身份出书，但他说找到准确的词语对他来说太折磨了。所以现在，他决定不再写作，让其他人去为全球知识库做贡献。另一位我非常喜欢的作家对待写作非常慎重，以至于他的每一部作品都成了名副其实的杰作。就像一座建筑，如果一条横梁（甚至是一块砖）被移动了，它的整个结构就会被打乱。有些作者没有这么严肃认真，他们只是将很多与主题相关的词语堆砌到书中（甚至把它们录入录音设备，然后转化成文字），他们依赖于严谨的编辑，把他们的作品变得让人能看懂。这些方法无所谓对错，它们只是对作者有用的方法，这是作者自己的声音。这是他们在写作中谈话的风格。

一种声音是通过尝试和犯错逐步形成的——通过写作、分享作品、面对不可避免的批评和从分享中得到的回复。一位好的写作者可能是天生的，但是伟大的写作者是磨炼出来的。并且，事实是，他们是通过请教、学习、倾听读者的反馈并从中获得成长而修炼出来的，就像领导者一样。

在我的经历中，写作者，不管是新手还是老手，如果他向其他人请教对他作品的看法和观点，而且如果他愿意开放地接纳所有反馈，他会发现，要创造一种经得起检验的领导力声音，让别人可以听到，并且愿意倾听和从中学习，就变得容易多了。这些都是领导力品质。卓越的领导者都有成为卓越领导力作家的潜力。

总结

最后，给有兴趣从事领导力著作写作的人一些专业建议。

（1）研究你的写作主题：在网上、图书馆研究，在日常生活中研究，和朋友、同事、家人一起研究。你不可能什么都懂。

（2）坚持写作，即使你感到沮丧或者写不出东西。直面挫折，请求反馈，做一些研究，不要放弃。

（3）开始写作时先列出大纲，或者不列大纲也可以，毕竟每个人有不同的方法。找到那个对自己有用的方法。

（4）你花费精力最多、感受最强烈的段落、章节、句子和想法不可避免地会被删减，要平和对待。如果你对此很在意，那就把它保留下来，或者用在别的地方。

（5）每天专门安排一段时间来写作，即使在不想写的时候也要写。这段时间不必很长，只需要使你保持与写作的联系；换句话说，做就是了。

如果这些建议现阶段听起来过于困难，过于费力，那么想一想苏格拉底的话：

花时间阅读他人撰写的书来提升自己，你就可以轻易获得他人付出巨大代价才获得的知识。

——苏格拉底

作者简介

萨拉·麦克阿瑟是一家位于加利福尼亚州圣迭戈市的编辑公司的创始人，有近 20 年出版领域的经验。萨拉是管理、领导力和高管教练写作方面的专家。她的专长促进了畅销管理经典书《领导力教练》（第 1～3 版），畅销书《没有屡试不爽的方法：成功人士如何获得更大的成功》，以及马歇尔·戈德史密斯的《魔劲》的成功。她与马歇尔·戈德史密斯和约翰·巴尔多尼合作编辑了《AMA 领导力手册》，这本书在 2010 年被《选择》杂志评为商业、管理及领导力十大最佳图书之一。

第8章

在一个令人焦虑的世界中寻找价值观

内森·莱昂斯（Nathan Lyons）

马克·利维（Mark Levy）

代沟问题

一些非同寻常的事情正在发生，至少我是这样觉得的。

青年的抗议

2011 年 8 月，我在特拉维夫市，沿着罗斯柴尔德大道前行。这条街道是纽约公园大道的翻版。街上一溜儿的高档餐馆和精品店，许多衣着考究的女士在遛狗；商人们在户外午餐，席间哈哈大笑；穿着莱卡运动衣的慢跑者的脚步震动着修剪整齐的花圃。

今天却不一样。马路上驻扎着上千个帐篷，路边剩下的空间也挤满了兴奋的年轻人。一些人挥舞着海报，上面写着标语；一些人正在弹奏乐器；更多人只是在漫无目的地乱转、聊天、吸烟。他们已经在这里一个月了，为了抗议高生活成本。

在一位心怀不满、头发灰白的附近居民家的阳台下，这些"露营者"建起了厨房、轻便厕所、演讲室和临时的电影屏幕——巨大的幕布挂在树龄 80 多年的大树之间。每周六夜晚，这个"新帐篷城"的居民会到特拉维夫市游行，成千上万名支持者加入进来，公开表达内心的不满。

婴儿潮效应

抗议者们有很多抱怨。他们大多数 20 来岁，因为某种原因从来没有得到他们被许诺的机会，他们感到失望和被辜负。他们的标语和横幅表达着一些全世界都关心的问题：医生、护士、教师的困境；私营企业工作机会缺乏，教育成本很高却可能毫无用处；贫富差距日益增大：过高的啤酒成本，合法公民的负债。

最大的抱怨是，老一辈，即婴儿潮时期出生的人破坏了他们赢得美好生活的机会，粗暴地分裂了太久、太深，留下他们这一代来捡起这个标签，照料一个巨大的残留物。他们父辈保证的稳定、安全以及慷慨制度带来的舒适生活日渐消失。去哪里寻求帮助变得不再清楚了。年轻人抗议他们不想要的很容易，但是究竟应该为什么而奋斗、什么才是真正有价值的，他们根本不清楚。

迷惘的毕业生

我现在住在以色列，但是我以前住在英国，那里的情形也很相似。我的很多聪明、勤奋、受过良好教育的同龄人在他们 20 多岁时，面对着一堵砖墙，无所事事地看着电视，然后变得紧张起来。一流学校的一流毕业生，在经济大衰退中反而最先进入被解雇的行列。很多离家在外的人重新搬回到父母身边。那些在人们眼中最可能向上攀升的人却在走下坡路。

他们在毕业的那天没有料到这些。

这是沮丧的一代。这群人是富裕的全球化的中产阶级的后代，他们强烈地感觉到自己的权利没有得到保障。他们努力学习，获得的学位却属于那些不再需要他们的产业：少数幸运的人找到了工作，得到的薪水却付不起账单。连基本的生存需要都无法满足，更不必说实现职业梦想。

这些年轻人处在一个丧失对未来的所有信心的阶段。

现在怎么办

我们能期待政府做什么？政府是否操纵着那些需要调整的结构杠杆？我们能期待商业组织做什么？跨国公司无孔不入，但是必要的"修理"能以可行的方案表达出来吗？谁将为此买单？

这些是什么类型的问题？它们不仅仅是管理问题，因为很明显，现存系统的管理只是这些问题的一部分。我们处在危机之中。领导力不是危机的解决者吗？领导力从哪里来？

寻找价值

从另一方面讲，我们有一个独特的机会来开始全新的生活。所有负面的、混乱的、令人不满的情况，都只凸显了一句潜台词：除了尝试新的途径，我们这一代别无选择。我们没法回到一所乡间的小屋，抱怨"我们的处境太混乱"——至少不能再抱怨 40 年！

毫不奇怪，年轻人的表达看起来很理想化，似乎不可能实现：平等和机会属于所有人，普遍的医疗，世界和平……

让我们澄清一下：我们不是嬉皮士——我们有他们的抱负，但是起点与他们不一样。领导力的第一项任务是澄清这些价值观。

金钱不是动力

到现在为止，我们这一代可能从没缺过钱。我们简直不知道那意味着什么，甚至当我们一文不名时，缺钱依然显得很抽象。当然，有时我们会因为喜爱超市品牌而放弃极品意大利面。可能我下个月会买那些品牌牛仔裤，即使我很清楚我的银行卡已经透支了，或者我会用我的信用卡付账。我们在足够舒适、快乐的环境中成长起来。在你花光口袋中的钱之前，没有什么事情是真正糟糕的。

我们的动力不只是金钱。我们渴望金钱这是肯定的，但是，对金钱的贪婪似乎成了纽约穷的、富的、光鲜的、贪婪的人们的基本特点。

在金钱之外，我们希望实现目标，成为名人，上电视，发表文章。我们会在获得学位、赢取运动奖牌、在婚礼上拥抱我们的生命伴侣时留影。我们想要被人们看成是独特的、完整的。

在当前所处的经济滑坡中，我们不确定什么是成功。银行业危机给我们这样的印象：闪闪发光的奖牌被授予那些穿着"皇帝的新衣"的人。建立在阴暗和肮脏之上的经济成就，在道德上似乎是应该予以谴责的。每当我听到这种观点——"市场要重整了，我们大家都将重回企业中"，我就感到一阵刺痛——不是出于兴奋，而是出于厌恶。

经济环境可能会改善。但是，如果成功意味着趁着下一次的"技术泡沫"，短暂地领先，寄生性地生存，然后被埋入整修豪华的乡间坟墓，那么我想踢倒一切，抱怨我错过了更宏伟的时代。

追寻梦想的人

我们这一代总是被教育要"做自己"。我们一直被鼓励说出我们所想的，跟随我们的心，追求我们的梦想。金钱被描绘成一个有用的工具，而从来不是这趟旅行的目的。我们知道，我们生命的大部分时间将花在工作上，我们希望这段经历充实而满足。

在寻找意义的过程中，我们想要实现自我，想要有归属感，想要创造我们自己的印记，想要被欣赏、被喜欢。寻找适合的工作、创造令人满意的生活方式的过程，也是一个探索自我的过程。对于那些没有找到自我的人，把背包背在肩上，向着地平线出发，去寻找自我价值，是完全应该的。

愿望清单

我整理了一张愿望清单，我们这一代所想要的包括：

我希望自己的工作能够帮助他人，让世界变得更美好——而不让它变坏一丁点儿。我希望做一些实际而不是抽象的事情，一些对我的工作伙伴有好处的事情。我希望与同事在工作之外像朋友一样相处，我希望成为团队的一员。我希望，我希望……

我希望获得稍多一些的薪水。我希望我的工作滋养我、锻炼我，并教会我一些以后还能用得着的技能。工作应该把我和一群心地善良、创意无限的人联系在一起。我有专属的医疗服务、汽车，在一间每个人都认识我的办公室工作。我希望独立负责某一块业务。我希望被信任。我希望能感觉到我的努力取得了成效，哪怕这成效在一个更大的背景下显得并不那么大。

案例研究

三角恐龙

我很幸运由马克·利维做我的导师。上一次跟马克交谈时，我说我感觉为《领导力教练》写其中一章这件事超出了我的能力。这一章的宗旨是提供一种"Y世代"（指 1980 ~ 1999 年出生的人）视角下的领导力观点。现在，关于领导力我知道什么？ 我不知道我能贡献什么。我们通过视频交谈，我一边说话，一边看到马克在点头、询问、鼓励我。然后他的笑容渐渐变成了淘气的大笑。

"纳杉，你的读者是他们所在领域的专家。"他以一种令人哭笑不得的方式说，"想象他们是古生物学家。他们刚刚发现了一只三角恐龙，一个有三只角的'Y世代'的标本。只有少数人曾经见过,而且没法到动物园去研究。除了发现三角恐龙这个消息,全世界其他人对其他的事情一无所知。"

坦率地说,他说到这里的时候我以为他忘了后面要说什么了。但是他继续说道:"现在请停下来,思考一会儿。你在野外,他们关注的是你的真实生活经历。你是他们想要研究的年轻的古生物中的一员。纳杉,他们在谈论你。

"你,我的朋友,是三角恐龙。"

马克是对的。我是我这一代的一个典型代表。我29岁了,没有贷款。我声称我的历史学学位是无用的,其实我对此很自豪。我在全世界、在不同的行业都工作过,经常旅行,做过一些严肃的寻找灵魂的事情。我希望我的故事能够提供一些关于在21世纪,职业生涯初期阶段是什么样子的信息。

我是一只闯过职场的"三角恐龙",住在一片意义和自我满足的沙漠上。带着这个想法,以下我描述了我的8年工作经历,其中有高潮也有低谷。

工作是一次旅行

我的第一份真正意义上的工作是在印度古尔冈。换句话说,我第一次穿上西服,走进一间办公室,是在温度高达40℃的新德里市郊。那时候我22岁,我发现自己和两位牛津大学的毕业生在一起,他们也穿着西服,表现得就像是金融创业公司的代言人。当地的分析师都很优秀,有很多奇思妙想,我们的任务之一就是把他们的见解用英语翻译并且进行修饰,以便美国的银行能够理解。

老实说,我完全不知道我当时在做什么。

一个星期五，没有什么特别的原因，我下班非常早。我没有让我的私人司机跟着，而是步行了5千米回到旅馆。一路上，我看着很多体力劳动者在大楼之间搬运石头和脚手架，女人们三五成群地在路边炖汤，牛悠闲地在柏油路上闲逛，来往车辆不得不绕过它。这时，发生了一件我永远不会忘记的事情。一个瘦弱的男性，穿了一件朴素的橙色外衣，不知从什么地方冒出来，直接出现在我眼前。他的前额涂抹着厚厚的白色颜料，手上拿着一根轻便的木杖。

我注意到这个神秘的人光脚走在滚烫、不平的路上。我低下头看着我崭新的条纹领带、衬衫和皮鞋，心里想着我这个西方青年会给人们留下什么印象。他只是微笑了一下，就继续往前走。后来我了解到，这个人正处在他生命中的最后几年。他放弃了所有世俗的利益，离开了家庭生活，开始了一场朝圣之旅。我们的会面只持续了一小会儿，什么都没说。但是，与他相遇的经历给我留下了难忘的印象。一边是我世俗的工作之路摆在眼前，另一边是他的寻找意义的道路，方向完全相反。

老式管理的新兴企业

积累的一点金融行业的经验，补充了我的历史学学位的不足，是时候跳槽了。我应聘到了伦敦的G公司，这家公司极富吸引力，有一流的品牌，薪水很高，是一个可以立足的蒸蒸日上的年轻公司，各方面条件都符合我的期待。

在我作为客户经理的最初几个星期，所有的新员工，包括我，在紧张的培训期间，观看了公司创始人录制的大量视频。他们反复地祝贺我们，许诺工作将充满创造性和机会。他们满脸笑容，让我们做我们自己。我们着装简便，穿牛仔裤和时髦的T恤，同事们可以带着他们的狗来工作。我们享受两周一次的按摩、免费的午餐、丰富的小吃，以及到圣特鲁佩斯滑雪旅行。我们的办公室看起来像一个"Y世代"天堂,里面充满了五颜六色的弹力球和计算机游戏。也许这里就是我一直在寻找的归属地?可能在G公司的最初几年确实很轻松。但是,从2006年起,办公室运转得像一艘罗马帆船。机构官僚化,任务繁重,一位员工离开他的工位接一个时间较长的电话,都会受到警告。9点上班,员工若迟到5分钟,就会受到一顿严厉的批评。更糟糕的是工作本身。公司采用的办公行政软件很难用,销售团队笨拙地输入和处理账目,几乎没有拜访客户的时间。工作变得极其无聊。

周围都是有着极高文凭和良好衣着品位的有才华的年轻人,却在做着极其重复、没有想象力的工作。这个系统被设计得如此漂亮,公司品牌总是让人眼前一亮,公司氛围看起来充满创意、光鲜亮丽。但是,剥去这层糖衣,这里是一个冰冷的、强制性的环境。我被欺骗了,在我自己对价值和成功的肤浅(和受误导的)理解的诱惑之下。

虚假的股权

几年后,我在伦敦的一家财务评估公司获得了一份工作。这家公司由股票经纪人创办,公司给员工建立了一个种子基金。员工在工作中得到锻炼,同时还能获得一份薪水,最后还能建立自己的会议主题,分享股权。员工最终将拥有自己的公司,并受到来自这家更大公司的保护和支持。

这听起来非常令人兴奋。员工们大多不到30岁,他们夜以继日地工作,渴望能提高他们的信用贷款额度。在安排有序的月度会议上,管理层反复许诺会让大家实现"拥有属于自己的公司的梦想",并赞扬和奖励在这条路上取得进步的员工。

我也受到这个承诺的诱惑,想象着拥有自己的公司。不只是我,公司吸引了每一位想要成为自己命运主人的创业型毕业生。虽然真正赢得种子基金的员工非常少，但是这种可能性的存在，还是很振奋人心，让整个办公室的人忙得热火朝天。

在一位律师朋友的建议下，我调查了这家公司的公开记录。在他的帮助下，我很快意识到"提供员工股权"只是一个骗局。公司董事们依然是完全控股的，而且事实上已经在最近清偿了"员工股权"账户，用来买两个游艇给自己用。"员工股权"账户现在呈严重赤字。

这是一个常见的骗局——独立的诱惑、分享"蛋糕"的许诺。这家公司一直表现良好，吸引了很多有奉献精神的勤奋员工，他们像萤火虫一样，围着掌握自己劳动成果的希望飞舞。

我很快就辞职了，同时把揭露公司罪状的文档发给了另一位同事，后来他也辞职了。这个虚假的股权承诺与我所寻求的价值是完全相悖的。

责任激励

在伦敦的不同工作中跌跌撞撞，我无意中碰到了一颗"宝石"。这是一家古怪的金融公司，成立才10年，太年轻以致都不能被视为完成了创业阶段，只雇用了很少的员工。创始人是一个半学院派的空想家，梦想着更开放的市场。我也许从来没有理解过创始人的核心理念，但是在这个小团队环境中，我很快感受到了重视，渴望给大家留下好印象。

责任感驱使我比以往任何时候都更努力地工作。在伦敦和纽约运营项目，到欧洲和加拿大营销，我很享受做决策并支持这些活动的过程。在曼哈顿成功举办了一次对冲基金会议以后，公司让我留在纽约，在漫长的夏天，一个人来做销售活动。

我得到信任，可以支配我自己的时间，我与华尔街的各种人物会面。我通过邮件和公司保持联系，通过电子文档和每周的固定通话分享我与别人会面的情况。我并没有赚很多钱，但是每天醒来都因为自身的独立和纽约这个城市而情绪高昂。

生平第一次，我感到我所说的话是有分量的。我还不知道，这些全部累积起来，在整个大事件中是多么地小。

在"泰坦尼克号"上坐"头等舱"

后来这家小金融公司被金融危机完全吞没了。我记得我曾打电话给贝尔斯登公司的经理，确认他在我们即将举办的会议上的发言内容。他的公司似乎在当天早上的新闻中被提及了，他的话让我大吃一惊："我很愿意在你们的会议上演讲，但是我想我做不到了。他们召集了整个管理团队。我们就像乘坐在泰坦尼克号上，纳杉，我们已经撞到了一座巨大的冰山，我能听到小提琴的演奏声。"

在这场危机中，我在晚间新闻里听到很多我之前的客户的名字。每个名字，每家陷入困境的银行，都伴随着我在纽约拜访的办公室的电视画面。摩天大楼中的巨大房间，精心设计的家具、金色边框的大门，还有穿着无可挑剔的秘书们、大理石的镇纸和宽阔桌面上的香槟。我仍然很想知道那些办公室、秘书和镇纸后来都怎么样了。有时我会想象他们沿着公园大街漂浮，进入哈德逊河。所有高高在上的价值都蒸发进了城市的烟雾中。

社区创新项目

回到伦敦，报纸上充斥着灰暗的言论，预言着金融行业的灾难。在早上的公交车上，我看见雨中失业办公室门口排着长长的队伍。我的朋友们全都失业了，我靠着广告文案的工作勉强维持收支平衡，心中预感世界将会了无生气地结束。

我幻想着打开那些商店的百叶窗，把它们用作咖啡馆或者无线网吧或者炖汤的厨房，不管是什么，只要不荒废。偶然地，我遇到了一个刚刚起步的艺术项目。有一群设计专业的毕业生，住在一处即将拆迁的房屋里。

建筑公司把房子给他们住，是为了避免非法占用房屋者们弄坏这些房屋。我们产生了一个大胆的计划：举办一个鲜活的艺术节，利用这片土地上的 400 栋公寓。我们把这个项目命名为"市场房地产项目"。在向当地市政部门和那家建筑公司提交了资金申请后，我们意外地获得了这个场所 5 个月的使用权。

这个项目迅速占据了我全部的时间。我睡在团队伙伴家的地板上，一天一天拼凑出一个合法的、可行的方案。我们招募了 100 多名艺术家来重新设计这个地方，为他们提供空的公寓作为画布，还给他们完全的创作自由。只有一个条件：艺术工作必须反映当地的社区生活。

渐渐地，冬季奇迹降临到了我的生命中。我们在附近的一个楼里建立了办公室，很快就有很多热情的当地人、艺术家和成群的志愿者加入了我们。我们有足够的资金来租用音响、灯光设备，雇用安全专家，甚至我的一些失业的朋友。当这个项目向公众开放时，一天之内有 2 500 人造访。

有 3 个厨房为来访者提供食物，当地学校的孩子成群地来看一个公寓变成一个蓝色的真空包装的气泡。乐队在一个专门搭建的舞台上为大家唱歌，一个戏剧团在停车场表演《奥赛罗》。夜幕降临的时候，一场激光表演照亮了整个地方。

活动期间，我几乎两个星期没怎么睡觉，整个人充满激情。我们创造了一些事情！

在一个被遗弃的贫穷的地方，在良好意愿和志愿者精神的推动下，我们这个小团队用一个社区项目，至少在一天之中，为伦敦这个黑暗的角落带来了光明。我们聚集起有创意、有梦想的年轻人，给他们提供了一个可以实现他们的乌托邦梦想的空间。

多家报纸称赞了这个艺术节。一个星期后，所有的建筑全被拆掉了，所有人都回家了。我感觉这是一个真正有价值的项目，虽然完全不可持久。

社区工作

过去的一年，我一直在为特拉维夫市的一家创新公司工作。他们引领全球大大小小的组织的文化改变。这家公司在新产品开发方面很专业，在解决问题上经验丰富，在商业上很成功——这可能是我为他们工作的原因中排在最后的一个。

不久之后，我发现这家公司有一些令人难以置信的文化上的特质。例如，CEO 向客户说明项目的真实利润。他先讲清楚成本、员工工作时间、投入资源，然后计算利润，由客户来决定做还是不做。这个案例给我很深的印象，因为这家公司打破了商业游戏的惯例，把客户当作一个伙伴，给予绝对的诚实。

S.I.T. 是这家公司的系统性创新思考（Systematic Inventive Thinking）理论的英文缩写。这是一个有意思的试验。系统性创新思考被创始人和员工们所奉行，是原则引领下的、高度价值导向的。

这家公司有一种平等的感觉。最高层的管理者的工资只是秘书工资的两倍。忠诚被看得比自我实现更重要；没有销售任务，任何奖金都在全公司平均分配。每个人都尽自己最大的努力为整个团队做贡献。

这里没有明显的自我主义。大多数任务都是两人一起完成的。奖励都给予团队。公司提供了很有弹性的方法，员工可以把孩子带到办公室，或者早早下班去接孩子。办公室大部分员工是女性。

　　S.I.T. 与我所见过的商业模式完全不同。这家公司努力理解文化差异，而且接受差异，甚至为差异寻找空间。这些听起来像是行话，但是事实令人震撼。比如，我希伯来语说得不好，每次会议只要有我参加，不管大小，整个屋子的人都改说英语，这样我就不会感觉到被孤立。我的同事们来工作是因为他们喜欢这个试验，这种生活方式，这种来自不断质疑和改进商业智慧的兴奋。他们感受到情感上的投入，包括在 S.I.T. 和客户一起工作时。办公室流传着一句箴言：我们在和朋友们一起工作，而不是客户。

　　这个环境增进了相互之间的信任和对做好工作的自豪。帮助一位同事做得最好成了工作的最高境界。虽然工作中有起起落落，但是对我而言，作为这个团队一分子的兴奋感，从事商业活动但是带着一颗道德的、社会的心，让我热爱我的工作。

　　如果一家公司能够创造和维持这种工作氛围，它的成长就没有上限。在办公室，人们会由衷地微笑。当然，这种氛围不应该如此少见。

说说我们这一代

　　没有一个普遍适用的"Y 世代"的准则。但是，如果理解和认识"Y 世代"，可以发现一些重要的主题，可以让这些正在成长的领导者获得工作的回报和成就感。

　　高品质的工作必须让人感到一种共同创造的感觉，对个人的投入有回应。我们这一代表面上把自己看成宇宙的中心，但实际上，我们喜欢在团队中。我们是世界主义的、游历广泛的，保持着全球性的联系。我们愿意埋头苦干，也能处理好自己高度的自负，做有意义的事情。

了解我们的特点是什么，什么可以激励我们。寻找"Y世代"的敏感问题，让我们感觉自己是某些工作的一部分，感觉参与到某些工作之中。我们已经见过一些世面了，所以我们会迅速嗅出虚假的激进分子、虚假的机会、虚假的摆酷。要诚实、清晰、中肯。不要告诉我们"这是一个令人兴奋的点子"——我们会告诉你。

帮我们点燃激情，我们的群体感、所有权和价值鼓励我们在工作中共同创造，这样我们的精力能聚焦在商业目标上。我们想要创造我们自己的价值，这不是一个简单的任务。我们需要一双牵引的手、具体的经历和现实的观点。

我们到底想要什么？谁知道呢。你也可以问我们重视什么，什么对我们很重要。不断地询问这些问题，仔细地倾听，做好听到一些奇怪回答的准备。接受下一代有一个不同的起点——但是要让我们参与，说我们的语言，并将快乐地分享一个共同创造成功的愿景。

作者简介

内森·莱昂斯是牛津大学现代历史硕士。

马克·利维是利维创新公司的创始人。这是一家市场营销战略公司，帮助有思想的领导者增加他们的收入。他也是《偶然的天才：以写作表达你最好的想法、洞见和内容》一书的作者。

第 9 章

领导者的风范

约翰·巴尔多尼（John Baldoni）

领导力开发中一个很少受到关注的方面是领导者风范（presence）。这是一个常常在教练过程中被忽视的问题。通常高管或者人力资源负责人会评估一个具备晋升潜力的高管拥有成功所需要的一切，除了一件事——是否具备领导者的风范。

没有领导者的风范是指领导者无法展现适当的权威、缺乏必要的举止风度，以及无法让别人把他看成一位高级的领导者。一位领导者如果忽视这一点，可能对职业生涯产生致命影响，但是如果及早改进，就能获得真正的领导风范，或者汤姆·沃尔夫（Tom Wolfe）所说的"正确表现"。

风范为什么重要

领导风范教练是对领导角色的一种探索。"高管风范"（executive presence）这个词经常被使用。我拒绝使用这个词，因为它太简单化，把"风范"降低到一件光鲜亮丽的新西装的地位。虽然需要考虑这一部分，但是领导者风范是我曾经说的"赢得的权威"。一位领导者可以通过头衔被赋予权威，但是在军队中，信任是赢得的。所以，领导者风范是一个互动的过程，它是由领导者提供，被追随者认可的。

领导风范的核心是真诚，或者坦率地说，是真实。真诚是通过所做的实事来体现的。领导者通过长期被他人看见的行为而塑造真诚的形象。（可能有人怀疑这一点是否适用于现场管理多区域员工的领导者，但是我所知道的成功领导者都会通过电话和现场拜访保持与员工的接触。）

领导者经常谈论工作的意义，以及为什么员工所做的是重要的。他们把员工所做的工作与公司的成功联结起来。他们也经常倾听。最重要的是，领导者要坚持以身作则，树立榜样。

领导风范是指领导者的行为。当团队士气低落时，领导者提升团队士气。当团队需要一只"额外的手"时，领导者就在那里托举着团队。当团队成功时，领导者在"舞台"后面，把员工推到聚光灯下，为人们所熟识。

领导风范的表现

领导者如何赢得自己的权威？很简单，他们通过榜样作用来赢得。这个问题包括 3 个方面。

（1）能力。能力指领导者知道自己能做好这份工作，而且他需要把工作做好。他不仅要做任务和角色的主人，还要付出更多的努力去把事情做好。他不是坐等进一步的指示，而是主动去做。

（2）信誉。信誉指别人说领导者能做好这份工作。不仅他的工作做得很好，而且别人相信他。人们知道他是可信任、可依靠的。

（3）自信。自信指领导者和其他所有人都说他很适合这份工作。自信对领导风范很重要。如果领导者自己都不相信自己有能力做好，他就没法吸引他人追随自己。

当一位领导者具备能力、信誉和自信时，他就能吸引他人的追随。就像詹姆斯·麦克格瑞戈·伯恩斯（James MacGregor Burns）教导我们的那样，只有领导者的信念与追随者一致时，领导者才会成功，人们才会发自内心地想做领导者让他们做的事情。或者说，他们才能信任他们的领导者。

这构成了领导风范的基础。作为教练，我们的工作是围绕人的特性进行的。一个人可以做些什么来发现和培育自己的领导风范？我曾经开发了一种领导风范的评估方式，把它分成了几个不同的细分领域。每一个领域都有一段简短的解释，说明了探索该领域的方式，这些方式同时也可以转化成领导力开发的方式。

通过教练改善领导风范

做领导风范教练，良好的沟通是重要的开端。很多高管在成为一个更可信的交流者方面需要帮助。这是很好理解的，因为作为一个组织的代表，他们很早就学会了把自己的观点调整到为组织服务上来，但是现在，人们期望他们有自己的观点，并以可信的方式展现出来。

我用在陈述者，甚至有经验的陈述者身上的一个技术，是至少参加一次陈述技巧的课程。通过简单的活动，比如，在讲台上讲话、在会议室中做报告等，高管开始与他的身体建立联系，就像一位演员所做的。这是一种可以用来提高声音效果的指导。

发声很关键。仅仅背诵词语是不够的——领导者必须把自己投入词语的含义中。合适的发声，加上重音和停顿上的强调，可以帮助领导者学习如何使某个重要的信息听上去更加真实可信。

领导者的沟通是他用以通知、说服、挑战、消除疑虑的一种手段。

沟通弥补了一个领导者的风范不足，因为这是领导者让自己被他人理解的方式。随着时间的推移，真诚的谈话会在领导者和追随者之间建立起更多信任。

有经验的领导者可能倾向于认为，沟通是一旦掌握了以后，一直都具备的一种能力。这是错误的。很多老练的领导者可能会忽视它，因为他们忙于完成他们的管理职责。折磨他们的第一件事情是倾听。虽然他们花了时间去谈话或者讨论关键问题，但是倾听还是被忽视了。

那些把领导风范投入实践的人，是努力想要确定他们确实倾听了的人。他们建立起这样的习惯——穿过走廊，跟员工谈谈办公室里正在发生什么。好的领导者把到办公室与员工交流变成了一个惯例，即便有时这需要去往好几个国家才能做到。风范是一种身体的外在展示。一位领导者被人们看到和听到的越多，员工们就有越多的机会来理解他们的角色。

领导者如何展现领导风范

沟通就像一把钥匙。领导风范的其他方面包括思考、计划，并考虑它们的最佳实现方式。以下是一些建议。

（1）外表——你看起来是什么样的。领导者必须考虑这一部分。穿着要得体，但不需要奢华。领导者要比下属穿得稍微正式一些。男士可以穿一件夹克，并打上领带；女士可以穿一条裙子，或者一套西装。比穿着更重要的是面部表情，要始终保持面部表情放松，除非你故意做出别的表情。谈论严肃话题的时候表情严肃是合适的，但是如果你总是看起来很严厉，人们会害怕接近你。

（2）权力——你如何使用你的权力。权力产生于头衔。一方面，新任领导者有时会羞于使用他们的权力，因为害怕让现状变得更糟或者激怒别人。这会渐渐破坏领导者的权威，让他人占上风。另一方面，采取高压手段，特别是不放权给他人，会削弱领导者建立一个有凝聚力的团队的能力。权威反映在表现上，而且需要被恰当地使用。

（3）同情——你如何表现关心。领导者不需要，或者说不应该寻求成为员工最好的"保姆"，但是向员工表现关心非常重要。员工想知道他们的领导者会支持他们，特别是当艰难的处境影响到他们的家人的时候。领导者需要在情感上与员工保持适当的距离，这样他们可以在这种情况下做出负责任的决定。但是领导者实现业绩主要是靠员工，所以最好给予他们尊重和尊严。领导者要以员工是价值的贡献者的态度来对待他们。（注：领导者不会打探员工的私人生活，他们只在被允许的时候询问。）

（4）举止——你如何自持。领导者应有合适的举止，有一点庄严，或者说对目标的严肃。举止沉着很重要。领导者如果在问题来袭时表现得心烦意乱，员工会觉得他缺乏在危机中领导团队的能力。领导者可能会感到害怕，虽然这也是正常的，但是表现出害怕会让周围的人紧张。如果领导者不能控制好自己的情绪，事情会变得非常糟糕。领导者表现情感甚至愤怒没问题，但是要始终掌控好自己的情绪。控制情绪，保持平和，是领导风范的一个方面。同样，领导者不需要总是看起来很严肃，但是领导者必须有严肃的意识，那就是聚焦于工作。

（5）谦逊——你如何看待自己的局限性。领导者毕竟是人，也会犯错误。坦然承认错误是谦虚的一种表现，这说明你认识到了自己的缺点。好的领导者会让那些能够弥补他的缺点的人围绕在他身边。这也是谦虚的表现，因为领导者知道自己不可能做好所有的事。

（6）激情——你如何传递你所感受到的。激情能够滋养激情。负责的领导者必须关心工作及其结果。激情植根于个人信念中，对领导者而言，激情源于对创造积极变化的渴望。当领导者对工作有激情，并传达给他人时，这种激情会蔓延到整个团队。

（7）乐观——你如何看待生活。人们通常更可能追随那些看起处于光明面而不是阴暗面的人。乐观主义不同于"快乐地谈话"，或者一些领导者习惯于采取的含糊不清的"一切都会好起来"的态度。乐观主义领导者以清晰的头脑直面逆境，他们赋予员工不放弃的精神。面对问题，他们拒绝沉湎于负面想法。这种态度帮助他们及其团队带着必胜的决心去面对挑战。

你可以想想领导者用来确认其风范及为团队的利益而采用的其他特质和行为。所有这一切证明了这位领导者是什么样的，以及他如何服务于组织的需要。一位领导者如果反思这些问题并把它们付诸实践，他就是一个了解自己的人。自我认知是领导风范的基础。

（8）睿智的话语：领导风范是需要持续一生的修行。要想修炼好，应该每次选择一两件事情来集中精力做。例如，说和听是两个互相补充的活动；想一想果断是如何补充一致性的；提供及时又清晰的指示如何使行军命令更容易执行。只选择一件事情也很好，比如战略思考。

对领导风范的认识

随着领导者越来越多地聚焦于领导风范上，判断他是否具备领导风范的任务就落在了他的下属身上。想一想，领导风范作为领导力品牌的一种形式，你如何向他人表现和呈现你自己？想一种你最喜欢的消费品。公司花了很多时间和金钱来塑造一个品牌形象，这不仅反映了它的特征和好处，更反映了消费者对它的感知。现在，那些观念的拥有者不是这家公司，而是你。

这对领导者而言更为真实。他们会认为，他们与员工联系的方式是正确的。如果他们缺乏员工反馈的信息，不花时间去倾听，前后矛盾，犹豫不决，而且最糟糕的是，他们表现得好像其他人只是为他们服务的，那么他们的领导风范表现得虽然是强烈的，但其方式是不值得效仿的。

确认他人是否觉察的最好方式就是询问一位你信任的同事你在办公室表现如何。和他谈一谈，你希望别人怎么看你，并询问现实中别人是不是这样看你的。高管教练在这方面也能起很大的作用。教练可以与你的领导以及同事交谈，以确定你是否表现得像你希望的那样。

有时，特别是在教练过程中，反馈很重要。很多高管认为自己是一位敬业的领导者，但是，员工的评价却不是这样。这时，一位有悟性的领导者会知道，了解而不是抵触这个反馈是成为一位具有自知之明的领导者的第一步。建立领导风范的良好方式是，一开始就以良好的心态接受负面反馈，控制自己的情绪，保持平和。这是成为你想要成为的有思想、有气质的领导者的关键一步。

性别差异

可以说，领导风范与性别无关。当我们想象一位男性领导者时，其形象可能是坐在高头大马上的军官。实际上，领导风范是多种多样的。当然，我们要在领导风范中展现魅力——那种引起很高回头率，甚至有时候摄人心魄的吸引力；那种当一个人走进房间，会引得所有人立刻坐直并注视他的吸引力。

约翰·肯尼迪（John Kennedy）和罗纳德·里根（Ronald Reagan）当然拥有这样的魅力。事实上，里根有一句名言经常被人引用，他说他不知道一个人如果没有做过演员，如何能做总统。这不是一个轻率的言论，而是他内心确信领导者要扮演一个舞台角色，这个角色召唤他将他自己及他的事业投射在他人身上。一位演员知道如何调节他的声音以保证好的效果，以及如何去与房间里的每个人一一握手。

具备领导风范的领导者，有能力与每个人建立一对一的联系，让他们觉得好像自己是整个房间里除领导者以外唯一的人。在这方面，我认为女性领导者具有天然的优势。女性领导者拥有更好的情感天赋，去接触和倾听他人。

我很长时间一直很钦佩的女性领导者是特蕾莎修女（Blessed Teresa of Calcutta）。想想这位来自阿尔巴尼亚的身材矮小的女性，她或许长得并不美丽，但很少有人否认她的魅力。从国家元首到街头百姓，很多人都被特蕾莎修女所感动。她关心"穷人中最贫穷的"，包括麻风病患者和艾滋病患者。穿着缀有蓝边的白色修女服，特蕾莎修女身上洋溢着一种使命感，这种使命感使他人聚集到她身边。

所以，在讨论领导风范时，我们心目中惯有的那种男性领导者形象可能是对领导风范的一种误解，女性也有她们的领导风范。重要的是这种真诚感，这种传达真实自我的态度，让他人感觉到自己就是领导形象的化身。

有使命导向的领导风范

领导者需要展现领导风范，理由很简单：为各种具体的问题创造共同的理由是领导者的职责。具备这种风范使领导者能够以所有追随者感动的方式建构这个理由。

领导力的基础是说服。有智慧的领导者不仅用逻辑和理性来建构这个理由，同时还知道，逻辑和理性是冷淡、呆板的，而事实和数据更有说服力。人们想要感受到领导者的激情。激情产生于当领导者知道追随者的需求，并且能够把组织使命与他们的需求联系起来的时候。

　　一个典型的例子是得克萨斯贝德福德的贝瑞尔公司。贝瑞尔公司为医疗行业提供呼叫服务。大多数员工是一线员工，把自己的大部分时间花在与病人的通话上。这不是一个薪水很高的职位（尽管贝瑞尔公司的薪水已经是同行中比较有竞争力的了）。在其 CEO 和创始人保罗·斯皮格尔曼（Paul Spiegelman）的领导之下，贝瑞尔公司把自己的目标与员工工作联系起来。每个在贝瑞尔公司工作的人都知道，他们的工作对组织的贡献是什么——公司的使命是以人性关怀提供医疗服务。

　　保罗是一个具备领导风范的人。他的举止安静而保守，听他谈论公司业务、公司业绩，就知道使命是多么重要。领导者如果能够把组织使命与员工所做的工作联系起来，并且以身作则，践行组织的使命，他就会成为他人愿意跟随的领导者。证据就是，贝瑞尔公司赢得了很高的员工敬业度，离职率远低于呼叫服务行业平均水平。

创造"追随力"

　　领导者有自知之明，并能有效地与别人建立联系，别人就愿意追随他。领导风范是领导者个人魅力的展现，这种魅力把他人聚集起来，并促进团队精神的增强。团队精神只有在领导者与追随者为实现共同目标而努力的时候才会出现。

培养领导风范需要做的事

　　•找到一个你认为能够代表领导者形象的人。观察他的行为，并选择性模仿。

- 在说话过程中展现自己的个性。当你的话可能伤害他人时，你会说真话吗？
- 在行动过程中展现自己的个性，通过行动展现自己。
- 从他人的案例中寻找灵感，为自己在工作中实践灵感而庆祝。
- 想想你的权力对他人的影响。你如何确定自己是出于善意而使用权力的？
- 找机会授权给同事，让团队和组织获益。
- 平衡谨慎思考（深思熟虑）与果断决策（做决定）之间的关系。
- 找到一些方法，让你的直接下属可以放松地向你提出问题。
- 在宣布一个重要决定之前，确定你在解决真正的问题，即人们一直关心的问题。
- 当会议出现拖延时，提醒自己放松面部肌肉。
- 购买一身能够反映你的领导者角色的衣服。
- 把个人行动与公司的目标联系起来。
- 通过展示你的工作如何影响顾客的生活来庆祝工作的意义。
- 寻找机会表扬团队成员的才能。
- 以多种形式传播乐观主义精神，肯定员工的自我价值和个人尊严。
- 在谈论你和你的团队所做的工作时，习惯于使用"我们"这个词。

作者简介

约翰·巴尔多尼是一位国际知名的领导力开发顾问、高管教练、作者和演讲家。约翰教授人们通过聚焦于沟通、影响、激励和管理来实现积极的成就。2011 年，他被"国际领导大师"组织（Leadership Gurus

International）评为世界顶级领导大师第 11 位。约翰撰写了 10 本领导力著作，包括《目的型领导：给你的组织一个信仰自己的理由》《以身作则的领导：伟大领导创造业绩的 50 种方法》《领导你的老板：管理上级的艺术》。

第 10 章

使命型领导者

理查德·J. 莱德（Richard J. Leider）

每个人在内心深处都渴望寻找什么是真正的意义，只有找到它，我们才会快乐。意义至关重要。

我遇到的每一位领导者都对什么是有意义的和什么是无意义的有着清晰的、根本的认识。我们可能常常因为纯粹的自私行为分心，但是它们的本质使我们讨厌——它们是无意义的。

意义至关重要

领导者怎样才能凝聚人心？领导者要敬业与投入。领导者的成功与失败取决于他们自己的敬业度。有使命感的投入通常伴随着伟大的事业，这对高绩效的人有很大的激发力量。

今天，领导者的主要角色是应对领导力的终极考验——使命必达。领导者必须清楚，尊重要靠自己赢得。尊重首先来自问自己（并且回答）艰难的意义问题。

才干卓著的人本能地寻找一种工作环境，在那里，他们知道他们将充分地发表对结果有影响的意见；在那里，他们感到可以自由地表达自己的声音。这个工作环境让他们给工作注入生命。如果他们找不到一个滋养他们的心灵和灵魂的工作环境，留给他们的就只有薪水，而这对才干卓著的人是不够的。为意义而工作和只为薪水工作的才干卓著者，你觉得谁会成功呢？

在我作为高管教练的 30 多年里，我一直对使命型领导者的勇气印象深刻，首先他们敢于拿起镜子，照向自己的内心深处。他们理解，"谁在领导"与"要实现什么目标"同样重要，而且前者往往比后者更重要。

早晨唤醒你的是什么

使命被人们冠以很多名称和很多种描述，而且有很多研究者及思想领袖探讨过它。我所说的"使命"是指"在早上支撑我们起床的理由"。

罗伯特·K. 格林里夫（Robert K. Greenleaf）在他的书《公仆型领导》中，倡导领导者超越意识理性，从心领导。我们的使命是我们的任务，是我们领导力的核心品质和本质，它通常会超越我们自己，不仅鼓舞我们自己，也鼓舞其他人。

格林里夫写道："服务和领导大多基于直觉。"他相信自我觉察是"真正的公仆最可靠的部分"。通过寻找我们内心深处的使命，并以此来领导他人，我们可以理解格林里夫对公仆型领导的评论："那些服务他人的人获得了尊严，像真正的人那样成长。"要做使命型领导者，我们必须愿意自省，以便理解"在早上支撑我们起床的理由"，并以此来领导他人。

什么是使命

我们这些竭尽全力想要理解使命的人，虽然语言不通，但似乎至少认同两个信条。

1. 使命不是被发明的，而是被发现的

畅销书《高效能人士的七个习惯》的作者史蒂芬·柯维（Stephen R. Covey）曾说："我想我们每个人心中都有一位内在的观察者，或者说理性或意识，让我们理解自己的独特性和我们所能做出的独一无二的贡献。"

使命在我们心中，它等待着被发现。使命是一种召唤，因而发现使命的过程是一个倾听的过程，而不是发明的过程。

使命指导我们做各种决定：做什么，什么时候做，什么时候放弃或者回避。使命是我们塑造的向周围人展示的领导力品质。

2. 使命是具体的安排

维克多·弗兰克尔（Viktor Emil Frankl），可能被人们认为是关于使命的现代思想的创始人，他这样解释："一个人不应该寻找一个生命的抽象意义。每个人在生命中都有他自己具体的天职或者说使命，都要完成一个具体的任务。在其中，他没法被取代，他的生命也无法重复。因此，每个人的任务与他们实施任务的机会一样，都是独一无二的。"

使命是我们天赋的外在表达。它贯穿于我们的工作中，而不仅仅是在我们的内心，也不仅仅是为我们自己。我们的使命是我们对这个世界的报答，而领导力是我们为世界服务的独特而切实的方式。

我们追求人生使命，不是因为它是一种自我实现，也不是因为它会让我们获得权力或影响力。我们追求人生使命，是因为我们要让人生有意义。

我为什么应该关爱他人

今天的人才不会盲目追随他人。人们的才能来自教育，来自社会智慧和全球智慧的影响，而且相互联系在一起。他们的敬业程度取决于领导者对他们的尊重程度。他们渴望使命型领导者——真正关爱他们的领导者。

当领导者身上拥有关心他人这一特质时，大多数人会敏锐地觉察到；而当这种关心缺失的时候，人们很难感受到他的敬业度。假设你被要求采访你的新领导几分钟。你想知道关于他的什么？假设你已经知道这个人的基本信息：工作经验、年龄、家庭等。你又希望他了解你什么信息？

使命与关爱紧密相连，关爱对员工敬业度至关重要。我们在早上有一个起床的理由吗？我们在享受我们的人生时，有一个高于自己的理由去领导他人吗？就像著名的美国作家 E.B. 怀特（E.B. White）所说的："早晨起床的时候，我在改善（或者拯救）世界的愿望和享受世界的欲望之间挣扎。这让我很难计划这一天该怎么度过。"如果你还没有清晰的使命，可以参考表 10-1。

表 10-1　使命清单

很多人认同定期的体检很重要，通常也愿意定期查看自己的财务状况，所以，如果金钱、药物和意义都对一个有使命的人生非常重要，我们可以机智地从金钱和药物世界获得启示，把这种定期的检查运用在第三个维度——意义上，以便让我们的精神（我们的使命感）保持健康。

请认真地阅读每个句子，并花一点时间根据真实的想法来选择一个最能反映这个想法的数字。答案包括以下 4 种：

1. 完全不同意；
2. 比较不同意；
3. 比较同意；
4. 完全同意。

拥有的（外在生活）

· 我从我所拥有的一切中获得了满足感。
· 我以多种方式展现我的创造性。
· 我已经找到了把我的才能贡献给世界的方式。
· 我对未来有一个积极的愿景。
· 我对我的住处感到满意。
· 我的身体精力充沛。
· 我对我的人际关系感到满意。
· 总分

在做的（内心生活）

· 我在做主要决策时都会追随我的使命。

· 当我独处的时候我感到充实。

· 我专心致志，思维清晰。

· 我有面对挫折的勇气。

· 我容易向他人表示同情。

· 我容易原谅他人。

· 我在持续成长和发展。

· 总分

感受（精神生活）

· 我感受到更高层次力量的存在。

· 我有定期的精神活动。

· 当我面对现实世界时，我感到有一点恐惧。

· 我对我的生活很感恩。

· 我在贡献和享受中维持了平衡。

· 我投入时间为他人或世界创造不同。

· 我知道我想给后人留下什么印记。

· 总分

· **使命清单总得分**

解释

拥有的（外在生活）

考察你的外在经历和活动——你在生活中多大程度上涉及了此类选择。

在做的（内心生活）

考察你的内在经历和活动——你在生活中多大程度上涉及了此类选择。

感受（精神生活）

考察你看不见的经历和精神活动——你在生活中多大程度上涉及了此类选择。

分数

你在每部分的得分反映了你在该维度的发展状况。你的使命清单总得分（满分 84 分）反映了你目前在生活中体会到的使命的力量有多强。

资料来源：Used with permission from *The power of Purpose* by Richard J. Leider（Berrett-Koehler, 2010）.

领导力的终极考验：自我实现的成功

经典书《活出生命的意义》（*Man's Search for Meaning*）的作者维克多·弗兰克尔曾说，生命中真正重要的，不是生命整体上的意义，而是一个人的生命在某个具体时刻的具体意义。

当我们在使命的指引下生活，我们不会仅仅被一些外部的欲望——比如金钱或者影响力——所激励。我们拥有内在的激励，就会拥有更好的机会在领导和工作上取得成功。领导力的终极考验是：当我们在现实中回顾往事，取得成就时，我们能否说自己为人们的生活创造了意义。

我们知道，在我们内心，如果我们的工作致力于具体任务，我们可以在回顾往事的时候心怀自豪，因为这是一个人的使命的真正意义，这是终极的价值。

作者简介

理查德·J.莱德是高管教练领域的先行者，多次被《福布斯》和其他媒体评为世界顶级教练之一。他是 Inventure 集团的创始人和总裁，畅销书作者，每年为全世界数千人演讲。他撰写了 8 本书，包括 3 本畅销书。他的著作被翻译成 21 种文字。他所作的《改装你的背包》(*Repacking Your Bags*)、《使命的力量》(*The Power of Purpose*)被评为职业发展领域的经典之作。他是备受称赞的明尼苏达大学精神与治疗中心高级研究员，也是明尼苏达大学卡尔森管理学院的研究员。在专业成就之外，莱德还领导每年一次的东非徒步探险之旅。他坚信每个人生来都带着使命，他致力于做高管教练，以发掘意义的力量。

第 11 章

教练型领导者

詹姆斯·M.库泽斯（James M. Kouzes）

巴里·Z.波斯纳（Barry Z. Posner）

领导力是一种人际关系。这种关系有时是一对多的，有时是一对一的，不管是对一个人的还是对 1 000 个人的，领导力都是那些想要领导他人的人与那些愿意追随的人之间的人际关系。领导的成功、企业的成功和生命的成功，过去是，现在是，将来还是取决于大家一起工作和合作得有多好。领导力是领导者建立和维持人际关系的能力。

关于这个观点，有很翔实的证据。例如，在检验影响大型公司取得成功的前 3 个关键因素时，创新领导力中心（Center for Creative Leadership）的乔迪·泰勒（Jodi Taylor）和他的同事发现，排名第一的因素是"与下属的关系"。克劳迪欧·费恩南德兹·阿奥兹（C.C. Araoz），全球猎头公司亿康先达（Egon Zehnder）的合伙人和执行委员会成员，他对人际关系技巧的重要性有切身的体会。在体会过世界各地的管理层的成功与失败之后，他总结说："情商的严重缺失以令人惊讶的准确度决定了在更高层次上的失败。"我们发现，不仅是在宏观的管理层面，甚至在具体到一件事情的缩微世界，人们的观点也是这样。在一份在线问卷调查中，被调查者需要回答："下列哪项因素对企业未来 5 年的成功更为重要，是网络技能，还是社会技能？" 72% 的人选择了社会技能，只有 28% 的人选择了网络技能。在线投票结果显示，最重要的不是技术的网络，而是人际的网络。

相似的结果在公众联盟（一个致力于培养使社区更强大的年轻领导者的非营利组织）的一项研究中也得出过。公众联盟搜集了 18 ~ 30 岁的人群对领导力的看法。其中一条是一位好的领导者具备哪些品质最重要。结果排在第一位的是"能够从别人的角度看问题"，排在第二位的是"与他人相处良好"。

如今，我们一直被要求学习新的技能，进行更多的冒险，尝试不熟悉的行为。像很多人一样，我们在获得成功之前往往会经历一些失败。这通常会给我们带来很大的压力，让我们很不舒服。除非我们信任那个指导和教练我们的人，否则我们根本不愿意接受挑战。所以，请把那个表情严厉、作风硬朗，总是在向运动员大喊比赛规则的教练形象从你心中永远地抹去吧。它也许可以产生良好的比赛效果，但是绝对无法产生杰出的商业表现。你将得到的是一群士气低落、人心离散的队员，他们更想退出而不是去参加"比赛"。"一对一"的领导情境中，取得成功的关键在于领导者建立一种持久的人际关系的能力。在这种关系中，员工把领导者看成伙伴和模范。换句话说，你不能以自己所处的位置去命令其他人做出最好的表现，或改进他们所做的，你只能以你的一颗火热的心来带领大家做出卓越的成就。

是的，是火热的心。事实证明，好的领导者是用心的领导者。我们在为《激励人心》一书做研究时，就发现了这一点。我们想把其中的一些要点运用到领导者作为教练的角色上。建立和维持一种成功的教练关系需要注意以下 3 点：

（1）建立清晰的标准；

（2）期望最佳表现；

（3）树立榜样。

建立清晰的标准

美国东芝的托尼·科迪安尼对此是这样解释的："我有一种与下属建立个人关系的需要。对我来说，工作和个人生活没有区别。激励来自内心，而不是用脑子想出来的。它必须真诚。"

科迪安尼是那种关爱下属的领导者。他喜欢为他们买礼物，邀请他们坐他的船，为他们做饭。科迪安尼有 19 个堂兄妹，他把他们全都带到了意大利。如果问任何一个与他一起工作过的人，他们都会说喜欢和他在一起。他让他们感觉很好。

但是，不要因为科迪安尼对大家的爱，就误以为他会忘记标准。科迪安尼曾说："我通常对我的下属说，他们必须先掌握这个项目，然后他们才可以自由地去改变它。"在科迪安尼看来，对人们会实现什么有一系列清晰的期望是用心对待他人的一种表现。

激励人心的第一个前提是建立清晰的标准。这里的标准是指目标和价值观，它们与公司对员工的期望有关。价值观是持久的原则，让我们在生活的方方面面都坚持我们的方向。目标是那些比较短期的愿望，为我们提供衡量进步的标尺。

如果人们不相信一件事情，他们就不会投入其中。如果不适合做一件事情，人们就无法充满活力、态度认真地去完成它。做这种事情就像穿着一条太紧的裤子，很不舒服，不仅看起来很别扭，而且感到难受，没办法轻松地走动。

我们从始于 20 世纪 70 年代的研究发现，价值观对人在组织中的行为以及他们怎么看待自己、同事和领导者影响很大。但是，当我们进一步研究个人价值观与组织价值观之间的关系时，我们发现了很有意思的事情。我们发现是个人价值观的清晰度决定了一个人对组织的忠诚度。组织价值观虽有一定影响，但是最终决定个人与组织之间匹配度的是个人价值观。

卓越的教练型领导者会确保工作不是毫无意义的漫步，而是有目的的行动。目标的设定是对人的肯定，同时也对人们看待自己有帮助，不管我们是否意识到这一点。就像芝加哥大学教授米哈伊·奇克森特米哈伊所指出的："我们所追求的目标将会塑造和决定我们即将成为的自我。没有一致的目标，很难发展成一致的自我……个人认可的目标也会决定一个人的自我评估。"

人们需要知道自己是在进步还是在浪费时间。明确目标对此有帮助，但是仅有目标是不够的。因此，卓越的教练型领导者也会提供有建设性的、定期的、准确的反馈。鼓励是反馈的一种。它是一种积极的信息，告诉我们在进步，我们的方向是对的，我们在向目标前进。

鼓励的精彩之处在于，它比其他形式的反馈更个人化。鼓励要求我们走近其他人，显示我们关心其他人，以及我们真的对他人有兴趣。当领导者既提供一种清晰的标准，又提供一种关于人们在向这个标准前进方面做得如何的积极反馈时，他们就能鼓励人们更努力地去创造卓越。

期望最佳表现

成功的领导者对自己和追随者都有很高的期望。"我相信你能做好"

的信条是有力的业绩强化剂。当其他人相信我们时，我们可能会更相信我们自己。过高的期望和过低的期望都会影响他人的表现，但是高期望能够对他人的行为和情感起到积极的影响。最重要的是，只有高期望能够提升业绩。南希·迪沃尔，加利福尼亚 Sunnyvale 社区服务公司（SCS）的执行总监，是实践这个原则的一个典型。她对自己的能力十分自信，也很相信每一位成员和志愿者的能力。迪沃尔最初来到 SCS 公司时，用她的话说，志愿者们都没能充分发挥他们的才能。很多董事会成员和普通职员认为志愿者们没有处理与客户、捐赠者、公司合作伙伴之间的互动关系的能力。迪沃尔却相信他们有这个能力。今天，SCS 公司有很多志愿者都在做以前由全职员工来做的事。事实上，有 700 多位志愿者运营着前端办公室、总部的 3 个食品项目、社区圣诞中心、总部计算机中心和志愿者语言银行。这些全都是由志愿者来管理的。大多数担任领导者的志愿者都超过 65 岁，每年的志愿服务时间在 6 000 ~ 20 000 小时，这让全职员工从每天工作 12 小时减为每天工作 8 小时。不仅如此，SCS 公司成了这个国家唯一没有因为资金耗尽而将有资格的客户排除在外的紧急救援机构。在迪沃尔的领导下，SCS 公司在经济衰退期间以及大多数机构面临严重资金短缺时，仍然为低收入家庭增加了紧急救援资金。

之前的管理者及全职员工，对志愿者做了一种很肯定的假定。他们假定志愿者们既没有足够的动力，也没有足够的经验和技能来承担机构要求的责任。结果，志愿者们大多数只被聘来做一些经验和技能要求很低的工作，承担很小的职责。根本原因是他们没有得到机会去探索和展示他们超出这些微小任务的能力。管理者的成见阻碍了志愿者能力的发挥，而迪沃尔的信念鼓励了同样的一群人去尝试。她把志愿者们放在需要承担责任的位置，给他们提供工作所需要的培训和指导，鼓励他们做到最好。而他们也确实做到了！

　　志愿者们的动力是什么？为什么 SCS 公司在迪沃尔的领导下变化如此之大？关键是她对志愿者的高期望。她的期望为周围的人注入了活力。她预言了他们的成功。

　　对他人能力的信任不仅可以展现在组织环境中，还可以展现在其他任何地方。艾奥瓦州的商人东·本尼特是一个有力的证明。他是截肢者中第一个登上雷尼尔山顶峰的人。他用一条腿和两根拐杖攀登了 14 410 英尺 ①。

　　在攀登过程中有一个艰难地段，本尼特和他的团队必须穿过一个冰冻地带。要想穿过这个冰冻地带，攀登者必须在靴子上套上鞋底钉，以防止滑倒，并把鞋底钉钉进冰中保持身体平衡。而一只脚上套了鞋底钉，挂着两根拐杖的本尼特穿过这个冰冻地带的唯一方法，就是匍匐在冰面上，把自己尽可能地伸长，站起来，再匍匐在冰面上。他打算摔着跤穿过这个冰冻地带。

　　在这段特殊的旅程中，他年少的女儿凯特和他在一起，她看见了她父亲身上发生的一切。当时团队领头人在冰面上挖洞以便本尼特能够滑着雪穿过冰冻地带，凯特则在旁边陪他一起经历了 4 个小时的奋力前进。如本尼特所希望的，凯特在他的耳边大喊："你能做到，爸爸！你是世界上最好的爸爸。你能做到！"

　　本尼特本人给我们讲了这个故事之后，他说："有我女儿在我耳边呼喊这些话，我不可能穿不过这个冰冻地带。你想知道什么是领导力？她所做的就是领导力。"凯特对她爸爸的信赖，以及她在语言上的鼓励触动

---

① 　1 英尺 =0.304 8 米。

了本尼特内心深处的某个地方，增强了他的决心和斗志。

毫不奇怪，当人们向我们讲述一个对他们的生活影响重大的领导者的故事时，他们讲的通常是那些信任他们，鼓励他们超越自我、发挥自己最大力量的人，是那些鼓励他们自信，使他们能够做比他们最初预想的更多事情的人。

我们内心的想法和信念是无形的。它们没法称重，或者像原料和成品那样被测量。但是，不管能不能看见、能不能测量，它们都对我们周围的人有极大的影响。卓越的领导者知道这一点，并且会有目的地在心中保持对他们自己和其他人的高期望。

树立榜样

在和克里斯汀·童格一起做的研究中，我们发现与领导者的教练效果最为相关的因素是"对关系的投资"（这是"领导力是一种人际关系"方面的又一发现）。并且，在所有衡量领导者教练行为的条目中，与成功最相关的是"这个人体现了我所钦佩的个性品质和价值观"。

在我们对人们所期待和欣赏的领导者特质的研究中，我们一次又一次地发现，人们最想要的是一位可信的领导者。信誉是领导力的基石。

人们想要信任他们的领导者。他们希望领导者的话是可信的，而且领导者要言出必行。我们发现，领导者的个人信誉对员工业绩和组织忠诚度有很大的影响。一个团队的忠诚度、投入度、活力、盈利能力、产量以及其他成果，都与领导者的信誉密切相关。我们的结论在很长时间里都保持高度一致，因此我们把这一点定位为领导力的第一法则："如果你不相信传达信息的人，你就不会相信他所传达的信息。"

那么，信誉该怎么定义？它在行为上的体现是什么？当你看见它的时候你怎么知道是它？当我们问人们这些问题时，他们常常回答："说到做到。"

要判断一位领导者是否可信，人们听其言，观其行。他们会衡量其中的一致性。可信的一个判断标准就是言行是否一致。如果人们没有看到一致性，他们会得出结论——这位领导者对所说的话不认真。追随者会被领导者的行动所影响。行动是一位领导者的信誉的证明。

这一点一再被证明。在任何地方，如果你发现一种建立在坚固的价值观基础上的牢固文化，不管这个价值观是关于更好的质量、创新、良好的顾客服务、别出心裁的设计、对他人的尊重，还是一般的欢乐，你将发现无数践行这一价值观的领导者的例子。

特里·萨哈特——珀金埃尔默公司应用生物系统部门的客户服务经理体会到，这一点是多么重要，即使在只提供无形奖励的情况下。萨哈特当时正在寻找增加与员工做支持性谈话次数的方法。很幸运，她关于提高个人参与度的决定正好与年度职工股权分配保持了一致。在应用生物系统部门，就像在很多高科技公司一样，如果这一年业绩很好，员工常常会获得一些股权。因为应用生物系统部门在过去几年有接近 20% 的业绩增长，所以股权分配时不时会发生。

在过去几年，萨哈特会从她的经理那里获得股权，然后她会把股权分配给她的直接下属，并让他们继续分配给他们的下属。1998 年，她决定采用一种不同的策略。她想直接感谢做出贡献的人，于是她询问她的直接下属，他们是否介意她与每一位将要获得股权的员工直接见面。她的下属觉得这是一个很好的主意。

"我为每个人负责的具体项目和他们所做的工作单个地感谢他们。"萨哈特说，"员工们都很惊讶我居然会真的从我忙碌的日程中抽出时间，和他们每个人单独坐在一起，喝一杯咖啡，讨论他们的成绩。我的一位管理者后来告诉我，比起股权，员工更感激我和他一起度过的时间。"我们在研究中经常发现，个人时间是最珍贵的礼物。

萨哈特也告诉我们："是那些很小的事情引起了很大的不同。"这是关键所在。鼓舞人心不需要通过庞大的计划去树立榜样，不需要很高的预算，不需要心理疗法，不需要领导者的授权，需要的是领导者带头，做一个好的模范。这一点必须被有意识地优先安排。

关于关心

在把你自己发展成一位卓越的教练型领导者的历程中，有一个基本的问题是你一定要面对的：你有多关心你的下属？

现在我们猜测你很关心。如果你不关心，你就不会读本书和这一章。但是这个问题你必须每天去面对，因为当你在内心真的关心下属的时候，我们所描述的这些方法会作为你关心的真诚表达自然呈现出来。如果你内心根本不关心，那么人们就会看出这些方法不过是些"计谋"，你会被看作一个虚伪的人。关于人类行为有一条古老的定律，就是我们倾向于反射我们周围的人。如果我们在伤心的人周围，我们自己也会伤心。在我们心情黯淡时走进一个活力四射的房间，我们的活力也会被释放出来。把自己放在一个教练对象的位置，想象你每一天都和一位垂头丧气、消极、悲观的领导者在一起，这是多么令人沮丧的事情。

但是如果你进入一个房间，里面全是乐观且支持、欣赏他人的充满激情的人，那是什么情境？你很可能会情绪高涨起来，对不对？我们大多喜欢待在积极的人周围。同时，研究者发现，积极、充满希望、乐观的人，相比消极的人，一生中的成就更大，感受到的个人或者专业上的成功也更多。

作为领导者，你定下了基调。当你成为一名教练型领导者时，你只有建立起清晰的标准，并表现出对那些标准能够实现的强烈信念，还要以行为展示你在实践你所宣扬的理念，你组织中的人才能够茁壮成长。

当你把这 3 个关键点融入你的日常实践中以后，你将大声地、清晰地沟通这个信息："我关心你。我关心你的未来。我关心你的成长。我的到来是为了创造一种你可以茁壮成长、绽放生命的氛围。"不仅其他人会在这种关心的氛围中找到巨大的欢乐和成功，你自己也会。

作者简介

詹姆斯·M. 库泽斯和巴里·Z. 波斯纳是获奖无数的畅销书《领导力挑战》的作者。《领导力挑战》一书印数达到百万册。他们还合著了另外 6 本领导力图书，包括《信誉：领导者如何获得或失去信誉，以及人们为什么要有信誉》《激励人心》《卓越领导力工作手册》等。库泽斯和波斯纳也开发了广受赞誉的领导实践调查问卷，一份关于领导行为的 360 度评估问卷。

他们被国际管理学会评为 2001 年享有声望的威尔伯米麦克菲力奖的获得者。这个奖项之前的获得者有肯·布兰查、斯蒂芬·柯维、彼得·德鲁克、爱德华·德明、弗朗西斯·赫塞尔本、李·艾柯卡、罗斯贝斯·摩斯坎特、诺曼·文森特·皮尔、汤姆·皮得斯。库泽斯和波斯纳曾在各种会议上发表演讲，为全世界几百个组织导入领导力发展体系。

詹姆斯·M. 库泽斯是圣塔克拉拉大学利维商学院创新与企业研究中心的高级研究员。他是一位备受称赞的领导力学者和一位经验丰富的高管，《华尔街日报》把他评为美国公司最受欢迎的 12 位非大学高管教育提供者之一。作为一位受欢迎的研究班和会议演讲者，库泽斯分享了他在领导力实践方面的洞见，帮助个人和组织实现更高的绩效。

巴里·Z. 波斯纳，博士，圣塔克拉拉大学利维商学院院长和领导力教授。此前，他是高管发展中心的合伙人，也曾做过负责管理学院 MBA（Master of Business Administration，工商管理硕士）和未毕业学生项目的副院长。他获得过卓越服务院长奖、总统特殊贡献奖，以及其他很多突出的教学和领导力荣誉。作为一位国际知名的学者和教育者，波斯纳是 100 多篇研究和聚焦于从业者的论文的作者或者合著作者。

第三部分

行为改变所面临的挑战和阻力

在第三部分中，几位作者提出和探讨了几个以往根本不存在而今天却十分流行的话题。在第 12 章中，萨莉·赫尔格森断言，男性和女性可以在一起高效工作，教练可能是让他们和谐相处的关键所在。在第 13 章中，R.罗斯福·托马斯讨论了人们需要相互教练，以及在这个过程中需要考虑的重要因素。在第 14 章中，安娜·贝特森解释了专业教练技术如何帮助企业领导和董事会建立"情境智慧"，帮助他们更高效地判断和响应企业面临的各种商业和经济挑战。第 15 章是南希·J.阿德勒所作的，南希在其中阐明了当前和未来的领导者具备艺术素养的重要性，认为那些在员工中提倡人性化和社会责任的公司将站在创新的前沿，并为他们的团队、顾客以及社区创造巨大的成功。

第 12 章

自我觉察教练

萨莉·赫尔格森（Sally Helgesen）

　　25 年来，我与全球的女性领导者一起工作，发展和磨砺她们的领导技能。我一向致力于帮助女性展现她们的优秀才能，在组织中发挥更大的作用，赢得和影响强大的盟友，建立有力的支持系统，让她们担负起变革的责任，培养出一种更有力、更真诚的领导表现。但最近，也有客户开始让我为职位较高、希望能够与女性（比如女性上司、顾客、客户、董事会成员和合伙人）更有效相处的男性做教练。

　　我对男性客户和女性客户的教练方法有所不同，下面我会详细介绍，但是两者都源于我对 6 本著作进行研究而开发的项目。它们反映了社会、人口、经济和技术的变化如何改变了组织。因而，我和男性客户、女性客户的工作也聚焦于帮助他们摆正自己的位置，在因不断改变而产生的新的条件下，去处理组织未来将要面对的重大战略问题。通用电气公司的董事长兼首席执行官杰夫·伊梅尔特最近预测说，"看到拐点"的能力将是今后一段时间最重要的领导力。我的工作目的就是帮助客户培养"看到拐点"的能力，用敏锐、高超的洞察力来解读不断变化的环境。

教练女性客户

我为女性客户做教练的首要目标是帮助她们在组织战略层面更有影响力。组织的存在是为了高效地开发和分配资源——财务资源、自然资源、人力资源。有战略影响力意味着在关于资源如何产生、利用、配置、分配和运营的重要的决策上有话语权。女性现在活跃在战略决策的执行中，但在制订这些决策方面影响有限。这对她们塑造未来和充分展示她们的天赋产生了限制。

这种限制的源头在哪里？女性又该如何处理它？我发现 3 件事情至关重要。第一，女性必须理解、欣赏、阐明和捍卫她们的愿景——她们看到了什么、注意到了什么，以及她们如何把这些点串成线。第二，女性必须高明地获取支持，让她们的见解被倾听和关注。第三，女性必须培养一种有力、真诚的领导力表现。

愿景

两项主要的国际研究表明，女性在组织战略层面影响力有限，因为女性被认为缺乏远见。我的研究表明，女性实际上有很强的前瞻能力，这源自她们的直觉和同理心。但是，女性经常难以清楚描述她们观点的价值，这是因为她们的知觉方式——观察事物的方式——不同于传统的男性。

在研究《女性的愿景：女性真实的工作能力》时，我和共同撰稿人朱莉·约翰逊发现，男性和女性的注意力通常以相反的方式运行。女性喜欢同时看很多东西，通过广泛扫视整个环境获得信息。男性正好相反，喜欢一次只看一样东西，排除干扰，深入观察。打个比方，女性的注意方式是"雷达"，男性的注意方式则是"激光"。这种区别不仅在我们所做的访谈中有所发现，也被神经系统科学家所做的磁共振成像研究所证明。他们通过观察男性和女性的大脑如何处理信息发现二者观察方式的不同。

很明显，女性的广角注意力在组织需要预见拐点的情境下会成为一种优势。女性要做到这一点，平衡型的注意力是至关重要的。但是因为聚焦型注意力一直以来在组织中占有特殊地位，被看成是一种领导行为，女性的注意力风格通常不被鼓励。我们在为《女性的愿景：女性真实的工作能力》做访谈时，受访女性告诉我们说，当她们分享愿景时，她们被告知"关注的重点不对"；她们经常感到高层不愿意倾听"任何不基于数据的东西"。

当意识到直觉的或者同理心的观察不受重视，女性往往习惯于隐藏自己与生俱来、极富潜力的见解，这既让她们所在的组织错失重要的信息，也削弱了自己做出实际贡献的能力。我们的一位受访者说："工作 6 年后，我的观察能力有点退化了。我习惯了没有人愿意倾听我的想法。"

有 3 个方法可以帮助女性打破这个僵局。第一，教练女性客户时认可、阐明和捍卫她们所见和所注意到的价值，以及她们串点成线的价值，帮助她们理解自己的知觉模式，理解这些与她们组织期望的不同，这只是开始。第二，她们需要学会理解，如何把她们的所见与组织所处的环境的发展联系起来，也就是说，她们必须把自己的所见与组织的未来联系起来。第三，她们需要调整分享观点的方式，让公司高层认识到女性看问题的不同角度而理解她们所说的。这通常要求女性找到一些她觉得很重要但同事们注意不到的细节，在陈述观点前搜集支持性的数据，再事先找上一两位支持者。

获取支持

组织中有 4 种力量：职位权力、个人权威的力量、专业技能的力量和关系的力量。其中，关系的力量最为重要。但是女性往往注重发展她们的专业技能，男性则注重发展成功所需要的关系。我总是看到：女性到了一个新岗位，埋头工作，把所有精力放在完成工作的细节上；而男性到了一个新岗位，立刻开始结交那些能帮助他完成工作的人。

这里有一个奇怪的悖论，其实女性是更善于建立关系的。但是，她们通常不善于利用关系，或者用关系获取利益。女性可能对这种功利性做法是抵触的。即使职位很高的女性也说，如果她们模糊了朋友关系和生意关系的界限，她们会担心被看作"利用别人"。结果，她们把个人关系网与工作关系网区别开来，而且也不把个人关系网纳入支持她们实现更大影响的战略关系网中。

怎样才能改善这种情况呢？首先，女性要避免陷入过度重视专业技能的陷阱。专业技能是领导工作的一个条件，但是专业并不保证有影响力。关键力量来源于有同盟者支持你的事业。女性在识别和培养潜在同盟者（她们可能是朋友，但是未必一定是朋友）上，往往需要帮助。女性需要知道从同盟者身上获得什么以及能够回报同盟者什么。女性可能也需要通过教练认识到，她的同盟者可以从他们的合作中获得什么。这些会消除她对自己像个利用者或者乞讨者的担心，而使她成为真正的领导者。

领导力表现

女性客户经常问我，她们怎样才能表现出更强大的领导力。她们应该在声音、服饰、仪态上有所表现吗？她们在会议中选择坐在哪里是否重要？这些细节很重要，但是我的工作让我确信，建立起强大领导力的关键在于充分展示（fully present）的能力。

在我们一天24小时所处的环境中，充分展示对每个人都是一个挑战。

对高效率的追求让我们总是同时处理多项工作：我们的行动是对外界的被动反应，而不是出于自己的主观意图；我们在完成任务的竞赛中放弃了自己的专注。对女性来说，充分展示更是一个巨大挑战，因为她们一向为自己的多任务处理能力感到自豪，她们雷达般的注意力削弱了她们脚踏实地的能力，而且她们在工作和家庭中总是承担多种责任。

解决方案是什么？什么能帮助女性在高压环境下仍然保持理智？我发现有 3 个有效方法。第一，教练技术可以帮助女性识别和设定领导力表现的界限。这要求为她们的专业技能运用建立准则和流程——什么时候使用专业技能，以及会得到什么回应。我把这称为自己的人力资源部门，只有女性自己了解自己哪方面需要提高，所以她们工作的一部分就是提高好自己的能力去做到这一点。第二，建立现实的预期，在项目之前设定界限，弄清为什么这些是必要的。第三，发展我所说的"更新的节奏"也很重要。每天简单地练习能够使女性充分展示自己而不是受到未展开的事件的支配。

教练男性客户

我为男性客户做教练是最近才有的事。我开始做这方面的教练主要是因为很少有资源能够帮助男性处理如何与女性相处的问题。和我一起工作的大多数男性，在与女性客户、领导和同事打交道的过程中都遇到过挑战。他们意识到与女性和谐共处并共同创造成果的能力在事业上至关重要。他们想做好，但是他们需要帮助。因为不少组织通常按所谓的男性节奏运转，男性的价值观经常被当作准则。结果，男性行为自然而然地引起了女性的不适应。一旦男性知道了怎么回事，他们就知道怎么做了。

识别障碍

2011 年，我对许多男性高管以及教练做了广泛的访谈，目的在于弄清导致男性与女性难以一起和谐工作的原因。这些原因包括：性别吸引，害怕拒绝，担心女性与其他女性谈论自己，女性缺乏竞争优势以及信任问题。这些问题往往根源于强烈的情感或者过去的经历，表现为现实的障碍，但是因为担心政治性错误，男性很少承认或者讨论它们。教练技术可以提供一个坦率讨论这些问题的安全环境，并找出解决它们的方案。

例如，男性经常不信任女性，因为对她们有成见——这就是社会学家所说的"基本归因误差"。这个概念是由马歇尔·戈德史密斯介绍给我的。在表达观点时，女性往往很看重诚实，男性则更看重忠诚。当男性在会议上征求反馈时，女性可能会说："这不是之前让我们陷入困境的那个战略吗？"而男性会说："领导说得好！"

这时，征求反馈的男性会打断女性，把她的话当作证据，认为她没有把他的利益放在心上，不相信她会支持他。或者他会认为，既然她能当着大伙儿的面顶撞他，她就很可能在重要客户面前也这样干，所以不能信任她。他的反应是能理解的，但是这表明他不明白一个事实：从女性的角度，她在会议上所做的正是把他的利益放在第一位的表现。

基本归因误差通常导致男性信任那些不值得信任的女性，而不信任那些值得信任的女性。我拜访过一位男企业家，他在与一位女性市场营销人员一起做业务时遇到了麻烦。此前，他公司的许多女性都让他警惕这个人。他说："我觉得这些女性只是想夺她的位置，所以我才不管这些人说了些什么。我根本想不到她们是在试图帮我——既然我把她们抛在了一边，她们为什么要帮我？我不能理解这些想法来自哪里，我也真的看不懂我雇用的这位女性市场营销人员。她说得天花乱坠，说出了所有我想听的话。"

这位男企业家需要一个方案来帮他认清和克服他把自己的动机投射到女性身上的倾向。这要求他开始以一种设计好的方式来与女性交谈，提取她们谈话中的有用信息，而不是被他所假设的她们的行为动机所蒙蔽。一旦他有了一个"剧本"——一个具体问题的样本，可以帮助他获取准确信息——他就变得善于与持不同价值观的人交谈，并且也让公司其他人看到他的这种技能。这种能力也让他具备更准确的判断能力，去判断什么时候可以相信女性、哪些女性可以相信。

提升

女性的人际网络充满了各类信息的交流——尤其是关于关系的信息。男性知道这一点：他们听老婆与女性朋友讨论私人话题，经常分享一些精确、亲密的细节。这些行为形成了女性联系的主要基础——"关照和交友"反应，进化心理学家所描述的女性管理压力的主要方式。但是，我对男性高管的采访表明，女性的观察力和讨论细节的兴趣会阻碍男性对她们诚实、直接地说话，因为他们想置身于女性的情报网之外。一个更好的方法是把女性的情报网看作一个潜在的优势而不是一个缺点，一种男性可以用来获取支持的资源。

例如，男性咨询顾问注意到在会上女同事的想法被习惯性地忽视，他很奇怪为什么她不反击，然后就决定自己站出来说话。他第二次观察到她被忽视时，他又站出来说，她好像正在贡献一个最佳的想法。他的一些男性同事大吃一惊；他们很少注意到她在场。但是她注意到了，她和其他在场的女性将迅速扩散这些话。咨询顾问很快发现他自己在组织中被看成一位女性拥护者，甚至在海外的办事处也是这样。当一位女员工被任命为他所在部门的总监时，这种光环效应显示了它的用处。从她踏进办公室的第一天开始，他对她来说就是一个值得信任的人。

愿景

男女之间不同的感知模式（如我先前所描述的）会使男性很难理解和欣赏女性潜在的战略贡献能力。女性知道这一点，也对此很敏感。男性经常表现出基本归因误差，但很少注意到这一点。这不仅会削弱男性获得女性信任的能力，也会造成潜在的重要洞察力的缺失。记者汤姆·弗里德曼喜欢引用西门子公司一位高级工程师说的话："如果西门子公司真的知道西门子公司知道什么，我们就会成为地球上最伟大的公司。"组织难以知道自身所知道的事情的一个主要原因在于，女性的观察和见解被忽视了。

在这种情况下该怎么做？我发现有两个方法有效。第一，男性需要了解这种知觉差异的本质，这样可以避免无意识地轻视在不同于他们的视角下产生的观点。如果男性理解以不同的方式获得的信息为什么重要，这将会很有益处。例如，《哈佛商业评论》发表的一份研究报告显示，与传统的观点相反，大画面战略洞见来源于大脑中的同理心和直觉部分，而不是逻辑思考部分。因此，用"我觉得"或者"我发现"这种主观的语言表达的洞察经常是对的，尤其是在对未来的理解和规划上。

第二，男性需要明白该问什么样的问题才能更好地感知到女性的好想法。"可以说说你是怎么一步步得出这个结论的"与"听上去不错，但你的数据在哪里"相比，前者是一个更为有效的回应。支持性证据对决定是否采取行动当然是必要的，但是过早地要求数据，会打断那种看到大的图景所需的讨论。通过改变总是想要对方"说重点"或者"讲结果"的习惯，男性可以大大提升他们与女性和谐相处、共同创造成果的能力，同时增强他们自身预见拐点的能力。

作者简介

萨莉·赫尔格森是一位作家、演讲家、教练，被"雅典娜组织"评为世界第 15 名最有影响力的领导力专家。她的书包括《女性的优势：女性的领导方式》、《无所不包的网络：建立大公司的新结构》（被《华尔街日报》评为最佳领导力书籍之一）、《女性优势：女性的领导力之路》。

第 13 章

授权教练

R. 罗斯福·托马斯（R. Roosevelt Thomas）

我认为授权管理对营造组织氛围是至关重要的，它能保证各类员工都能够充分发挥潜能。我也认为授权教练对授权管理的实施至关重要。本章探讨了授权教练的概念，这与执行教练的概念正好相反。

本章开篇以体育界做类比，简要描述了这两种教练方式之间的差别，然后探讨了授权教练在多元化领域是什么样的，接着检验了使授权教练成为切实可行的选择的条件。本章目的是增进对授权教练的理解，使它更能被多元化领域的教练所接受。

体育竞技场中的教练

执行教练

当执行教练（execution coach）准备一场体育竞赛时，他首先会描述游戏规则并强调执行。他在实际比赛中做了很多工作。他指导和解决问题，为赢得胜利制订方案，并期待方案得到执行。实际上，运动员仿佛是教练个人的延伸。运动员从教练这里得到一个行动方案，然后去执行。

人们经常在大学中看到这种模式，在大学里，教练认为无论正确与否，运动员除了聚焦于执行，对很多事情严重缺乏经验和判断力。因而，比赛往往只是意味着哪个团队执行得更好。如果运动员脱离或者没有严格执行比赛方案，他们就会触怒教练。

曾经，在一场篮球联赛中，教练说在最后一分钟的比赛中，如果合理地执行方案，就可以赢得比赛。教练安排一位球员把球传给指定的人投篮，但是这位球员因为没有看到合适的传球路线，所以自己投篮了，并且令人难以置信地投进了。

他的队友围住他，观众高兴极了，电视摄像头拍到的却是面色阴沉的教练。一位发言人说："教练不高兴是因为球员没有执行他的方案。"这位执行教练没有表扬这位球员的制胜一击。这位球员反而因为自己的思考和临场应变而被责怪——这就是执行教练的工作。事实上，这位球员因为没有执行教练的命令而后悔，而不是庆祝赢得了胜利。

对于执行教练，严格执行才是"成功"。完美的比赛方案加上出色的执行力等于胜利。这个公式使得执行教练经常因为团队的胜利获得不相称的荣誉。

授权教练

授权教练试图赋予球员一种思考比赛情境并且对相应情境做出恰当反应和及时应变的能力。授权教练很少关注获胜方案，更关心获胜准备，把一种思考方式（一种能力）根植在球员脑中。尽管"执行"这个词也会用在这些情境中，但是"应用"或者"利用"这种嵌入的能力才是对授权教练期望的更准确描述。授权教练期望球员利用这种能力，主动思考，积极行动，并且做出必要的应变，因为一切都是动态的。

授权教练最重要的工作是在实际比赛之外培养球员所期望的能力。在比赛中，他们鼓励球员利用这种能力，而不是仅仅为解决问题出谋划策。这种方法与执行教练的方法大有不同。

执行教练认为执行比赛方案是赢得胜利的关键。授权教练认为球员对内在能力的有效应用是赢得胜利的关键，因而他们在比赛过程中不会致力于问题解决和指导。如果执行教练的行为越是必要，授权教练赋予球员能力方面做的工作就显得越不称职。

一个证明授权教练十分必要的极好例子是篮球场上的三角进攻战术。菲尔·杰克逊（Phil Jackson），芝加哥公牛队和洛杉矶湖人队的前首席教练，推广了这个战术。

大多数人认为他的战术很复杂，而且要求球员掌握这个战术。关注细节是重要的，例如，球员相互间的距离。据说，这个战术没有设置既定的打法，只有可选择的打法。对大多数球员来说，角色是可互换的。球员必须看清防守阵势，抓住一切可以利用的机会。

因为这种复杂性，球员必须全神贯注，他们也必须密切关注进攻和相关要求。这必须变成一种思维习惯——一种能力——他们在比赛中会无意识地用到。

要把这种进攻方式嵌入球员的思维中，教练自己必须充分理解并且能清楚解释给球员听。除了进攻战术，教练还必须培养全队的奉献精神，并且帮助全队球员保持头脑清晰，这样球员才能具备三角进攻战术所必需的敏锐注意力。

事实证明，菲尔·杰克逊非常善于保持公牛队和湖人队的奉献精神和注意力。这种奉献精神在拥有数名明星球员的团队中尤为重要。关键是，三角进攻战术在作为整体的优秀球队和最好的球员之间保持了一种平衡。据说，菲尔·杰克逊采取三角进攻战术，是为了避免对方球员集中围攻球队巨星迈克尔·乔丹。

一旦他把这种进攻方式嵌入他的团队中，杰克逊在比赛中就表现得相当低调。有一次，当球场上事态恶化，杰克逊的助手冲着他大喊，让他喊暂停，并做点什么时，杰克逊说："让他们自己解决。"

这就是你所能期望一位授权教练做的，他在比赛前培养能力，在比赛中把球员自我管理看作实现进攻优势的关键。他看到了三角进攻战术作为突破对方防守的解决方案的优势。菲尔·杰克逊提供了一个与执行教练截然不同的例子。

多元化领域的教练

执行教练

在多元化环境中，执行教练似乎占主导地位。每个人围绕某个特定的多元化话题，都希望有类似于"要做的 5 件事情"这样的指导。无论在一对一的教练课程中还是在研讨班中都是如此。研讨班的参与者总是希望获得他们可以带走，第二天就能"照葫芦画瓢"的方法。

实践者需要为不同类型的多元化问题提供"需要做什么"的任务清单，例如，关于性别、代际、职务、收购/兼并，以及消费者多元化的问题。当问题出现时，首席多元化管理官（Chief Diversity Officer，CDO）和其他公司领导者会定期寻找他们能实施的方案。

有时，执行教练会通过榜样人物的最佳实践来证明自己。在这个领域内有过"最佳实践"的领导者会通过一对一的演讲和参与标杆管理研讨班提供教练服务。参与者的收获是可以马上应用的解决方案。

以下 4 种情况使得执行教练对 CDO 和他们所在的组织不再适用。

（1）CDO 可以成为"最佳实践"的专家，即使在理解多元化和多元化管理方面并没有相应的提高。

（2）随着不同的多元化问题变得突出，执行方案的持续累积会成为问题。CDO 会发现自己一直在追问："解决这个问题的最佳实践是什么？"持续跟踪这些方案及理解它们的含义会成为一种挑战。

（3）未获授权的 CDO 很可能也不会授权给他们的组织。CDO 为他们的企业练习多元化管理，这里的困难在于多元化管理不能局限于集体组织，领导者、管理者和贡献者个人也必须参加。这是平权行动和多元化管理之间的主要区别，正是这个区别使得集中的多元化管理不可接受。

（4）"最佳实践"对特定的企业而言未必是最佳的。一种最佳实践适用于一个具备该条件的组织，在另一个组织中未必适用。没有更大的多元化管理背景，CDO 可能在制订解决方案上处于不利位置。

授权教练

正因为这些挑战的存在，我认为，在战略多元化管理方法（Strategic Diversity Management Process ™，SDMP ™）的大背景下，认真从事多元化管理的 CDO 将会从实践授权教练中获益良多。

战略多元化管理方法是一种普适性的能力。在追求支撑首要目标的决策过程中，它是透彻思考各种多元化问题的基础。领导者、管理者和贡献者个人可以应用这种能力来处理传统的多元化问题，以及那些通常不被看作多元化问题的问题，如分权 / 集权收购 / 兼并、功能一体化、改变、创新和思想等。

一个人可以把战略多元化管理方法看作一门手艺，一旦掌握这门手艺就具备了一种新能力，前提是这门手艺可以应用在任何地点、任何情况下的任何问题。作为一门手艺，战略多元化管理方法有概念、原则，有实施、精通和持续改进的要求，有操作标准、艺术特性，以及具体各部分的次级技能。大多数人和组织没法轻易学会这种技能，或者很快地运用它。它不可能在 3 天的研讨班中学会，而是需要花一段时间来理解、运用和确定。

这个过程由 3 个基本元素构成：①普适的概念；②普适的原则；③普适的决策制定框架。

普适的概念如下。

- 多元化兼具任何一种混合体所具备的差异和相似性，以及相关的张力和复杂性的特征。当谈起多元化时，我们指的是一个集体或者某种形式的混合体的一种特征，例如，员工、顾客、供应商、参与收购或兼并的组织、公民、家庭成员等。
- 多元化管理是在一切差异和相似性，以及相关的张力和复杂性中，做出高水平决策的能力。
- 多元化张力是源于各种差异与相似性之间互动与碰撞而产生的压力。
- 多元化挑战描述了在一切差异和相似性，以及相关的张力和复杂性中个人做出高水平决策的困难程度。
- 多元化能力描述了在一切差异和相似性，以及相关的张力和复杂性中个人做出高水平决策的能力。

普适的原则如下。

- 概念清晰且可操作性强。
- 背景很重要。
- 一定受要求驱动（而不是受传统、喜好和便利性驱动）。
- 个人和组织需要多元化管理能力。

• 乐意且必须具备广泛应用所需要的能力。

普适的决策制定过程把战略多元化管理方法的普适性概念和原则融合进了一个方便的应用框架，包括 6 个步骤。

第一步，详细说明背景和总体的"要求"。

第二步，认清混合体的本质和背景。

第三步，评估混合体的张力和复杂性。

第四步，确认混合体的要求。

第五步，确认制订行动计划所必须考虑的组织文化和系统因素。

第六步，制订行动计划。

精通战略多元化管理方法要求具备 3 项基本的多元化管理技能。

（1）认识多元化混合体的能力。每个人只有在认识多元化混合体后，才能使用战略多元化管理方法。因此，这项技能是至关重要的。

（2）确定在某个特定的多元化混合的情况下，是否需要采取行动的能力。世界上存在无数混合体。因此，必须确定哪些混合体在个人或组织方面具有战略层面的重要性，值得优先考虑，哪些混合体相对不那么重要，不需要过多关注。

（3）一旦确定需要行动，就能做出恰当反应的能力。这意味着有能力创造和探索替代性解决方案。

多元化成熟度指的是个人或者组织理解和运用战略多元化管理方法的程度。多元化的成熟的个人有如下特点。

• 了解多元化挑战的存在。
• 认识多元化挑战的成本。

- 承担多元化管理的责任。
- 具备相关背景知识。

  ◆ 个人目标（了解自己）。

  ◆ 组织目标（了解自己所在的组织）。

  ◆ 概念清晰（理解关键的多元化概念和定义）。
- 根据要求行动。

  ◆ 区分喜好、传统、便利性和要求。

  ◆ 在做多元化管理的决定时，要考虑到差异和相似性。
- 挑战传统的智慧。
- 进行持续的学习。
- 处理多元化的动力。

  ◆ 在描述多元化时使用流程框架。

  ◆ 保持合适的多元化张力。
- 有效运用战略多元化管理方法的要素。

多元化的成熟的组织有如下特征。

- 集体认识到多元化挑战的存在。
- 认识多元化挑战的成本。
- 为所有员工提供清晰的概念。
- 确保在计划和实施组织任务时，考虑到对所有关键的多样化混合体的管理。
- 在合适的地方进行文化变革。
- 努力朝"要求驱动"迈进。

- 确保每个人对多元化活力感到舒服。
- 避免落入"感觉良好"的陷阱。
- 确保组织中所有层级的人掌握战略多元化管理方法的决策制定框架。

作为授权教练，我的工作是帮助个人和组织掌握基本的多元化管理技巧并且走向多元化成熟。不用指定任何特定的多元化问题该如何处理，我就能做到这一点。当个人和组织通过理解和练习，在任何地点、任何情况下处理任何多元化问题，都能够高效地运用战略多元化管理方法时，我就成功了，我作为授权教练的工作就完成了。

挑战

一些重要的挑战值得说明。一个可能是个人和组织不一定期望在多元化领域获得授权。有时，他们认为多元化和多元化管理很容易实现，并且不应该过分复杂化。或者，他们看待多元化的视野可能很狭隘，因而不觉得普适性能力有什么必要。另一个可能是他们对行动有强烈的偏见，对概念和原则十分厌恶。

即便在普遍意义上意识到多元化和多元化管理的存在，领导者可能也不愿意投入必要的资源。一般来讲，找个解决方案清单，相较于为了掌握战略多元化管理方法而需要经历的改变而言，成本要低得多。

对其他人来说，即便企业有必要的资源，在组织文化、系统、政策和操作中需要做出改变的程度也可能会令人气馁。领导者很可能不认同加强多元化管理带来的好处，以及承受必要的改变带来的不便。

最后，有的领导者可能不想推进多元化。无论出于什么理由，他们可能对防御性战略感到满意，比如，高效的公关活动和年度培训项目，这些看起来能直接带来进步。这些努力能够传播奉献精神，而不需要花费成本，也不需要组织承受必要的改变带来的不便。

好处

尽管有这些挑战存在，但是好处也是显而易见的。掌握战略多元化管理方法，就具备一种根据需要创造和制定多元化问题解决方案的能力，因而减少了积累解决方案的需求。

当需要做出决策时，遇到问题的个人获得授权去制订合适的行动计划，而不是把每件事都推给 CDO 和其他领导者。

所有这些会让组织具备更高程度的多元化和更好的多元化管理，以及更强的多元化活力，从而为更大的、可持续的发展铺就平台。这会极大地方便 CDO 的工作。

授权教练的可行性

就像人们预期的那样，授权教练技术并不适用于所有的教练情境，尽管许多教练会用到它。关于三角进攻战术和战略多元化管理方法的讨论，可以揭示对授权教练有利的条件。

只要教练所面对的情况有多种——比如多元化或者相反的防御模式，授权教练就会获益。在这些情况下，根据需要创造和定制行动选项的能力会是一个极大的优势，而且消除了收集惯例清单的必要性。

同样，只要成功需要所有成员的共同努力，授权教练就会有用。对菲尔·杰克逊来说，三角进攻战术把所有球员广泛而有意义地团结起来，从而让对方团队很难肆无忌惮地围攻明星球员。与此相似，有了多元化和多元化管理，CDO 会要求高管、经理和贡献者个人积极投入，具有主人翁意识和奉献精神，他们想要营造一个适合所有人的环境。战略多元化管理方法可以在组织上下培育必要的授权精神。

而且，当思考的问题复杂到超出教练的智慧时，授权教练也具有优势。就像在篮球界，采用三角进攻战术可以使打法掌握在球员手中，因为他们身处球场，可能比教练更适合于提醒其他球员——尤其是当制定决策的思路已经嵌入他们脑中的时候。同样，有了战略多元化管理方法，组织中的个人可能因为有必要的视角和信息，比 CDO 和其他领导者处于更好的位置来更快速、更有效地制定决策。

此外，授权教练往往是在把成长看得很重要的地方工作的。在之前引用的例子中，菲尔·杰克逊拒绝暂停把球员从恶化的比赛情况中解救出来，而是选择让他们自己解决。他把球员的成长放在了优先的位置，这对全队在未来比赛中的表现大有益处。与此相似，在组织环境中，管理者可以把授权用作员工提升战略的一部分。

最后，授权教练通过一个嵌入的框架把多样化的球员联结起来。如果这个框架就像三角进攻战术和战略多元化管理方法，为具体要求下的个体差异留有空间，这会让球员之间互相包容，而不用保持不必要的一致。

启动步骤

CDO 和其他高管、经理们可能会疑惑，实行授权教练活动要从哪里开始。第一步是检查你在多元化方面提供的教练类型。如果你通常是给出"要做什么"清单的人，你可能就是执行教练。

第二步要确定一个你能使用的多元化管理的模式。至少，你使用的模式应该提供概念、原则和做决策的框架。在这方面，战略多元化管理方法对我有用。

第三步，你要确保你所在组织的组织文化、人员管理系统和流程会支持授权教练。否则，你很难获得持续的进步。

第四步，准备好做个先驱者。就像我先前指出的，我不认为授权教练在多元化管理领域会普遍流行。你将绘制新的版图。

作者简介

R. 罗斯福·托马斯，博士，过去的 25 年，他在通过多元化管理来最大限度地开发组织和个人的潜能方面，一直处在发展和实施创新概念和战略的前沿。他现在是罗斯福·托马斯咨询和培训公司的首席执行官，以及美国多元化管理学院的发起人。托马斯博士写了 7 本书，他最近的一本著作是《世界级多元化管理：战略路径》（*World Class Diversity Management：a Stratgeic Approach*）。托马斯博士做咨询顾问超过 25 年，曾为许多世界 500 强企业、公司、专业机构、政府、非营利组织和学术机构服务。他经常在全国性会议和行业大会上做公开演讲。他是莫尔豪斯学院（Morehouse College）的秘书长，亚特兰大大学（Atlanta University）商业管理研究生院的院长，哈佛商学院的助理教授和莫尔豪斯学院的教师。另外，托马斯博士被《华尔街日报》评为美国十大咨询师之一，被美国国家人力资源协会选为会员，被《人力资源高管》评为人力资源界最有影响力的人之一。

第 14 章

公司治理教练

安娜·贝特森（Anna Batesen）

本章聚焦于为公司董事会成员提供教练活动的项目。为了帮助公司改善公司绩效、认清商业风险，公司治理教练致力于开发和运用董事会成员的优势来实现组织变革。

公司领导的风暴之海

请想象一下，一位船长在他的拖网渔船的驾驶舱内，一会儿遥望地平线，一会儿看看声呐定位仪，一会儿在甲板上踱步，和他的船员们聊天。他们该在哪儿撒网呢？熟悉的捕鱼点已经枯竭了。他们必须走得更远，进入海洋深处，但是去哪儿呢？这一点很关键，因为燃料价格在那儿摆着。

这不是船长面临的唯一的重要决定。传统的捕鱼方法已经被新的方法取代，渔网网眼变得更小了，把航线上几乎所有的鱼都捕了上来。海洋底部捕捞毁掉了近海渔业，现在就剩下些没人吃的物种。为了填饱肚子，原来的小捕鱼船也被带有卫星定位的现代工业大船取代。当地人在抗议渔业对环境以及垂钓等生活休闲行业的影响。渔船船长试着在商业需求量与当地社区的不同程度的可捕捞量之间寻求平衡，我们可以理解他的处境。

现在想想各行各业的"船长们"，他们也面临着许多类似的挑战。他们往往高居组织的顶层，与其他人隔绝开来，他们依赖被层层权力网过滤后的信息来制定决策。

这些现代公司领导者所处的位置充满多样性和挑战性。他们迫切希望能够高瞻远瞩，认清可能对他们的战略计划产生影响的各种趋势；他们的使命是鼓励大家冒险，并向着创新的方向前进。他们希望能够鼓励大家积极汇报哪里是"渔业"资源丰富的地方，哪里有"暗礁"和危险，可能使他们的"船"被"大海"吞没。他们要以身作则，要让大家看见，并倾听内外部利益相关者的意见，尤其是那些没有投票权的人，他们的观点会挑战那些一味讨好的想法。

新的商业模式必须让组织能力始终与不断发展的战略方向保持一致。就像渔船船长需要了解冷藏技术，这样才能保证捕的鱼到市场上时是新鲜的。21世纪的商业领导者必须了解，他依赖于一个由其他组织组成的网络，他们选择这些组织，在供应链中与其合作，一起把价值传递给终端消费者。如果不把价值传递给消费者，公司就不能为其他利益相关者带来价值。

所有这些必须在一个日前受监管的环境中达到，在这个环境中，关于什么是"好的组织行为"有多种说法。但有一点是相同的，那就是要求聚焦于基调和领导公司日常治理事务，这与过去人们关注的董事会架构和流程是不同的。今天，社会要求公司领导者在做战略决策时，在公司利益和公司责任之间保持平衡。

高层的难处

领导一家公司可能是一件孤独的事。每一个战略决策都可能对整个组织产生潜在的重大影响，而领导者对此负有责任。董事会对这些决策负责也不能消除每个人的责任。无论是不是高管，决策者的责任很清楚，包括法律上、信用上与道德上对公司治理和董事会的责任，也包括对广泛的利益相关者利益的责任。

当越来越多的公司领导者说他们的公司拥有"学习型文化"时，实际上，他们大多只是董事会以下的层级在学习。董事会成员很少定期评估自己战略决策的影响或者反思公司和个人的业绩表现。而且，各行各业的"船长"们没有任期的保障，他们的任期会受不由他们控制的因素所限制。

公司治理的背景

董事会成员的教练项目能够通过认清公司治理的环境、个体需要平衡的多重角色，以及这个层面的复杂动态来实现好的公司治理。改变决策制定过程和行为的潜在影响对整个组织来说可能是巨大的。卓越管理的原则和方法在全世界各有不同，而权力中心也会有集权董事会和分权董事会的不同，这给决策制定带来各种复杂性。因而，认为在一种情况下成功实施的解决方案也适用于另一种情况，这种想法是很幼稚的。

公司治理教练关注的不是一个具体措施，而是促使董事会成员和董事会建立"情境智慧"，提高他们理解组织情境的"丰富画面"（rich picture）的能力，以及帮助他们更好地认识自己和组织的运营环境。

成功的公司领导者把"情境智慧"与自己和董事会成员的优势结合起来，因而能够判断如何合理有效地发挥自身优势。

　　图 14-1 展示了情境智慧四要素模型。战略是组织发展的理想路径；情境包括为了实现战略而要颁布的政策和必须考虑的主要利益相关者；优势是个体可以运用的自然天赋；情境智慧创造"丰富画面"，培养实现个人目标的最佳方式的智慧。

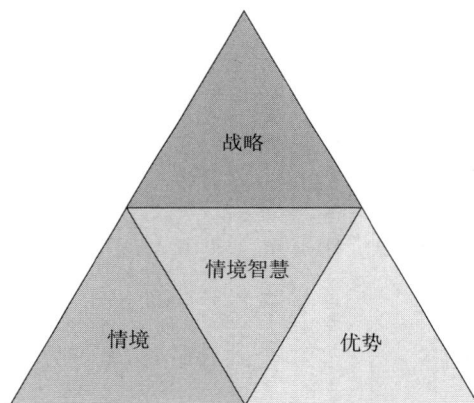

图 14-1　情境智慧四要素模型

资料来源：The Situational Intelligence Tetrad™: The Lyons-Bateson Reference Model @ 2012 Laurence S.Lyons and Anna Bateson. Reproduced with permission. All rights reserved.

　　"丰富画面"由股东、其他有影响的利益相关者的抱负和动机，以及可能发生改变的背景构成。在董事会层面，公司作为一个独立的法律实体，是关键的利益相关者。肩负公司治理责任的公司领导者在制定和实施战略决策时，必须考虑所有利益相关者的观点和期望。利益相关者图谱远比直接交换关系复杂。规范的报告包括对商业、环境和社会的影响，这需要考虑对所有利益相关者的影响。

　　新的供给和需求的产生、日益激烈的竞争，以及复杂的价值链都要求公司领导者跨越地理、性别和时代的边界。看法的多样性与董事会的高效性密不可分。这个逻辑是很清楚的，多样化的董事会更容易认可和理解客户与社区的多样性需求。通过调整董事会构成，建立倾听和表达的氛围，董事会能够做出更好的战略决策，而更好的战略决策能够带来更好的业绩表现，创造更多的股东价值。

如果建立多样化董事会的必要性不存在争议，那么为什么现实中人们往往不这么做呢？多样性的董事会意味着需要倾听反对意见，这可能令人兴奋，但也很有挑战性，逆耳之言常常会让人不舒服。勇敢的公司领导者正邀请"Y世代"进入董事会。"Y世代"成长于数码时代，可以帮助公司领导者理解丰富而鲜活的新知识。他们分享的观点会给所有成员带来价值。董事会因受到挑战而需要采用不同的思考方式，而这些年轻人有机会亲身体验制定和实施战略决策的过程。不管这些机会是否被称作"实习""师带徒"或"董事会的影子"，其好处都是巨大的。

公司治理教练

公司治理教练为有天赋的公司领导者提供既有挑战性，同时也有支持性的服务，以便提高董事会的效率。这项服务是谨慎的，目的是避免对公司面临的重要问题报以"不知道"或者"没有考虑过"的回答，会给公司领导者带来潜在的名誉损害。考虑到大多数领导者日程安排的现实情况，这项服务是适时的、有弹性的。人们希望随时找到他们，以及全球性的紧急联系的挑战，增加了"噪声"，这是为产生对战略决策有指导作用的关键观点必须过滤掉的。

通过提供实体的和虚拟的服务，教练能够帮助公司领导者"过滤噪声"，去关注他们所希望面对的具体挑战、所需要回答的关键问题和可行的替代性战略路径。就像非执行董事给执行董事提供独立的和建设性的挑战，商业教练以一种非直接的方式为公司领导者提供一种思考框架。这种关系为公司领导者反思和回顾自己的抉择提供了时间，避免把未经深入思考的想法付诸行动。

通过清楚地建立和不断回顾公司领导者的教练目标，教练和领导者创建了一张灵活的时间表来为领导者个人和公司传递价值。如果有人问他们从公司治理教练那里能得到什么价值，公司领导者经常会说，在所采取的具体决策和行动以及业绩的提升之间建立直接的联系。

确认需求

高管对公司治理教练的需求，通常与公司变革有关。这包括董事会构成的改变，关键人物调到新岗位，股权结构改变，以及组织战略方向改变。大部分公司的成长战略都会产生这种需要，不管是组织自身的成长，还是通过收购而获得的成长。成长战略也会要求董事会战略能力的成长。

年度董事会回顾会促进整个董事会、专业委员会或董事会成员对公司治理教练的需求。公司经常要求一种服务，把教练对象在一段时间内集合起来，持续 3 ～ 6 个月的时间。尽管在某些情况下，更长的教练关系会更有效果，但频繁的结构化对话往往会被减弱为阶段性战略性绩效反思。

专业的商业教练会避免产生互相依赖的、长期的关系，确保转型问题会被公开讨论。例如，董事会继任计划，这种做法确保客户在各阶段获得合适的人提供的建设性意见，避免"集体思维"带来的风险。

年度董事会回顾中形成的决议一般会覆盖董事会构成、成员、流程和动态。在董事会构成和成员发生改变后，公司往往需要重建董事会的共同目标，讨论所有成员，特别是董事会主席的角色和有效性。公司治理教练能让公司领导者反思董事会各种流程，包括政策的形成、战略决策的制定、风险意识的建立。

选择教练提供方

其他形式的商业教练往往由人力资源部门选定，而公司治理教练的需求和提供方经常由董事会成员自己指定，由董事会秘书处协助。董事会秘书处负责给董事会主席提供公司治理教练目标具体的意见，这些构成董事会工作日程的一部分。这些意见决定了对适合提供这一量身定制服务的教练的选择。为了取得成功，公司治理教练倾向于建立基于相互信任和尊重，而不是相互依赖的商业关系。这种教练服务不是寻求销售的交易行家，或者那些运用一个模型应付所有情况的人可以成功提供的服务。优秀的教练有处理复杂的、现实世界的商业和组织问题以及人际互动的经验。他们恰当地把教练技术、催化技术和咨询能力结合起来。在形成有效的解决方案之前，他们往往会参加一个尽职调查，证明他们有能力为客户创造真正的价值。人们总是很容易低估在客户和教练之间建立共识与互信关系所花的时间及精力。

公司治理教练实务——案例研究

公司

10 年前，两位创业者开始了一次激动人心的创业之旅。他们各自为合作带来了不同的优势，决定建立一家铁路行业的技术咨询公司，专注于为供应链体系的关键决策者提供高水平的战略咨询。他们预期在前 5 年里实现 2 位数的增长，营业额达到 100 万英镑。

人物特征

约翰有决断力、内驱力，果断，关注业务。安迪善于思考，聚焦市场，关注股东利益。他俩在评估战略抉择各方面的风险上正好互补。他们有一系列共同的价值观，这指引着他们的决策和行动：开放地对待新想法并互相分享；保持灵活，随机应变；勤奋而诚实；讲原则，遵循人类理想的价值观，包括公平、诚实、忠诚、互相尊重和关心他人。

公司进程

他们的公司——CDL，在前几年里实现了每年 11% 的增长。第 8 个年头，公司把英格兰东北部的约克郡合并到了到伦敦的办公室一起运营，员工增加到 80 人。随着公司的发展，约翰和安迪意识到应该邀请其他人加入公司董事会，并分享股权。他们投入精力建立了专业的董事会，还任命了非执行主席。

根据一个全球扩张运营的业务增长战略，2009 年，他们在澳大利亚的悉尼建立了全资子公司。CDL 努力让商业模式与公司战略保持一致，以卓越服务和良好的客户关系为基础，致力于建立高端品牌和独特的竞争优势。随着公司的成长，以及全球经济衰退对市场的影响和改变，约翰和安迪意识到需要对商业模式与治理模式做出调整以适应未来。

约翰和安迪明白他们作为创始人，在决定未来方向时面临的挑战和压力。约翰指出，商业教练也许可以帮助他思考公司处境，公司面临的机遇、挑战和可能的选择，以及他自身的理想和动机。他邀请安迪参加商业教练活动，在几次讨论之后，他们就日程和目标达成了共识。他们把这个意向告诉了所有董事会成员，强调他们作为创始人、主要股东、业务负责人需要重新思考公司的发展。所有的商业教练活动都确认在这些不同且相互冲突的角色之间取得平衡是一种公司治理的挑战。这些讨论同时强调了在这个过程中，处理与各个股东利益相关的事宜。

教练过程

在 7 个多月的时间里，安迪和约翰与教练定期会面，参加正式的商业教练课程。这些会面在远离办公室压力的地方进行，时间安排尽量免受业务经营和国内国际旅行的打扰。很明显他们重视这次教练过程，积极参加。一场生动的商业教练课程持续下来，在整个过程中吸引了他们的注意力。在正式的教练活动之间，教练提供了有效的支持，约翰和安迪也以战略决策者及实际运营者的身份进行非正式的会晤。在中期评估中，效果显现出来了，并且在这个过程中对一直以来的记录做了些修改。

商业教练课程提供了一个安全的环境来讨论困难的问题。公司治理背景提供了挑战已有认知，并确保以健康和严肃的方式探讨战略决策的建设性方式。

结果

在 CDL 董事会所探讨的战略选择中，包括有很多公司有兴趣收购该公司。其中之一是全球咨询机构 GHD，该公司想要建立一家英国 / 欧洲运输公司，构建全球的地区办事处网络，这笔交易在 2011 年 7 月 1 日完成。

约翰和安迪参与的商业教练活动帮助他们对公司的各种战略选择以及他们作为创始人和主要股东的愿望做了严格的评估。这笔交易代表了两家公司之间的文化适应性，也体现了 GHD 的团队合作精神、相互尊重和正直的价值观。两位创始人和 CDL 的其他主管将担任新的角色，保证他们的价值观会被保留下来，并在公司转型的过程中继续加强。

价值观

约翰和安迪在商业教练过程中清楚地阐述了他们与公司的价值观，

并说道："这次投入，我们收获良多！"

通过在教练过程中在关键点提出关键问题，教练让约翰和安迪很好地理解并证实了公司真正的价值观，并更清楚地阐述他们对保留和实现这些价值观的愿望。"它给予我们时间去讨论和思考重要的问题并且让我们团结起来。一旦我们团结起来，我们就可以用一种共同语言来对外对话。"

商业教练过程基于相互的信任和尊重。"它带我们走上情感和心灵的旅程。我们不得不勇敢和开放。它带给我们新的视角，并提醒我们认识到自身的不同优势和角色。当这样做时，你需要打开思路。这里没有清楚的路线，时间是唯一的问题，我希望我们在不久之后再次开始这样的旅程。"

作者简介

安娜·贝特森为需要领导战略变革和实现良好公司治理的董事会成员和公司高管担任教练。她被公司界誉为"技艺精湛的炼金术士"。她与大家分享在国际公司（包括普华永道和英国航空）从事领导和咨询 40 年而积累的实用见解。作为《特许秘书》（*Chartered Secretary*）的专栏作家，以及董事会协会（The Institute of Directors）的战略联盟者，安娜参与设计、开发和实施了一系列解决公司治理挑战及实现董事会专业化的计划。

通过商业咨询，与全球思想先驱劳伦斯·莱昂斯博士一起，安娜围绕人的发展以及"情境智慧"的运用开展研究、教练和咨询。安娜在布鲁内尔大学获得 MBA，是"亨利未来工作论坛"的创建者之一。

第 15 章

领导力洞察：超越乏味的管理语言 ①

南希·J. 阿德勒（Nancy J. Adler）

灵魂……从来不会脱离画面去思考。

——亚里士多德

在全世界，现在每晚有 8 亿人饿着肚子睡觉，其中超过 3 亿人是儿童。每 3.6 秒，就有一个人死于饥饿。大多数公司认为这些贫困问题属于社会问题，不关自己的事。它们没有把超过 30 亿人每天依靠 2 美元活着看作一个机遇，也完全无视他们成为潜在市场的可能性。秉持错误的权衡观念，无形中让大多数管理者陷入盲目的假定，认为做善事会妨碍公司以及高管发挥获得优秀业绩的能力。大多数管理人员错误地假定，他们的公司越关注社会慈善事业，财务业绩就会越糟。20 世纪末期，企业广泛接受了慷慨和同情对企业无益的错误观点（见图 15-1）。

---

① 这篇文章最早发表在《企业战略》期刊第 31 卷第 4 期，90 ~ 99 页。

```
┌─────────────────────────────────────┐
│        战略 VS. 慈善：极大的错觉        │
│  ←─────────────────────────────────→  │
│  做善事                        业绩好  │
└─────────────────────────────────────┘
```

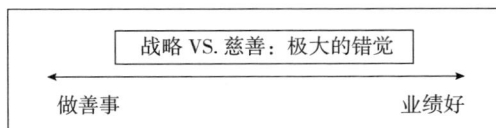

图 15-1　战略 VS. 慈善：极大的错觉

　　但是，在 21 世纪初期，全球企业战略专家加里·哈默尔说，为数不多但正在增加的企业高管不仅开始认识到，而且开始实践（见图 15-2）。

　　我们所需的经济不仅要用手或者用脑，更要用心。应该让每位员工感到他正在参与一件为顾客和同事的生活带来真实的、积极的影响的事。对很多员工来讲，情感资产回报几乎是零。除了职业生涯的成功，他们没有什么可以为之奋斗的。为什么我们人性的本质——渴望超越自己、感动他人、做一些意义重大的事、让世界变得更美好，常常在工作中被否定呢？……要在 21 世纪获得成功……公司必须给员工一个理由，让他们在工作中充分发挥他们人性的光辉。

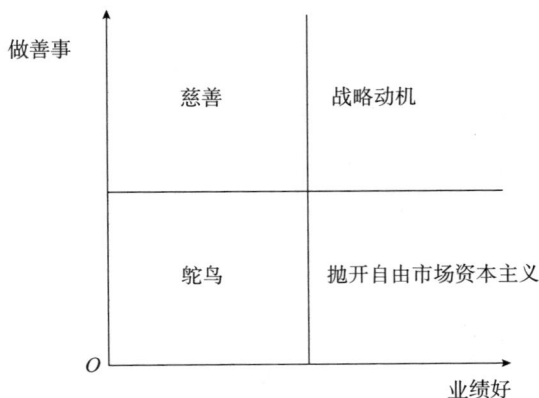

做善事

| 慈善 | 战略动机 |
| 鸵鸟 | 抛开自由市场资本主义 |

O 　　　　　　　　　　　业绩好

图 15-2　通过做善事实现优良业绩：21 世纪的战略成功

2002 年，里克·沃伦的书《标杆人生》(*The Purpose-Driven Life*)是一本畅销书，书中同样反思了人类想让世界变得更好的愿望。《标杆人生》没有一处说高管可以超脱人类对目标和意义的渴求。哈默尔是一位企业战略家，不是一位理论家。他提醒企业家，上帝让游荡的以色列人在 7 天里休息一天，但是上帝没有"规定其他 6 天必须意义空虚"。哈默尔让高管们信奉"一个理由，而不是一项任务……没有一个超越现实的目的，人们会缺少勇气"。高管们需要超越常规，不断创新。"勇气……不是来源于'改变是好的'之类的古老信条，而是来源于对一个完全值得的理由的奉献。"

可能的领导方式

当你停止梦想时，你也停止了生活。

——《福布斯》，马尔科姆·福布斯

21 世纪社会渴望一种可能的领导方式，一种基于希望、理想、智慧和创新的领导方式，而不是基于对实用性有限的历史模式的复制。可喜的是，这样一种领导方式如今是可能的，尽管很稀有。历史上第一次，领导者可以根据自己的理想和想象，而不是过去的经验来工作。领导者所能想象的与他们所能实现的之间的差距从没这么小过。

设计值得实施的战略，需要更多艺术家和艺术领域的灵感、见解和创意，而不是管理领域的。为了迎接 21 世纪的挑战，我们越来越需要艺术家的想象力来共同创造世界上最好的方法和最有效的解决方案。

在组织中，有一个好的理由，鼓励我们的艺术创造力。一直以来，组织都不欢迎甚至害怕这种艺术创造力。艺术家的绘画、雕刻或者写作，不仅是为当代人，也为未来的人。人们常说一位好的艺术家要领先时代50～100年……艺术家……必须……在所有证据充分显现之前描绘这个新世界。他们必须依赖于……他们基于直觉的想象力，描绘出当前处在萌芽状态而在他们的艺术创作之后才会开花的事物。领导者……必须了解同样的艺术原理，必须学会回应或者构思与世界发展方向一致的事情，而不用等到所有证据都显现出来。等待所有的证据，最后只能等来竞争对手领先创造的产品。

在 21 世纪，领导者不仅需要创造性，也需要有预测、想象和个人意义构建而不是基于传统经验的方法，不管传统的方法有多少奇思妙想。为了适应 21 世纪需要的领导方式，管理者们必须运用他们内心深处的个人远见、想象和智慧。

领导力洞察：通过反思寻找智慧

当我们像蜜蜂般繁忙时……我们没有时间发现我们是否正在走向离我们最近的悬崖。如果我们作为领导者要认真对待"我们是谁"的问题……，我们所有人都必须面对办公室内的沉静和沉思的问题。

2500 多年前，孔子劝告领导者通过反思寻找远见和智慧，而不是简单通过在经验和模仿中学习。哈佛大学教授霍华德·加德纳 1995 年的研究证实了孔子的观点。日常反思（reflection）是将卓越领导者

与普通领导者区分开来的三大核心能力之一，另外两种能力是利用
（leveraging）和架构（framing）。管理学大师彼得·德鲁克（1999）和
许多管理学家都认同日常反思的重要性（见洛尔和施瓦茨 2001 年发表
在《哈佛商业评论》上的文章和帕尔默 2000 年的文章《从内心领导》）。
即使有这么多关于定期进行个人反思和意义构建的告诫，管理者和领导
者也往往聚焦于行动而不是反思。大多数经理人几乎没有时间进行反
思。他们大多处在怀特所说的"像蜜蜂般繁忙"的状态。

鼓励是重要的领导方式

真正的激进是让希望成为可能。

——洛文斯

在 21 世纪，要提高领导力，管理者们需要做些什么？高管们怎样才
能具有远见卓识和实施重要的开创性工作？根据孔子的智慧和加德纳的
研究，以及全世界几百个经理人的渴望和经验，很显然今天的领导者需
要做以下事情。

- 反思——通过沉思，变得更有智慧。
- 获得洞察力——获得实事求是地看待问题的勇气，而不是继续依赖
  同事、媒体和广泛文化所传递的假象。
- 渴望令人激动的可能性——展望卓越的未来画面，深入想象自己和
  他人的希望、理想和创造力。
- 鼓舞他人——鼓舞他人超越眼前的现实，想象各种可能性。

基于这 4 项基本的领导力，得益于艺术传统的启发，我们开办了一本杂志，它具有巨大的实践价值，将成为其他杂志的榜样。《领导力洞察》这本杂志为管理者和他们的公司制定和实施战略的能力提供支持，这些战略会通过对世界产生积极的影响而带来出色的财务业绩。结合图画、全世界领导者的见解、反思性问题，以及最重要的空白页，该杂志把经理人从繁杂的工作中解救出来，让他们更深刻地去思考他们对世界的实际影响和潜在影响。通过反复介绍日常反思练习，这本杂志为领导者提供了变得智慧所需要的安静和沉思。

反思：回到你的独特视角

做人就是发现我们名字背后的自己。

——大卫·克里格

所有真正的领导者都要从回到自身开始。空白页是该杂志对读者的直接邀请，邀请大家把时间花在安静地回想自己的思维方式上。这要求我们认真对待自己，就像对待我们所景仰的人一样。不要只是倾听、阅读和重复其他人所说的。尊重你自己的思维方式、理念、想法、感受和梦想，就像你对待世界上最受尊重的领导者那样。真正的领导者，无论在艺术、企业、政府、科学还是军事领域，都通过他们自己的眼睛、自己的价值观和自己的梦想来看待世界。

《领导力洞察》这本杂志就像是社会集体偏见的解药。它阻拦了媒体、政客和每个组织的文化强加给我们的看待世界的方式。空白页告诫我们每个人，不要被别人的观点误导，要自己去感受世界。在决定主要讲法语的魁北克是否要脱离加拿大的最后一次投票之前，管理大师亨利·明茨伯格呼吁他的同胞："关掉收音机和电视机，打开窗户。看着外面，用你自己的眼睛看看魁北克说英语和说法语的孩子有没有在一起玩？他们是否相互邀请对方到自己家做客？我们是否在一起工作？是的！说法语的和说英语的魁北克人相处不好，这是政治家想要分裂加拿大的假象而不是现实。"不要相信假象。

《领导力洞察》有的意象比较明显，有的比较微妙。空白页表示直接邀请经理人回归自身，而封面设计的象征意义则比较含蓄。这个设计是从一些名字（我朋友、家人、同事的名字）中产生的。每个名字都是个人化的，每本杂志也是个体化的。就像空白页一样，每个名字都邀请他本人记录下他自己而不是他人的观点。要有勇气在合适的时候去表达。对于意义型领导者，自己的理解是至关重要的。为了支持领导者表达他们的独特观点，我们让每个人回答的问题有："如果现在以你自己的声音表达，你最想说什么？对谁说？以什么语气说？"

在邀请每个人了解自己的独特声音的同时，杂志从不尊奉任何人为领导者。封面上的名字来自世界各地。当你拿起杂志时，你被邀请加入一个全球领导者的团体，而不是被鼓励成为它的领导者。作为领导者，你的声音是独特的，但总是嵌入全球影响力网络中。当你的观点植根于全球影响力网络独特的文化、民族、种族、地理和专业的经验中，你的观点就会是独特的、具体的、本土化的。全球各地视角集合起来就是全球性的。21世纪的领导力要靠全球领导者网络创建，而不是靠某一个人创建，不管他有多能干、多强大。

智慧的源泉

我们站在巨人的肩膀上。

——牛顿

　　每一个对世界做出重大贡献的人都是深刻了解他的根的人。作为领导者，不深刻理解自己的个人历史和文化历史，很难提供一个愿景或一种新想法。当牛顿宣布"我们站在巨人的肩膀上"时，他知道过去世世代代的领导者支持着我们每个人学会看到真相、听到真相，并说出真相。没有根基，就没有领导力。

　　除了封面上的名字，《领导力洞察》这本杂志通篇是各个国家、各个专业、各个时代的女性和男性手写的见解，他们给予我们作为领导者的根。举例如下。

　　伯克希尔·哈撒韦公司的 CEO 沃伦·巴菲特说：

　　我不是一个商人，我是一个艺术家。

　　前联合国秘书长科菲·安南说：

　　让我们把市场的力量与人类理想的权威结合起来。
　　让我们把私营企业的创造性力量与弱势群体和未来世代的需要结合起来。

　　VISA 公司的创建者和 CEO 迪伊·霍克说：

不能实现所有的梦想不是失败；不能梦想所有实现的可能才是失败。

此外还有时任佳能公司的会长贺来龙三郎的反思：

简单地说，如果地球没有未来，全球性企业就没有未来。

每位领导者的反思促使我们更广泛地思考我们的处境。《领导力洞察》这本杂志中领导者手写的反思紧挨着你自己手写的反思，代表这些卓越的人邀请你加入塑造了全球经济和社会的领导者的行列。美国前国务卿马德琳·奥尔布赖特在哈佛大学毕业典礼上生动地说道："我们对这个时代负有责任，就如同其他人在他们的时代负有责任一样，不要变成历史的囚徒，而要去创造历史。"奥尔布赖特没有将我们排除在塑造历史的邀请和责任之外。而且在我们安静的个人反思中，我们知道，世界上没有更聪明、更智慧或者更有担当的组织会为我们负责所有事情。

描绘领导力：超越乏味的管理语言

让我们做我们所热爱的事情。

——鲁米

《领导力洞察》这本杂志除了空白页、领导者见解和封面上的名字之外，还有一系列图画，每个都邀请你做形象化思考，在一个新的视角下看待这个世界。尝试你自己的形象化思考。想一想过去 100 年里引人注目的画面——你清楚记得的世界历史上重要时刻的画面。你可能会想到登月的画面，或者你的第一个孩子出生时的画面。从你选择的这些画面中，你得到的启示是什么？

现在请您想想过去 10 年你所在的组织的历史。让你印象最深刻的独特时刻的画面是什么？领导力在帮助创造这每一个时刻的过程中扮演了什么角色？

现在请想想过去这一年。哪两三个画面展现了你领导力的最佳表现？你能从这些独特的个人贡献时刻学到什么（罗伯特，2005）？怎样在明年创造同样辉煌的时刻？不管我们是否了解这个过程，我们都能形象化地思考。这些我们记住的画面为我们对世界以及我们在世界中的角色的理解赋予了意义。与我们对这些重要事件的记忆相同，杂志中的画面提供了整体的图像，包括全球的和地方的，整体的和部分的，而其他图画只揭示碎片式的细节。

艺术家并不总是期望去创造美好的作品。这本杂志中包含的图画都是被有目的地挑选出来，用来激发美感的。即使是在世界历史上最具挑战性的时代，前美国第一夫人埃莉诺·罗斯福也反复提醒人们："未来属于相信美好梦想的人。"这些图画提供了一条迈向美好的路，这种美好是我们在我们的领导力、我们的生命、我们的梦想中所渴望的。

在尝试改变组织和社会的过程中，两种观点相反的方法引领着领导者。其中一种是问题聚焦型方法。企业和组织是通过发现运营问题，然后解决问题来获得进步的。与聚焦于弱点和问题不同，另一种方法关注的是扩大和利用力量。美不是"需要解决的问题"。通过反思美好的事物，杂志中的图画唤起人们（或者组织）的力量和梦想。因而这些图画可以支持领导者努力做到最好——用他们的力量和抱负来指导他们的组织，以及引导他们对更广大的社会做出贡献。美既不是修复问题，也不

是满足于"足够好",而在于我们和社会达到最好。把两种方法结合到一起,未来学家巴克敏斯特·富勒说道:

当我解决问题的时候,我从不考虑美好,我只考虑如何解决问题。但是当我完成后,如果解决方案不完美,我就知道它是错的。

杂志中图画的顺序是经过精心编排的,以帮助领导者进行反思。当你打开杂志,看到的第一张图画是令人愉快的向日葵,有明快的红色、黄色和橙色,生机勃勃的能量足以把大多数领导者从每天繁忙的工作中唤醒。杂志后面部分的图画变得更安静、更柔和,体现出从高能量的活动到反思性的安静之间的转变。当你翻到最后一张图画时,上面画着一个悬在空中的月亮,下面是宁静的蓝色风景。这种风景只有在你脱离工作的喧嚣和忙碌,回到反思的平和与宁静时才能理解。

每张图画都邀请读者超越乏味的管理语言,回到更丰富的领导画面。杂志中的图画都是用基于水的材料(水彩和墨水)创作的。因为是基于水的材料,它们象征性地带来水——带来生命,带给一个人生命的方方面面,带给变得干枯、机械因而缺乏生命力的领导力领域。在反思的时候问问自己,是什么把生命(水)带入你干涸的领导力领域的?

静物:驻足反思的邀请

有的门只能从内部打开。

——古代西方谚语

在视觉艺术中，有一个描绘静物的传统。说到静物，人们通常想到在一张古老的画布上画着精心摆放的水果或者花朵。要想真正看到这些图画的内涵，我们需要让心静下来。我们不能跳着阅读一张图画，我们必须停下来，细细去看。它是全新的。我们能看到什么？这让我们感觉怎么样？它在我们脑海中唤起什么画面？《领导力洞察》这本杂志邀请我们进入艺术的传统，并让我们的人生安静下来。

当我们慢下来时，这些图画会鼓励我们注意我们的周围——我们生活和领导的背景，鼓励我们将多任务工作停下来，简单专注于真正对我们影响最大的事情。如果不阶段性地停止多任务工作，我们就不可能获得领导力所需的视角。

耶鲁大学的实验展示了观察画面对专业能力提升的支持作用。耶鲁大学实验性地把一门艺术历史课加入医学专业学生的课表中。当学生们看了课上展示的图画以后，他们的诊断技能显著提高了。看这些图画让内科医生们更为精确地看待病人（和世界），教他们欣赏多种视角，同时不放过各个细节，教他们对"不知道"更加泰然（管理者经常把这看作折磨人的含糊话语），精确诊断病人的疾病而不是仅根据初步的、表面的症状过早地开个处方。医学院的领导很意外，看图竟然能显著地帮助医生拯救生命。

请花几分钟试一下，让你的快节奏生活慢下来。从杂志中选择一幅图画，或者选择你自己收集的图画，不间断地看它 35 分钟。当你停止多任务工作，集中注意力看一幅图画时，注意一下你的观察、见解和体会有什么变化。然后问问自己：你能够给自己多少这种不被打扰的时间和注意力？你的生命中什么值得给予这种关注？你的领导力中什么值得这种关注？世界上什么值得这种关注？如果你在日常生活中，把这种关注给予与你一起工作的人和对你最重要的挑战、目标、人、梦想，你的领导力会是什么样的？

一家大型营养公司的高管团队最近聚集在蒙特利尔商讨全球战略，以便帮助他们实现更好的业绩。在探讨了一系列的战略方案后，这群极具竞争力和效率的高管选择花时间去想，什么东西对他们最重要。他们问自己：什么最能激发他们为这家公司工作？早上是什么支撑他们起床，并渴望开始新一天的工作？

他们与全球同事分享了他们的个人反思后，一个重要的问题出现了。大多数人表示，他们不再急切地渴望开始新一天的工作。他们表示，增加的利润和挑战都不再令人兴奋。面对激情的减少，他们开始回忆最初为什么要加入这家公司，而不是别的行业的其他公司。他们回想起他们的愿望是加入一家帮助他人过更健康生活的公司。

随着高管们从个人反思回到公司战略的讨论，他们几乎立即达成了一个令所有人兴奋的想法：成立一家企业，给世界上最穷的人提供基本的营养物，从非洲农村开始——这是他们之前从未考虑的客户群。在这个想法产生后，高管们很快制定了让公司的产品到达非洲新市场并且实现赢利的创新的市场、生产和销售流程。该计划最激动人心的部分（除了这是一个优秀的创业计划之外）在于，高管们如果不停下来反思他们的核心价值观和理想，以及他们对这家公司的集体梦想，这个计划就不会产生。

西班牙艺术家巴勃罗·毕加索是立体画派的奠基人。立体绘画是一种多角度绘画方法，它的出现比今天领导者需要多角度看世界的时代早一个世纪。他把绘画看作另一种形式的期刊。我第一次带领一群全球高管去参观立体画派绘画展览，是奥斯陆3天会议的最后一个环节。这个会议设计的目的是将公司最近的一系列跨洲的并购，整合进公司的整体战略中。站在艺术馆的立体画派画廊里，一位 CEO 惊讶地发现，立体画派准确地捕捉到了他认为公司在从欧洲公司转变为全球公司的过程中最需要的视角。立体画派出现之前，艺术家一致使用单点视角——就好像只有一位观众站在某个特定的位置看画。而立体画派以一幅画里的多点视角来呈现同样的画面。这位 CEO 看到立体画派的画以后，意识到他的公司只有从多民族和文化的视角全局性地看全球市场、全球竞争者，才能从他们最近对亚洲、南美洲、北美洲的并购中获益。就像基本的立体画派绘画，其竞争优势在于从对事物的多个分散视角中创造协同。随着这家全球性公司的持续成长，他们越来越善于处理全球高管和分公司的不同观点，不断在行业内获得成功。

《领导力洞察》这本杂志中的图画被挑选出来支持全球管理者反思他们最好的自己和最好的领导经历，鼓励他们欣然接受这些反思带来的模糊和不确定。就像世界知名的澳大利亚艺术评论家罗伯特·休斯强调的，越伟大的领导者，越伟大的艺术家，其疑惑也越大。绝对的自信只是对不聪明的人的一种安慰奖。全球领导力要求领导者具有差异，并且在差异的基础上建立文化协同的而不是全球一体化的能力。

回到现实：提出正确的问题

现在，我们能做任何事，但我们到底想做什么呢？

——布鲁斯玛

一个好问题往往会改变我们看待世界的方式。它引导我们关注什么、忽视什么，这是一种重视什么、忽视什么的模式。在《领导力洞察》这本杂志中，以下问题启发了领导者拓展视角。

- 为了让世界变得更美好，今年你最想做什么？
- 人们为什么愿意被你领导？
- 你和谁进行过重要的谈话？
- 在你的工作关系中，你遇到的最难处理的事情是什么？在你的职业生涯中呢？在你的生活中呢？

因为这本杂志中的每个问题都印在半透明的纸上，它们引导我们通过这些问题看待世界，从而改变我们对现实的看法。

带有问题的那页半透明纸和不透明的那页空白纸将东方和西方的传统交融在一起。这本杂志没有把各种风格的纸变成统一的纸。多样性的联合而不是统一，是这本杂志外在的精华。而且更重要的是，这是 21 世纪组织结构健全的企业的本质，也是繁荣的全球社会的核心。

迫在眉睫的时刻

最后，《领导力洞察》这本杂志是在呼吁智慧行动，而不只是简单的思考工具。"迫在眉睫的时刻"，就像美国前总统巴拉克·奥巴马说的，召唤 21 世纪的所有领导者共同行动。领导力总是时刻发生的，它不会等到我们长大以后，或者准备得更好以后，或者有更多存款以后。这个呼吁就在现在。这个需要响应的邀请就在现在，这个请求带着慷慨、同情和明智。

作者简介

南希·J. 阿德勒是加拿大麦吉尔大学布朗夫曼管理学讲席教授。她在世界范围内从事全球领导力的研究和咨询。她发表了 125 篇文章，拍了两部电影，出版了独立写作和与人合著的图书共 10 本。她是国际企业管理协会的会员，加拿大皇家学会的会员。她是一位视觉艺术家。

第四部分

识别和培养高潜力领导者

在第四部分中，我们探讨了教练以及教练型领导者如何识别和培养年轻领导者。第 16 章是贝弗利·凯和贝弗利·克罗韦尔所作的，文中指出雇主和教练必须通过谈话判断员工的价值、问题和需求，然后建立计划，提高高绩效员工的敬业度和保留率。在第 17 章中，约翰·亚历山大描述了企业教练可能给那些注定成为"法网神鹰"的律师领导者带来的积极影响。第 18 章，马歇尔·戈德史密斯和霍华德·摩根将识别和培养高潜力领导者的概念扩展运用于团队。第 19 章，香农·沃利斯、布赖恩·O.昂德希尔和卡萝尔·赫德利以案例分析描述了微软的高潜力人才培养，以及微软如何聚焦于加速高潜力人才培养，使之进入下一个职业发展阶段。第 20 章，保罗·赫西描述了组织对高潜力人才梯队的空前投入。第 21 章是弗朗西丝·赫塞尔宾所作的，她极富洞见地将导师看作"教练的同伴"。

第 16 章

通过教练提高员工敬业度和保留率

贝弗利·凯（Beverly Kaye）

贝弗利·克罗韦尔（Beverly Crowell）

全球的企业花了数百万美元调研，想知道员工对工作是怎么看的：你对你的工作感到满意吗？你的领导每天都同你交流吗？你认同公司的使命与价值观吗？这些问题是现在用来评估员工敬业度的一种方法。通常这也是一个开端，一个能够帮助领导者了解企业内部在员工敬业度和员工保留率方面遇到的特殊挑战的开端。

可惜的是，许多企业虽然获得了相关的数据，制订了行动计划，在计划表上勾出了待完成的选项，一直在推进，但是却从来没有真正改变过员工对自己的工作、自己的上司和自己所在的企业的看法。当我们从经济不景气的时期过渡到平缓的时期时，提高员工敬业度和员工保留率的工作不仅仅是一个简单的调研，这项工作必须通过一对一的对话，从员工的内心深处去了解员工在意的究竟是什么。

当调研完成，企业会要求领导者们通过制订一些行动计划让员工变得敬业和富有生产力。这些行动计划通常带来了新的项目、新的资源、制度的变革、一些评估手段以及短时间的成功，但是这些行动计划并不会改变领导者原有的行为。

　　事实是，这种事经常发生在制造企业里。员工们将敬业度低归因为缺少职业发展机会。企业高层召集一群跨部门人员组成了一个问题解决小组，小组讨论的结果是，为员工成立一个先进的职业资源中心。中心的宣传海报写着"学习、成长和发展"这样的口号。中心里配备了新的科技设备，也提供网络学习的服务。成立中心的消息张贴在企业的布告栏里，企业在全体员工会议上也做了宣传。员工们知道这个好消息后准备行动。但是一位员工说："我问我的直接上司我是不是可以去中心里寻找职业发展的机会。得到的答复是'你现在要做的是回到你的位子上把你现有的工作做好'。想想在得到这样的答复之后，我的敬业度会有多高？这是另一种失败的承诺。"

　　给这位领导者以及许多与他相似的领导者的建议是，员工敬业度和员工保留率是从年度员工满意度调研的结果里体现出来的，而像上述这种不专业的行动计划是会降低员工满意度的。领导者没有发现他需要改变的是他自己处事的方法。他不知道再完美的计划如果得不到支持也是会流产的，而且在员工敬业度方面，他其实比他自己想象的还要有影响力。这就是在员工敬业度和员工保留率方面进行教练辅导的意义。

　　根据美国劳工部的统计数据，员工不敬业每年会让美国经济额外损失 3 000 亿美元。让那些"出工不出活"的员工重新敬业的重担落在了领导者和管理团队的肩上。虽然领导者很清楚让企业中的人才保持高敬业度是很重要的，但是怎样将一个短期的解决办法变成长期的努力往往是个难点。提高敬业度和保留率的教练能够降低执行上的风险，同时也能赋予领导者打破员工"出工不出活"的僵局的能力，将新的能量注入工作环境中。正是由于教练的工作是直接针对这些问题的，因此它能够绕开日常事务的干扰帮助领导者找到简单而有意义的方法来提高员工敬业度。

敬业度的教练和其他教练并不相同，其差异在于敬业度的教练是在理解和结合敬业度的关键驱动因素、发展趋势、调研结果和战略方向之后，形成了员工满意度方面的一种持续的态度转变。敬业度教练对个人和人与人之间的关系都很感兴趣。他们对企业文化、企业政策和制度都有很深入的了解。一段时间之后，他们建立起领导者和员工之间的信任与友好，并使二者间建立起牢固的关系。敬业度教练有着敏锐的评估和分析技能，透过现象看本质的能力，具体体现在能够通过问一些假设性的问题来发现在敬业度方面存在的问题。同时，他们还有很强的跟踪反馈能力。更何况他们清楚地知道有哪些可用的工具、资源、调研方法，以及怎样将这些工具和资源相应地用在不同的人身上。除此之外，他们也很热衷于培养领导者成为员工敬业度的教练。

敬业度教练从了解每位领导者面临的在员工敬业度和员工保留率方面的挑战开始。教练的工作刚开始是和领导者一起做的，而不是直接面对具体的员工。如果员工敬业度调研、满意度调研和文化调研已经准备就绪了，教练就可以和领导者一起查看报告的结果，从结果中找出关键的事件和机会。这些调研结果为领导者了解员工在敬业度方面的需求提供了绝佳的分析方向和信息来源。但是这些仅能作为一个开端，真正有价值的信息来源于多次与团队成员的交流与访谈。调研为敬业度定下了一个基调，而谈话为教练活动指明了前进的方向。

员工调研结果未必总是能在敬业度教练中发挥作用。在那些没有发挥作用的案例中，我们能够发现一些引人注意的地方。从 Saratoga 机构的调研结果来看，80% 的离职原因是员工对与上司的关系感到不满意。再者，《爱他们或者失去他们：留住好员工》(*Love' Em or Lose 'Em: Getting*

Good People to Stay）的作者做的调查研究指出，多数与员工保留相关的因素都是在管理者的掌控之下的。如果一位领导者的下属离职率在增长，员工的抱怨、投诉增多，生产率和质量在下降，或者员工上班时一直在聊天，那么这也许就是敬业度教练应该介入的时刻了。

为什么？员工敬业度数据和调研结果传达了一个很简单的信息：员工想和他的领导建立某种关系。当员工能够获得公开的、诚信的和相互交流的沟通平台来阐述他们的想法、职业期望、动机和遇到的挑战时，他们就能在被工作吸引的同时觉得受到了企业的重视。他们希望领导能够倾听他们对未来的展望，给予他们表达自身观点的机会，同时给他们提供鼓励、指导和发展机会。如果个体感受到领导愿意倾听自己的心声，想法被领导理解，自己的价值被领导认可和看中，那么他在职场上会释放更多的能量和热情，更加敬业。

尽管多数的领导者已经知道了他们在提高员工敬业度方面的重要性，他们中的很多人仍有这样的疑问：为什么这样做不行？或者为什么他们很难找到和员工建立关系的时间？教练必须帮助领导者们了解，没有时间并不是建立关系的主要障碍。员工敬业度会在领导者与员工的互动之中提高或者降低。所以，某种程度上不是做得多就是好的，而是有针对性地提高员工敬业度，简单来说就是将每次和员工的互动视为一种建立积极上下级关系的契机。能够确信的是，你不用去做太多的事情来使你的员工敬业，但是你要能够保证你的行为能够满足员工现阶段对敬业度方面的要求。你可以通过将每次和员工的互动作为与该名员工建立关系的机会来实现并满足员工的敬业度要求。别忘了，员工离职的关键驱动因素就是对和上司间的关系不满意。想象一下这样的转变情形：领导者对他的员工们有足够的关注度，而且领导者了解了这些既与他有关也与他的员工有关。就像刚刚说到的，我们面临的挑战是，员工敬业度是一种个人的行为，没有放之四海而皆准的方法。每名员工因自身的情况不同而有不同的价值观、需求和动机。唯一能了解这些动机的方法就是和每名员工进行具体的交流。

领导者怎样发现员工的动机呢？这个问题的答案看上去很简单——靠不断发问，这个过程称为敬业度访谈。敬业度访谈和领导者熟悉的、每年至少要进行两次的绩效访谈差别非常大。一个好的敬业度访谈给人的感觉就像在剥洋葱，通过这种行为来了解每名员工的动机。接下来的几点揭示了敬业度访谈和绩效访谈具体在哪些方面不一样。

敬业度访谈

- 关注员工的职业生涯发展、驱动因素和满意度。
- 由领导发起，或者常常会由员工发起。
- 聚焦现在和将来这两个时段。
- 领导者扮演了提供支持和理解的导师角色。
- 通过敬业度访谈，员工会变得更加主动。

绩效访谈

- 关注绩效目标。
- 在日程上已经规定好时间。
- 聚焦过去。
- 领导者扮演了一个评估者之类的上级角色。
- 员工的任务是在理解企业目标的前提下，能够达成企业对他绩效的要求。
- 通过绩效访谈，员工的主动性会提高或降低。

敬业度访谈成功与否，关键在于领导者自身的想法。如果一个领导者本身就不具有高敬业度，那么他会发现在聚焦于他下属的敬业度驱动因素、寻找敬业度关键点时，他提出的问题反而会是"那我呢""我自己应该怎么办"。如果一位领导者的敬业度不佳，他的员工就会是他不良情绪的受害者。因此，教练可以先和领导者进行敬业度访谈，通过访谈来了解他们如今的工作满意度，先帮助领导者弄清楚他们本身想从他们的上级那里获得的有必要的东西是什么。敬业度不佳的领导者会发现他们很难成为提高下属敬业度的先驱人物。

当访谈开始以后，教练可以引导、启发领导者，让他们知道自己从访谈中学到了什么，以及他们和员工在沟通后有什么结果和收获。

你的员工是否期待更多的机会学习和成长？你可以从以下几方面来给他们帮助。

- 做一个与职业生涯有关的访谈来了解员工独特的技能、兴趣和价值观，然后将你自己对他的期望说出来，你们一起讨论发展的趋势和可选的路径，最后产生一个双方都认可的职业发展路径规划。
- 帮助你的员工与内部的或者外部的一些机构和组织建立联系，通过这些机构和组织帮助员工实现他的职业目标。
- 多以导师的身份和你的员工交流，分享你在职业生涯中的成功与失败，告诉他们怎么在企业里实现自己的目标。与此同时，你的员工也会让你受益匪浅。

如果你的员工感觉不被企业重视，那么尝试以下的方法来提高他们的忠诚度。

- 对员工做得好的工作予以认同。对员工有针对性和特殊性地进行"量身定制"的嘉奖。
- 时刻关注你的员工，当你进入办公区后主动和他们打招呼并且叫出他们的名字。
- 接受真实的反馈，明确地知道自己在他人眼中是怎样的。你有没有做过一些破坏你一直以来树立的良好形象的高危行为？

所有的员工都希望能在舒心的环境中工作，你需要尝试以下几种方法来为员工创造舒心的环境。

- 让工作变得有趣。尝试一些与以往不一样或者新的事情，或者营造一种鼓励微笑的轻松氛围。
- 对你自己所做的工作展现出热情，这样会让你周围的人也被感染。本身敬业度不高的领导者难以使他们的员工变得敬业。
- 我们的价值观决定了我们对重要事情的界定。当员工的价值观和自身工作趋向一致时，他们会发现工作越来越有意义，也越来越重要。问你的员工这样的问题："美好的一天的意义在于什么？"或者"你最希望从工作中得到些什么？"

现在，有许多敬业度培训的结果显示，基本的常识性行为是通往卓越领导力的捷径。但是，这些基本的常识性行为却很少有人展现。在培训中，教练能够引导领导者们在这方面有更多的思考和关注，同时这也能让领导者们落实一些他们认为自己应该做的行为。领导者们通常都认为是教练的提醒，让他们落实了有关基本常识性行为。以下是一些相关的例子。

- 平时和所有的员工保持一个"8步"的社交距离。一旦一位领导者进入"8步"的范围内，他就要开始做提高员工敬业度的具体工作，哪怕只是一句"你好"或者"今天过得怎么样"。
- 主动和一名低敬业度的员工进行深入的职业生涯探讨，了解他关于未来职业发展的真实想法，并且提出一些短期内能提高绩效的建议。
- 和一些不在办公区域的员工进行电话沟通，维护和加深与员工的关系；在国外专员回国开会的时候和他们认识以及建立信任的关系，然后明确与他们直接沟通的方式和对接人员。
- 在每个月底进行汇报谈话，明确哪些事情是做得好的，哪些事情是应该在下个月注意改进和提升的。
- 有目的地在周一早上给团队成员发问候的短信，让这个星期能有个好的开始。做这件事情的领导者无一例外地获得了赞美和好评。

当领导者认为自己在企业中扮演了员工敬业度教练的角色时，就算成功了。虽然领导者是保持高员工敬业度和员工保留率方面的催化剂，但是还需要员工进一步来确认他们怎样才能在职场中变得更满意。有良好敬业度掌控能力的领导者能使他的员工对职场感到满意。

在当今职场，员工敬业度和员工保留率尤为重要。而教练与领导者和员工之间的关系超越了一般的培训关系，教练在企业发展的目标下帮助领导者成长和发展。而这个过程是不断前进和循环的，没有既定的终点。好的一点是，如果这个过程能够很好地执行和贯彻，提高员工敬业度和员工保留率的教练能够培养一群关注人才的领导者和一群愿意把自己最强的能力奉献给企业的员工。员工敬业度教练流程和步骤见表16-1。

表16-1　员工敬业度教练流程和步骤

第1步：会前准备
·筛选出可能存在的问题和引人注意的条目，并将它们汇总。可能的话，在会前询问领导者们，他们想从这个访谈中获得些什么
第2步：首次会谈
·选一个不被人打扰的地点，这个会议至少要一个小时。首次谈话必须是面对面的
·关闭所有的电子通信设备
·解释整体的目标和开始建立培训关系
·如果你使用了某些数据和信息，将这些数据和信息与领导者们沟通，询问他们想从这个谈话中得到些什么
·通过问题来明确领导者和员工在敬业度方面面临的挑战。提示：读贝弗利·凯博士和沙伦·乔丹-埃文斯写的 *Love' Em or Lose' Em: Getting Good People to Stay* 能获得提示和方法
·了解和认同一些做得好的事情，筛选出敬业度方面的挑战和目标
·选择可用的工具、资源或者行为方式来帮助领导者
·设定会后要做的事情和行为方式、执行期限及后续跟踪会议的时间
第3步：后续跟踪会议
·与领导者们确认从上次谈话中定下来的承诺要做的事情和行为方式是否得到执行
·讨论从中学到的东西、获得的成功经验、其他的机会，以及对下一步的想法
·如果上一次承诺要做的事情没有完成，让领导者了解这个承诺没有执行的原因，同时鼓励他们继续努力
·确认是否有额外的敬业度挑战和目标
·选择可用的工具、资源或者行为方式来帮助领导者
·如果有需要，设定会后要做的事情和行为方式、执行期限和后续跟踪会议的时间

作者简介

贝弗利·凯是 Career Systems International 公司的创始人和 CEO，也是职场表现方面的畅销书作家。她为很多组织提出了前沿的、备受赞誉的人才培养解决方案。她的书包括（*Up Is not the only way*、*Love'Em or Lose'Em：Getting Good people to Stay*，以及 *Love it, don't leave it：26 ways to get what you want at work*）。

贝弗利·克罗韦尔是克罗韦尔咨询公司的首席顾问和创始人，是人才管理、战略规划和专业发展方面的著名专家和演讲家。克罗韦尔也是 Career Systems International 公司的高级顾问，为其提供职业生涯发展、员工敬业度和员工保留率以及教练方面的技能。克罗韦尔在一个每周博客担任作者，也为《人才管理手册》（*The Talent Management Handbook*）撰写过文章。

第 17 章

教练未来的律师领导者：案例研究

约翰·亚历山大（John Alexander）

　　我和他人在工作中合作得很好。虽然我个性内向，更喜欢自己承担项目，但是如果需要我在团队中工作，我同样很好相处。我试着让每个人给出建议，并且相信沟通的作用。没有人知道所有答案，很多时候是"三个臭皮匠赛过诸葛亮"。

　　我对他人高标准、严要求，有时甚至是太高。当我认为他人没有发挥出他们的潜能时，我会感到很沮丧。为了更好地和他人一起工作，我需要认识到他人作为团队成员或者伙伴的自尊和价值。

　　现在，我要采取一个特别的行动，我需要倾听他人的想法，获得新鲜的观点，而不是浪费时间和精力来维持一种无效的关系。

　　我经常感到自己在社交方面比较迟钝。这句话的真正含义是在某些社交情形中我不知道该如何做，比如初次与人见面时。因为我是一个内向而喜欢独处的人（坦白说，我认为一些社交活动是浪费时间的），所以在与家人以外的人进行有意义的交谈或者是简短的对话时有困难。而且，可能更为重要的是，因为我不擅长这方面，就很难利用人际网络的优势。我就是不知道如何巧妙地提出某些问题，或者在组织中与他人不太熟悉的时候，如何获得帮助。

我想对自己的事情拥有自主权，自主安排自己的时间，希望能够帮助他人。我同样对政治感兴趣，在社区中赢得他人的尊敬可能是成为公务员的第一步。

上述这些是一些中层管理者的想法吗？是处于职业中期的公务员的思考吗？是初露头角的企业家的思考吗？还是所有这些人的思考的组合？都不是。这些是新成立的伊隆大学法学院（Elon University School of Law）的一年级学生写下的反思。这些学生正在进行自我评估，为与教练进行私下的一对一交谈做准备。是的，真的是法律专业的学生——可能有人认为这些年轻的专业人员是最不想经历这种教练活动的人。但这在伊隆大学法学院发生了，而且要求所有一年级学生参加，其中每个班级有110 ~ 125 人。这个法学院于 2006 年在北卡罗来纳州的格林斯博罗市中心成立，致力于培养能够在职业生涯中展示领导力和对公共服务的承诺的"律师领导者"。这种教练活动，是伊隆大学法学院领导力发展项目的一部分，在学院成立的第二年被采用。

伊隆大学法学院的领导力发展项目

学生经历的实际过程是怎样的呢？这段经历开始于夏天他们报道前，每位学生都要在网上完成迈尔斯 - 布里格斯人格类型测验（Myers-Briggs Type Indicator，MBTI）。MBTI 介绍了自我意识作为个人和领导力发展的关键组成部分的重要性。学生会在第一学期拿到 MBTI 的报告，这成为教授与学生就其学习习惯和学习风格进行第一次一对一交谈的基础。然后在冬季学期的两周强化领导力课程期间，MBTI 再次被使用。在这个课程中，学生被划分为不同的"公司"成员，参加很多模拟和体验性练习。这些模拟和练习会帮助他们了解他们的人际关系技能、价值观、律师面对的伦理困境以及法律界在实践中做与不做的一些事情。

教练技术正是在这样的背景下被引入的。学生首先要完成一个个人发展计划（Individual Development Plan，IDP），通过 IDP 他们认清自己的优势和发展需求，检验并再确认自己的价值观。根据自我评估，他们可以确定两个想要达到的延伸目标——一个是在法学院就读期间的目标，另一个是在至少 5 年后，他们开始工作时的目标。然后学生确认行动步骤、时间表和达到目标所需要的资源。其中一位学生的简单短期目标是这样的："我的目标是解决学业中的优先序问题，在我没有完成我想做的所有事情时，不要感到沮丧。这样可以减轻压力，允许我以喜欢的方式完成最重要的任务，同时高效地完成次要的任务。"另一位学生的长期目标（从法学院毕业之后）是这样的："今后的 5 年，我的目标是进入（或者已经在）一家大公司工作。在这家公司，我会实践环境法，并且有能力环游世界，研究世界各地的环保法则。"

学生完成这项任务之后，就要和他的教练进行一小时的面对面交谈。这些保密的对话是整个经历的核心。这些教练课程会在教室上课环节结束后持续 2 ~ 3 周的时间，这是为了在时间的安排上更高效，也是为了使学生的精力更集中。教练会提前阅读个人发展计划，在教练课程中讨论学生的见解，同时也会分析为实现目标将采取的行动计划。

以上引用的两个例子中，对于第一个学生，教练可能会给他实用的设定优先序的技巧，从而帮他减轻压力。对于第二个学生，教练可能会鼓励他到一家大型法律公司实习或者兼职，或者与一位熟悉环境法的律师或者教授建立联系。如果行动步骤太模糊或者难以实现，教练会建议学生修订他们的目标和行动计划，并提交新的 IDP，以便教练做进一步的分析。教练鼓励学生使用 SMART 原则来设定目标——具体的（Specific）、可衡量的（Measurable）、可达到的（Attainable）、有相关性的（Relevant）、有明确时限的（Time-bound）。

伊隆大学法学院目前有一个稳定的 10 人教练团队，包括学院的院长、几位教师和高级职员、一位外部教练、两位职业律师——一个律师和非律师的有趣组合。还有一个 6 人的核心教练团队，包括本文作者，从项目创建之初就参与进来。教练们作为一个团队来工作，通常会在冬季学期之前和之后见面来交换意见。平均每位教练进行 10 ~ 15 次个人教练对话。

教练鼓励学生互相讨论他们的 IDP，直到他们感到这样做很自如，同时要和他们的指导老师分享他们的计划。指导老师都是周围社区中的律师，他们自愿在第一学年为学生提供指导。教练还鼓励学生和其他的学生结成搭档，这个搭档可以是具备他希望提升的行为或技能的学生，也可以是能够提供可靠反馈的学生。一年以后，IDP 会进行正式的回顾和更新，这项活动在二年级学生必须参加的冬季领导力课程上进行。这个回顾会在一个小团队中进行，而不是在个人教练课程中进行。

此外，二年级学生在这次课程中会参与一种不同的教练活动。在两周的时间里，学生团队要为格林斯博罗社区的非营利客户解决一些法律问题。每个团队会分配一位流程教练，负责观察团队成员，并把团队的工作情况反馈给他们。这些教练来自同一个的教练团队。在这两周的课程中，学生团队成员也要明确自己要达到的行为目标，并从团队的其他成员那里获取评价和反馈。

在教练课程中，学生往往关注一些共同的主题，包括提升学校表现的实用策略、在暑假打工时获得有价值的经验、与他们感兴趣的实践领域律师建立关系，以及提升面试技巧等。他们对根据自己的内心和围绕人际技能进行行为调整不够重视，这可能是因为缺乏组织工作经验。这些人际技能包括计划、沟通、优先序、时间管理、压力管理、与他人协同合作、提供和接受反馈等。所以教练活动的目的就是，通过在这些学生进入法学院的早期强调这些行为领域，让这些法律专业的学生能够尽早为将来进行良好的人际互动和展示领导力做好准备——即便他们承担的是传统的角色，为客户、法律系统和更加公平的社会解释并应用法律，这些准备也是需要的。

虽然这些一年级学生在观念方面可能存在差异，但与几十年前的学生相比，教练们指出这些学生好像更想要寻找未来工作的意义，而不仅仅是拥有一份报酬不错的工作。他们中的很多人表达了服务国际化项目的兴趣，例如帮助阻止人口贩卖，或者是为新近移民提供法律援助。在谈论价值观时，这些学生最常强调家庭的重要性——他们出生的家庭或者是想要组建的家庭（他们大部分还没有结婚）——以及达到工作与生活平衡的重要性。

有些学生也会提到精神追求，这与今天年长的管理者和职业人士形成鲜明对比，后者一般直到成家立业，到达职业生涯中期，才开始思考"生活到底是什么"。要从这个相对较小的学生样本中概括出一般规律恐怕具有投机性和冒险性，但如果追踪这些主题，久而久之，可能会找到关于这一代法律专业学生的价值观和态度。

在第一学年的个人教练课程中总结出的实用经验包括以下方面。

•在如此短的时间段内安排100多次个人教练活动是耗时的，而且需要仔细规划。可喜的是，大部分学生严格地执行这个流程，他们准备充分并且按时到场。学生都是随机分配给教练的。

- 大部分学生习惯于在一个班级的学习环境里竞争，却不知道他们可以从教练课程中学到什么。除了与一位指导教师或者喜爱的教授一起工作，他们以前可能从来没有遇到过任何类似的教练课程。少量学生，特别是那些之前从事过全职工作的学生，可以毫不费力地适应这个过程。另一些学生在确定具体的行动步骤和所需资源时感到困难。教练面临的挑战之一就是，教学生如何利用身边所有可用的资源，包括学校的教职工。作为未来的律师，很多学生具有独立思考的能力，习惯于在不寻求帮助的情况下找到自己的路。理想的情况下，教练课程可以鼓励他们寻求成功驾驭他们的学业和职业生涯所需要的持续支持。而教练课程最小的作用，则是为学生提供一个解决问题的工具，这些是他们作为律师在制订清晰的规划或者是制定战略，而非自发行动时所需要的。

- 对于那些认为这种学习经历特别困难而且没有助益的学生，教练告诉他们，至少他们接触到了一个自我发展流程，这是以后他们在工作组织中也会遇到的。这样他们就能更好地理解要求是什么。这个过程是否有用以及是否值得进行，根本上取决于每位学生。如果预先提供一些从中获益的学生和律师的案例，我们能更好地达到提前教练学生的目的和实现教练的价值。

- 要鼓励学生将行为改进目标纳入他们的计划，如改进倾听和沟通技能。否则，他们的行动计划仅仅倾向于聚焦在提高学习成绩或者是获得律师实际技能上。这些领域的目标固然是适当和相关的，但教练也要和学生一起探索为达到这些目标所需要的基本行为调整。例如，一位想学习如何辩护的学生，可能需要克服怯场，或者磨炼人际交往技巧，以便与能够指导他们的律师建立联系，或者找到一份相关的暑期工作。很多学生发现他们需要提高人际交往能力（这属于情商的范围），这能够提高他们的就业能力和加快他们的事业发展，无论他们是成为个体户、公司法律顾问、大型公司的合伙人，还是商业或政府部门的领导者。

- 就时机而言，冬季学期看起来是第一年中最好的时光。第一学期对学生来说，太困惑和忙碌了，学生需要空间进行反思（加上他们没有进入法学院的经历）。而如果把教练课程安排在第一年年末或者第二年年末，就会与考试和暑期计划发生冲突。而且如果安排得太晚，与学校事务相关的行动计划恐怕就起不到太大作用了。比较理想的是，将对IDP的最终回顾放在第三学年上半年，这时候学生们正在寻找毕业后的工作并逐步缩小职业选择范围。

在教练课程的实施方面，教练们指出了以下重点：①通过与学生的一些个人背景相联系，迅速地建立信任，例如家乡、就读大学、最大的爱好或者是感兴趣的一项运动或艺术；②强调课程的保密性；③在课程中保持眼神交流；④提出并非单用"是"或"不是"就能回答的问题；⑤相比于讲话，要更多地倾听，尽管讲话的诱惑很大。当然，在每次课程的结尾总结所获得的见解和所明确的行动步骤也是关键的一步。

这些看法有助于解释教练流程和学生从中得到的收获，但是有一个根本性的问题仍然没有回答：伊隆大学法学院为什么要为学生引入如此大规模的领导力发展活动？首先，因为学院建立者认为在民主社会，领导力是一个律师不可或缺的职责。其次，因为各种利益相关者的集合体

（包括法律事务所、律师协会、企业、公共利益团体和客户）需要一种不同类型的律师，即兼具领导力品质和技术专长的律师。最后，因为在最近对法律教育的研究中，卡内基教学促进基金会的一份重要报告挑战了法学院传统教育对案例分析的依赖，强调"发展专业人才的伦理和社会维度"。伊隆大学法学院的领导力发展项目正是对这个教学改革呼吁的一种回应。伊隆大学法学院不是唯一的开拓者。在写作本文时，另外一些法学院也踏上了相似的道路。如果不是独一无二，必修领导力课程和一对一教练的引入还是很少见的。

伊隆大学法学院将教练技术作为其领导力课程的一部分并不是巧合。如我们所知，领导力教练的实践在过去 10 年已经发生了重要的变化。教练技术不仅影响了全球的各个角落，也影响了形形色色的领导者和各种类型的组织。为什么？领导者和他们的团队都面临着巨大的、前所未见的挑战，他们需要帮助，而教练技术是任何系统的领导力发展项目越来越重要的组成部分。律师和他们所在的公司是最后几个开始拥护领导力发展的群体之一，而现在他们已经开始探索教练技术了。就像其他专业咨询公司一样，人们认为传统法律公司的个人合作者和高级合伙人擅长为客户提供法律咨询及服务。但是，来自大型法律公司的客户越来越需要来自更广泛领域的实践经验。客户也希望律师帮助他们制定业务问题的整体解决方案，而不只是从局外人的角度告诉他们什么在法律上是允许的，什么是不允许的。这种转变要求律师在团队中工作，并越来越多地将自己看作公司内部的和管理复杂客户关系的领导者。

律师仅仅懂得法律已经不够了：今天的律师还必须知道如何运用法律知识来影响他人（不管是公司中的同事、客户、竞争对手，还是法官），才能在他们的案子中成功。而且，高潜力年轻合伙人的高流失率迫使一些公司提供专业的发展机会，包括领导力发展，作为留下员工的一个策略。（在很多大型公司，公司顾问和法务部门早就已经参与公司范围的绩效提升活动了，包括 360 度反馈、教练和领导力开发。）

其他的法学院并没有忽视这种倾向。如果这些法学院的毕业生既充分了解法律，又具备了驾驭新环境的人际技能，法学院本身及其毕业生都会与众不同。但是我们如何知道这些创新会产生预期的这些影响？在伊隆大学法学院的案例中，要出现持续的、可衡量的影响还需要一些时间。它将在时间的检验中、通过校友的成就得到证明，通过这些校友在他们的企业、专业、社区和社会中表现出领导力和对公共服务的承诺。这是一项值得冒险的事业，因为从中获得的回报将是十分丰厚的。

作者简介

约翰·亚历山大是一位高管教练、咨询顾问、作家、演讲家。他是高管教练和咨询公司——领导力地平线的联合创始人。约翰曾是北卡罗来纳州格林斯博罗市伊隆大学法学院的杰出领导力教练，比利时布鲁塞尔全球责任领导力项目的特别顾问。约翰经常出现在全世界的媒体上，接受过无数采访，也出版了大量著作。

第 18 章

高效的团队建设

马歇尔·戈德史密斯（Marshall Goldsmith）

霍华德·摩根（Howard Morgan）

　　鉴于大多数企业需要学习如何应对企业中的快速变革，团队建设变得越来越重要。随着企业中传统的领导层级在大量地弱化和减少（组织趋于扁平化），网络团队越来越普及。领导们会发现团队的种类是多样化的，比如说虚拟团队、自治团队、跨部门的团队和行为学习团队。

　　如今许多领导者处于一个两难的境地：当越来越强调团队的有效性时，可以用来建设团队的时间越来越少。同时，现在领导者面临的一个挑战是，在一个快速变化和资源有限的环境中建设团队。当业务重组和流程再造，遇上对服务的需求增加，结果就是领导者的工作越来越多，但是能帮助他们做这些事情的人却越来越少。

　　我们研究了上千人，通过直接的报告和同事的配合，我们向他们展示了如何通过反馈和后续跟踪这两种行为来让领导者更加高效和更具影响力。通过对比实验，向领导者展示如何高效地建设团队。虽然这听起来很简单，但是实际操作并非想象那般。因为在这个过程中，对团队的要求是每个团队成员能够：①征求其他团队成员的意见和需求；②学习他们做事方式和优点；③从对方身上找到自己需要提升的地方。团队成员要将上述行为变成一种常规和习惯。

项目步骤

第一步，首先让所有团队成员如实地回答两个问题，这两个问题的回答对其他成员是保密的。①如果按照 1 ~ 10 来分等级（10 是最高等级），你觉得现在团队的有效性如何？②同样是按 1 ~ 10 来分等级，你觉得团队的有效性需要达到怎样的程度？

在建设团队之前，最重要的是我们要知道团队的成员是否觉得建设团队是一件重要且必要的事情。或许，有那么一群人可能同时向同一个经理汇报工作，但是没有必要成立一个团队共同工作。再者，也有人可能认为团队合作的确非常重要，但是团队现在运作得很好，那么与团队建设有关的举措是在浪费时间。

第二步，让团队成员考虑一下团队建设会达到的状态和成果，将这个状态和成果在小组内讨论。假如团队成员认为现在的团队有效性和将来的团队有效性之间的差距是值得进行团队建设的，那么就接着进行下一步。

在大部分的案例中，团队成员认为加强团队合作是重要且必要的。在和好几百个团队（在国际化的公司里）的面谈中，平均一半左右的团队成员认为他们的团队目前的工作有效性是在 5.8 这个等级上，然而应该达到 8.7 这个等级。

第三步，问团队成员这样一个问题："如果每个团队成员能够通过改变共同的两种关键的行为来使我们的团队达到理想的状态，你觉得哪两种行为是我们要尝试去改变的？"记录每个团队成员的答案。

第四步，帮助团队成员梳理需要共同改进的行为（有的可能相同或者类似），让团队成员们在最关键的、需要共同改进的行为上达成共识。

第五步，让团队成员相互进行一对一的对话。在这个对话中，让对方对自己提出两个"本人需要进一步改进"的地方（这个要有别于上面提出的需要共同改进的行为）。通过这种提升和改进，团队能够达到理想的状态，有较高的工作效率。

这些对话是同时进行的，每个对话长达 5 分钟。例如，如果一个团队有 7 位成员，那么每位成员会进行 6 场一对一的对话。

第六步，让每位团队成员根据改进行为建议目标，选择一个看上去最重要的关键行为，然后让所有的团队成员分享一个自己愿意为团队提升改变的关键行为。

第七步，鼓励所有的团队成员每个月花 5 分钟问 3 个问题，这些问题是对未来团队发展的建议，能够帮助提升改进团队的有效性。①所有的团队成员展现的一个共同的关键行为是什么？②团队成员改进了个人的哪一个关键行为？③作为一个团队的成员，你行为的有效性是怎样的？

第八步，做一个迷你调研，在 6 个月内进行跟踪。在迷你调研中，每位团队成员会收到其他成员对他实际改变关键行为的有效性的反馈评价。调研里会包含一项团队共同改进行为、一项个人关键行为和整体团队的有效性评价。最后有一个问题能够确定后续跟踪的程度和级别，这样做的话，团队的成员就能够知道团队有效性的提升和后续跟踪关注级别之间的相关性是怎样的。

这个调研包含 4 个问题，你可以选择用电子版或者纸质版的方式来发放或者回收问卷。图 18-1 是一个迷你调研问卷的样本。

根据下面列出的条目，请你判断在过去的6个月里这位团队成员的行为在对应的项目上是否有改变，行动有效性更高还是更低了。（请圈出你认为最符合你对有效性改变程度估计的数字）

	有效性更低	没有改变	有效性更高	不需要改变	信息不足
团队项目					
1. 向团队成员 阐明角色和期望	−3 −2 −1	0	1 2 3	NCN	NI
个人项目					
2. 耐心倾听	−3 −2 −1	0	1 2 3	NCN	NI
一般性项目					
3. 描述一位高效的团队成员					

_____

4. 这位团队成员多久会和你跟踪探讨他需要在哪些方面提升？（单选）
□ 完全没有跟踪探讨过
□ 很少跟踪探讨
□ 有时候会跟踪探讨
□ 经常跟踪探讨
□ 持续阶段性地跟踪探讨
5. 这位团队成员如何才能成为一位更加卓越的团队领导者？

_____
_____
_____
_____
_____

图 18-1　迷你调研问卷样本

第九步，找一位团队外的无关人员，根据每个项目计算和汇总每位团队成员的结果，以及根据团队条目计算和汇总每位团队成员的结果。这样，每位团队成员能够得到一份关于自己的保密调研总结，了解自己团队的其他成员怎么评价上一阶段自己在提升行为有效性方面做出的努力和改进。同时，每位团队成员也能得到一份关于团队共同行为改进程度的总结报告。

研究结果表明，如果团队成员对他们同伴的改进行为有常规性的跟踪关注，那么上述的"本人需要进一步改进"方面的行为就会得到改进。团队总结报告也表明，如果存在跟踪关注，团队的共同改进条目和该条目对应的行为也会有改进。在合理的时期内，迷你调研问卷为团队成员提供了强化团队改进行为的机会，同时也让团队成员清楚哪些需要改进的行为还没有得到改进。迷你调研的结果也证实了后续跟踪关注改进行为在提升团队有效性方面的重要性。

第十步，在团队会议上让每位团队成员分享从迷你调研结果里得出的关键点，然后在接下来一对一的对话中向对方寻求将来怎么做的意见和建议。

第十一步，团队成员一起回顾团队共同的总结报告，讨论当初选择的两个共同改进行为的改进现在对提升团队有效性的效果如何。在这方面给予团队认同和支持，并且鼓励他们继续聚焦在这两个共同改进行为上以提升团队有效性。

第十二步，让每位团队成员和团队一起继续做每月的简要进展报告。在项目进行 8 个月后做一次迷你调研，之后过一年再做一次迷你调研。

第十三步，在项目开展后每年要做一次总结。回顾最后一次迷你调研的结果，同时在团队的氛围下让成员对"现在我们团队的有效性"和"我们团队应有的有效性"两个条目打分。把新的结果和一年前初次打分的结果做比较（如果团队成员按照规定的方法不断推进，他们能看到团队有效性有明显的提升）。对团队有效性提升给出认可和鼓励，同时让团队成员在一对一的对话中，肯定他的同伴在这一年中在"本人需要进一步改进"的行为上的改进。

第十四步，询问团队成员的意见，看他们是否认为在新的一年里仍然需要团队建设项目。如果成员认为需要，就继续这样的流程；如果成员认为不需要，那么我们就成功了，可以转向其他方面。

为什么这种方法会获得成功

上述方法会成功是因为它的高度聚焦，包括规范化的反馈和后续跟踪行为，并不是浪费时间，我们的方法也促成了团队成员的自我提升。

多数调研反馈要求反馈者填很多的条目，在这种类型的调研中，多数条目并没有相应产生行为上的改变，因此反馈者会认为做调研是在浪费时间。但是，我们根据参与者的实际情况编写迷你调研问卷，因此参与者从未表现出抵触或抗拒。另外，这个方法成功的原理是持续性的反馈和行为强化。大多数调研会在 12 ～ 24 个月内提供反馈，但是几乎所有的研究都会发现在行为层面通过反馈和强化以至于产生新的行为，不是一年一次或者两次的反馈就能实现的，我们需要在这方面更加频繁地反馈和强化来巩固新行为的产生和保持。最后一个成功因素就是自我提升的出现。许多团队建设项目形成后，团队成员只关注其他团队成员存在的问题。我们成功的关键就在于我们鼓励团队成员更多地关注自身存在的问题。

作者简介

马歇尔·戈德史密斯多次被《哈佛商业评论》评为世界上最有影响力的 50 位领导力思想家之一。《美国管理协会》杂志描述他为前 50 位思想家和在过去 80 年影响了管理领域的领导者之一。他被《华尔街日报》评为十大高管教育家之一；被《福布斯》评为五大最受尊敬的高管教练之一；被《经济时报》（印度）评为美国十大 CEO 教练之一，被《快公司》称为美国杰出的高管教练。马歇尔是被选出来与 120 位 CEO 和他们的管理团队一起工作的少数高管导师之一。他的许多著作销量超过百万册，包括被《纽约时报》评为畅销书的《魔劲》（*MOJO*）和《管理中的魔鬼细节》（*What Got You Here Won't Get You There*）[也是《华尔街日报》排名第一的商业图书和哈罗德·朗曼奖（Harold Longman Award）年度商业图书]。

霍华德·摩根是一名高管教练，曾在大型国际组织中与组织高层领导者一起领导很多重要的组织项目。他被 Linkage 评为 50 位顶级高管之一，被看作五大"拥有卓越成功纪录"的教练之一。霍华德是研究动机、生产率和行为与组织价值观、领导力哲学和员工满意度之间关系的先驱。他做了重要的工作来测量领导者对长期的利润和增长的影响。霍华德是领导力研究所（Leadership Research Institute）的常务董事。霍华德出版了很多书，包括《领导力教练的艺术与练习》（*The art and Practice of Leadership Coaching*）和《组织领导方法》（*Leading Organizational Learning*）。

第 19 章

领导者培养领导者：微软的高潜力人才发展和高管教练

香农·沃利斯（Shannon Wallis）

布赖恩·O. 昂德希尔（Brian O. Underhill）

卡萝尔·赫德利（Carol Hedly）

微软公司（简称"微软"）对全体员工做出承诺，他们将获得持续的学习和发展机会。每年微软直接投入于员工、管理者和领导者的正规培训经费超过 3 亿美元，这些培训由公司学习与发展部和其他特定职业的学习部门提供。

另外，微软还会对一小部分员工进行额外投入，他们是有潜力、有强烈兴趣担任更高职务或者关键角色的个人贡献者或者管理者。这些人是经过精挑细选的，公司会为他们提供更有针对性的职业发展培训，包括参与一个职业发展项目——这些活动属于通常所说的"高潜力人才发展项目"。

公司在挑选高潜力人才时，需要谨记，仅有天赋是不够的。员工要实现他的全部潜力依赖于他的多种天赋的结合、他如何运用天赋（刻苦努力、坚持不懈、勇于拼搏等）、他得到的锻炼机会、他人的支持、他所在公司的背景或者文化。

在微软，高潜力人才发展超越了传统的管理或者领导力发展。它聚焦于加速个人的发展，以使其向下一个职业阶段迈进。本章接下来将展示微软在高潜力人才发展方面做出重大转变的案例。

导致微软做出重大转变的原因

2004 年，微软在全球有超过 30 个独立的高潜力人才发展项目在实施。这些个人项目与微软的领导力模型并不一致，也很难扩展。而且，没有判断高潜力人才的标准，各地区和部门独自决定他们想培养的"高潜力人才"的数量。这影响了公司整体的人才管理系统，当员工转换地域、业务或者职能时，跨项目调动变得很困难。因为这些项目各自有不同的目标，全公司高潜力人才的发展经历很不一致。

为了建立未来的领导梯队，微软决定转变高潜力人才培养模式，创造全公司一致的人才发展经历。

微软后备"领导者培养领导者计划"——新的高潜力人才发展经历

微软从问题入手。什么是高潜力人才？如何识别高潜力人才？未来需要多少高潜力人才？最后，如何对高潜力人才进行培养？这些问题的答案形成了新的项目：微软后备"领导者培养领导者计划"。"微软后备"是一项为高潜力人才设计的长期领导力培养项目。"领导者培养领导者"是一种领导力发展哲学，它建立了一种传承的方法，让现任领导者将时间和资源投入到新兴领导者的身上。微软在 107 个国家，对超过 3 600 位、不超过总员工 4% 的高潜力人才，运用这一领导力开发理念。在开始这一项目之前，他们需要识别高潜力人才。

识别高潜力人才

微软充分利用了企业领导力委员会在 2005 年的实证研究，"认识潜在人才的最大潜力"。微软将高潜力人才定义为：有能力、有承诺、有抱负进步到更高职位或者在关键角色中取得成功的人（见图 19-1）。

这些角色包括个人贡献者、管理者、技术领导者和高管。高潜力人才与高绩效人才的区别在于，高绩效人才能展示卓越的能力，但是无法展示或者无法在不断发展的过程中持续展示其进入更高职位的承诺或者抱负。高潜力人才是高绩效人才的子集，并且可进步到下一个层级。换句话说，并不是所有的高绩效人才都是高潜力人才。相对于高绩效人才，高潜力人才必须以较快的速度具备成长和成功以及成为高绩效领导者的能力（技能和素质）、承诺和抱负。这 3 方面都是必需的，只有那些决心在 3 方面都做到最好的员工才会被选中。如果他们承担冒险性的工作，这 3 方面可能会暂时慢下来，因为他们要掌握新的技能，这是需要考虑的。公司希望他们能赶上来，并继续快速前进。

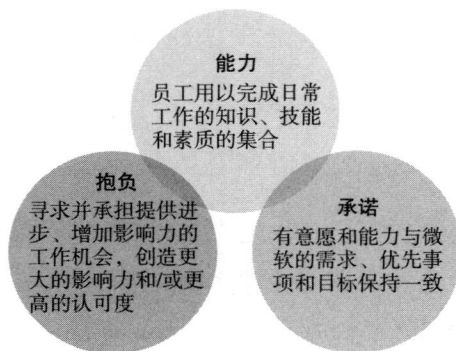

能力
员工用以完成日常工作的知识、技能和素质的集合

抱负
寻求并承担提供进步、增加影响力的工作机会，创造更大的影响力和/或更高的认可度

承诺
有意愿和能力与微软的需求、优先事项和目标保持一致

图 19-1　微软的高潜力人才标准

资料来源：Adapted from Corporate Leadership Council High-Potential Management Survey, 2005.

微软的后备层级体系

高潜力人才一旦被识别出来，微软将依照年龄水平和职业阶段把他们分类。在以前的项目中，高潜力人才的分组不考虑职业阶段，都接受相似的发展机会。而"微软后备"项目则提供差异化的培养。这个层级的设定是为了根据具体的职位水平和职业发展阶段的需要提供发展经历。高潜力人才被分为 4 个层级，如图 19-2 所示。初级个人贡献者在潜在领导者后备层；高级个人贡献者和管理者在初级领导者后备层；部门总监、职能领导者和业务领导者在高级经理后备层；总经理和副总裁在高管后备层。根据特定职业阶段的独特需要，每个层级都有不同的关注领域。

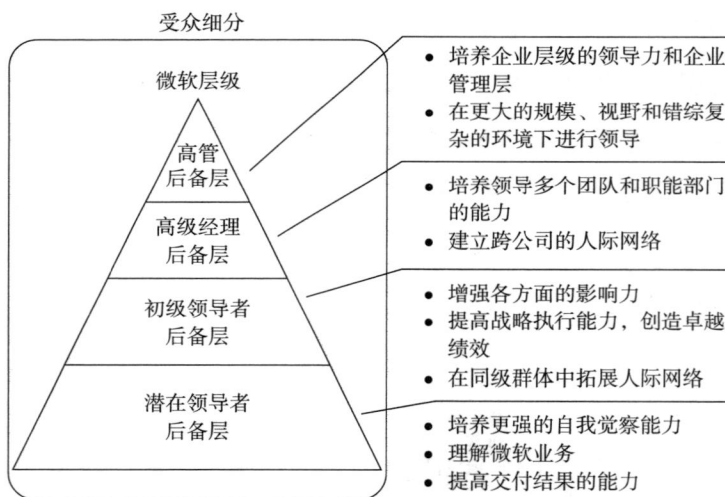

受众细分

微软层级

- 培养企业层级的领导力和企业管理层
- 在更大的规模、视野和错综复杂的环境下进行领导

高管
后备层

- 培养领导多个团队和职能部门的能力
- 建立跨公司的人际网络

高级经理
后备层

- 增强各方面的影响力
- 提高战略执行能力，创造卓越绩效
- 在同级群体中拓展人际网络

初级领导者
后备层

潜在领导者
后备层

- 培养更强的自我觉察能力
- 理解微软业务
- 提高交付结果的能力

图 19-2 微软后备计划层级体系

资料来源：Microsoft Leadership Development Group.

加速高潜力人才培养的 5 项驱动因素

在归入合适的层级后，高潜力人才的发展经历就开启了。在微软，支撑所有发展活动的是高潜力人才加速发展的 5 项驱动因素。5 项因素是一些能极大影响高潜力人才发展的活动，主要来源于企业领导力委员会（2005）和摩根·麦考尔。

研究表明，如果以下 5 项驱动因素都得到有效执行，将对高潜力人才的培养产生极大的影响（企业领导力委员会，2005）：

（1）公司高管对培养领导者的承诺；

（2）管理者在培养高潜力人才方面的能力和参与度；

（3）全公司员工都能了解到内部的职业发展机会；

（4）有清晰目标的、高质量的、定制化的发展计划；

（5）在岗锻炼。

这 5 项因素都是微软后备计划设计的原则。

5 项领导力发展活动

微软后备计划允许年轻的领导者和有经验的领导者通过与 5 项驱动因素相联系的 5 项领导力发展活动来相互学习。5 项活动在每个层级的执行情况有所不同，以便在微软后备计划期间，提供培养领导者能力的独特发展经历。这为新兴领导者在微软后备层级体系不断上升的过程中提供了一致性、全面性的培养。微软领导者胜任能力（子集）见表 19-1。

表 19-1　微软领导者胜任能力（子集）

成熟的执行力
认同微软
影响力
深刻的洞察力
创造性的商业价值
客户承诺和远见

5项领导力发展活动（见图19-3）提供了培养领导者能力的前沿发展经历。

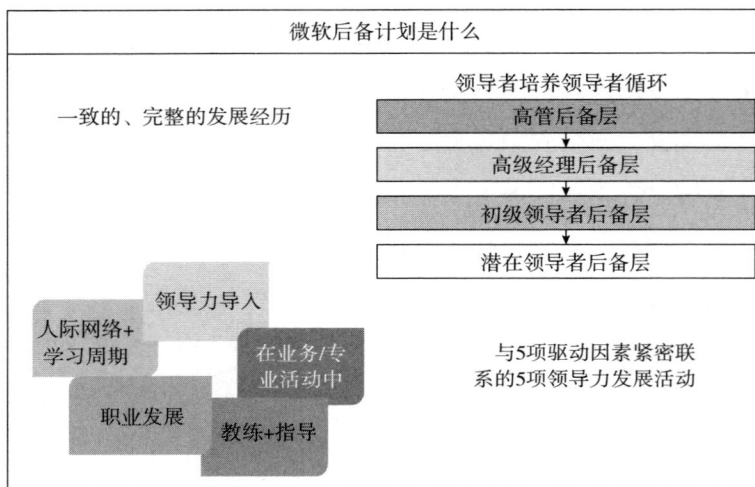

图 19-3　5 项领导力发展活动

资料来源：Microsoft Leadership Development Group.

教练

作为整个发展经历的一部分，微软提供一对一的教练和指导的合作关系，这是一个最大限度地发挥个人和专业潜力的思想激发进程。通过个性化追踪、教练和指导，微软整合了来自多个渠道的学习资源，例如，评估反馈、当前岗位经验和发展优先序，以提供更有影响力的学习经历。

教练和指导使得高潜力人才能够：

• 掌握领导技能，弥补发展差距；

• 通过跨领域和跨岗位的体验，培养对微软及行业的"大画面"的理解；

- 对自我发展更有责任感，因为教练和指导流程是一个自我指导的过程。

为了在全球范围内实施微软后备计划，与外部组织进行合作是很关键的。当发展计划的设计和实施结束后，微软就会搜寻合作伙伴，他们可以为两项发展活动提供额外的专长支持——高管教练和学习圈。

教练是微软培养高潜力人才的主要活动

所有处于高层领导后备层的高潜力人才，在微软后备计划的第一年，都会接受高管教练。微软最初产生与全球最大的高管教练公司CoachSource在高管教练方面进行合作的意愿，是因为在微软的最佳实践案例研究中，经常有人提到这家公司。

他们选择CoachSource，是因为CoachSource的全球教练库的质量和可得性，而且CoachSource有支持教练流程的技术，并在满足微软的需求方面表现出灵活性。在第一年，250位领导者中有214位参加了来自CoachSource的高管教练项目。过去几年，这个项目一直在发展，已服务了700多位领导者。

为什么要采用高管教练？微软认为，高管教练能为领导者提供有效的持续行为培养。参与者受到定期的、个性化的追踪，以便在长时间里帮助他们实现行为上的改变。教练为领导者的改进努力提供了第三方的客观支持。

这里所采用的"高管教练"的定义是"对组织领导者的一对一培养"。虽然有不同的教练方法，但是微软后备计划的重点是组织背景下的领导者发展。教练聚焦于改变工作环境中的领导行为。

教练流程

教练活动设计为大约每月进行两次，大多数是通过电话进行的（如果参与者和教练是异地的，那么所有的教练活动都通过电话进行）。教练时间表示例见图 19-4。教练课程聚焦于来自微软 360 度评估的反馈，联系微软领导者胜任能力模型、其他相关的数据，以及根据这一评估制订的教练行动计划（Coaching Action Plan，CAP）（表 19-2 提供了一个例子）。

表 19-2　高层领导后备计划：教练行动计划

微软后备计划 领导者培养领导者	这份文件的目的是为高潜力员工提供一份教练行动计划，并征得他们领导的同意；这一计划能促进后备发展经历。请与教练一起完成。 在第四次教练课程之前，请务必完成本计划，以便教练行动持续进行

1. 完成行动计划
选择 1～3 项你将努力提升的领导能力（从你的 360 度评估结果或者其他反馈项目的条目中提取）

目标：选定你最想要实现的 3 项目标	测量：每项目标如何衡量（定量还是定性）	你能采取哪些具体行动支持这一目标	潜在的业务影响：对你和业务而言，没有达成目标的损失是什么？达成目标的收获是什么	截止日期：为每项目标设定一个截止日期

2. 安排时间与上级就教练行动计划进行约定性会谈
设定时间与领导和教练回顾本文件，进行一场有意义的谈话，并就你的发展计划达成约定。契约是另一种形式的承诺——你与上级之间的承诺。承诺最大限度地发挥自己的潜力，这一点在被提名参加这一计划时就已经确定了；保证持续加强作为高潜力人才标准的 3 个方面：抱负、能力和承诺。

3. 准备一些问题，用以证实教练的效果

在教练活动的最后，在你与利益相关者之间会进行一次"迷你调查"。下面是一些常见问题。

· 在过去的 6 个月内，此人是否与你分享了他都做了哪些努力？

· 在过去的 6 个月内，你觉得此人作为领导者，变得更有效还是更无效？

· 在过去的 6 个月内，此人做的哪些事情你觉得是尤其有效的？

· 此人能做些什么以便在上文提到的方面成为更有效的领导者？

此外，还会有一些根据你的特定教练目标而提出的问题。

列出 2 ~ 3 个反映你正与教练努力改进领导行为的问题。

· 下列改进领域是领导者专门挑选出来的，请评估在过去 6 个月内，此人在这些领域的有效
  性上提高 / 降低的程度。

　　* 第一……

　　* 第二……

　　* 第三……

· 示例如下。

　　* 在项目工作中，不再事无巨细地指导，而且开始包容其他人的想法和贡献。

　　* 在提出反馈时，能让他人认真听取，并慎重考虑。

　　* 能够有效处理冲突，信守约定，而不是不计代价地试图回避或者根本不解决它。

· 你将邀请哪些领导者对你的迷你调查提供反馈？请写出他们的邮件地址。

_____	_____
_____	_____
_____	_____
_____	_____
_____	_____
_____	

4. 高层领导后备学习承诺：

　　签字：

　　成员：

　　_____

　　上级领导：

　　_____

请运用微软绩效工具，在适当的步骤进行更新，并定期回顾你的承诺，跟踪了解由此产生的
活动。

教练月份	建议的教练时段、形式和话题	教练/见面时长
1	课程1（电话）：回顾反馈总结报告、目标设定和行动计划	1.5 小时
	课程2（电话）：制订行动计划，与上级见面获取对行动计划的支持	0.5 小时
2	课程3（电话）：围绕目标和行动计划进行教练	1.0 小时
3	课程4（电话）：围绕目标和行动计划进行教练	1.0 小时
	课程5（电话）：回顾教练后发展计划，与上级见面获取对这一计划的支持	0.5 小时
4	课程6（电话）：围绕目标和行动计划进行教练	1.0 小时
5	课程7（电话）：围绕目标和行动计划进行教练	1.0 小时
	合计教练时长	6.5 小时

图 19-4　教练时间表示例

这一教练流程需要制定清晰的目标，这些目标在教练行动计划中已有粗略描述。在制订计划后，需要与项目经理分享计划内容，以便审查这个成型的目标是不是教练工作的核心任务。目标必须界定清晰，在本质上是行为性的，可以用指标来衡量任务结束时的改进情况（参见后面的"衡量结果"）。

接下来是"前馈"流程（由马歇尔·戈德史密斯创建，详见第 28 章），鼓励参与者与利益相关者分享他们的发展目标。这样，这些利益相关者可以通过了解发展目标，参与这个领导者的成长过程中，并且能够针对这些发展领域提供面对未来的建议。这样在项目结束时，也能对利益相关者进行调查，衡量参与者的进步。

教练时长是 7～10 个小时，整个过程最长期限是 8 个月。此后，没有使用的教练时间就会失效。这样做的目的是鼓励参与者与教练保持紧密的联系。微软的领导者经常同时面临多项优先事务。规定教练期限以及取消和放弃的政策将有助于督促参与者更好（更高效）地使用这些服务。

所有的教练活动通过在线网络数据库进行追踪。教练在数据库中记录教练活动、用掉的时间，以及一般的笔记。这样项目管理员就可以轻松地监督项目的进度，并提供月度报告。

参与者与教练的匹配

二者的匹配是在"充分选择"的过程中完成的，这一过程也必须非常高效。领导者需要有一些选择空间，研究显示这能提高参与者的满意度，降低误配的可能性。在项目开始之前，所有的微软后备计划教练都要指出，在微软对领导力的期望中，哪些是他们最擅长的（教练要从 11 项领导能力中选择 4 项）。同时，教练会搜集微软后备计划参与者的发展需求。然后，根据地理位置、发展需求和语言要求（以这个顺序），每位领导者可以匹配两位意向教练。一封邮件会自动发送给参与者，附件中是教练的简介。

参与者看过教练的信息后，可以首先与感兴趣的教练进行电话沟通。如果感觉匹配，参与者就与这位教练配对。如果感觉不匹配，就尝试第二位教练。（如果还是不行，会有额外的选择，所有教练的信息会公布在微软后备计划的网页上。）

选择规定了截止日期，参与者会被提醒哪些教练有空余时间，哪些教练已经没有空余时间。这是在鼓励领导者早做选择。例如，在第一年，所有 214 位领导者的配对在 6 个星期内就全部完成了。

衡量结果

微软后备计划的教练活动采用了两个关键的衡量指标。第一，教练满意度调查，测量参与者对教练的满意度。第二，也是更重要的迷你调查，测评教练活动的结果。教练满意度调查在教练活动结束后的 4.5 小时以后自动开启。

所提的 5 个问题如下。

在下列方面，你对你的教练的满意度如何？

问题 1：为我的成长和发展确定清晰的优先事项。

问题 2：真诚倾听我说的话。

问题 3：提供具体、可操作的建议／忠告。

问题 4：沟通直接、简明。

问题 5：教练经历的整体满意度。

图 19-5 显示了在 5 个问题的调查中的高满意度评分。这些数据与个人教练共享，任何不好的反馈都会引起教练行为的调整或者教练的再分配。

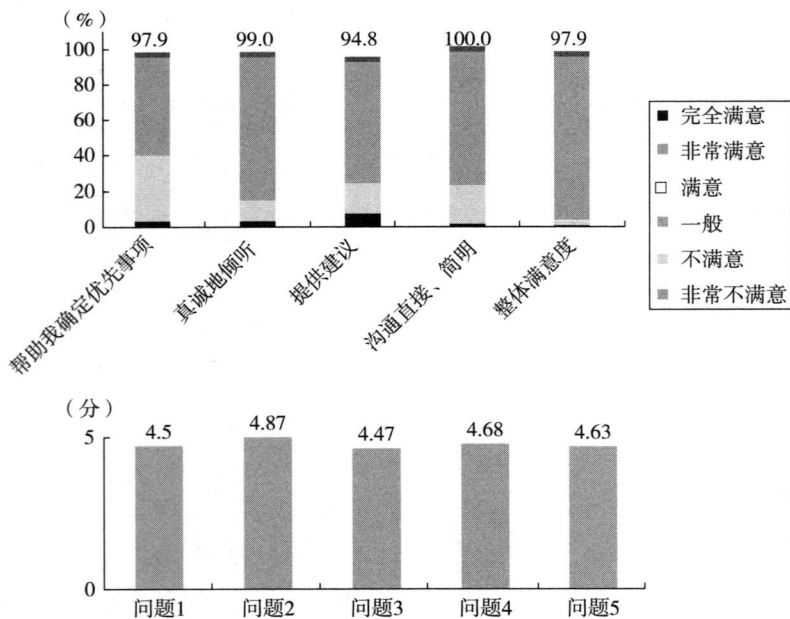

图 19-5　教练满意度调查结果

迷你调查衡量的是，在与参与者一起工作的关键利益相关者眼里，其进步程度如何。这是目前可测量"对工作的影响"的最佳指标。可以将几个参与者的结果汇总，显示长时间段中的领导力影响。迷你调查用的是 7 分制，从"更无效"（−3）到"更有效"（+3）（见图 19-5）。

在微软后备计划的第一年，有 22% 的评分者认为参与者已经提升到了 +3 层级；59% 的评价是提升到了 +2 或者 +3 层级；令人印象深刻的是，89% 的评分者认为参与者提升到了 +1、+2、+3 层级（见图 19-6）。

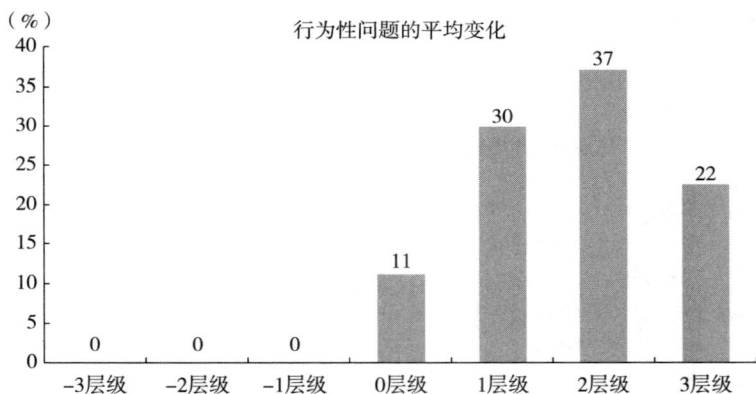

图 19-6　领导者有效性提升

角色和责任

参与者的上司是项目流程的重要一环。实际上，教练时长的其中一小时是用于参与者、参与者的上司和教练进行三方会谈的。参与者的上司要在长时间里追踪衡量参与者进步的指标。表 19-3 定义了参与者的上司（以及其他关键利益相关者）的角色。

在教练流程中，每位关键利益相关者的角色都有清晰的定义。参与者、外部教练和教练项目经理，参与者的上司、参与者上司的上司以及人力资源部门，都被定义了清晰的职责。

表 19-3　微软高潜力人才教练项目关键利益相关者角色

人力资源部门
·项目批准和日常监督
·在所有草案送达其他利益相关者前进行审核批准
教练项目经理（项目办公室）
·确定教练的选择标准
·寻找感兴趣、高质量的教练
·面试并选择教练
·管理外部教练与客户的匹配流程，与教练签订合同
·培训教练有关微软领导力发展流程和外部教练活动流程的知识
·贯穿整个教练活动流程，管理教练，与教练沟通
·确保调查（测评）的设计、完成和结果汇报
·确保给教练开具发票和付款
·追踪客户和教练身上表现出的重要问题，提供即时信息给人力资源部门
参与者的上司
·在外部教练活动过程中，比较理想的是与教练和被教练者见两次面：一次是在教练活动开始时，另一次是在教练活动结束时
·批准和支持被教练者的行动计划以及教练后发展计划
·在外部教练活动过程中提供持续的支持（每个月与被教练者见面，将行动计划纳入日程表中）
·寻找机会了解和支持被教练者
·理解教练 – 客户关系的保密性
参与者上司的上司
·确保被教练者的上司对被教练者的发展负责
参与者（被教练者）
·了解 3 位教练的简历，根据已定的时间选择一位最适合自己的教练
·对教练经历、目标和进步负主要责任，包括所有的会议日程、行动计划和教练后发展计划
·安排与教练及上司见面的合适时间
·为所有教练课程做准备，并参加教练课程

续表

· 请求上司在教练过程中给予持续支持
· 完成合作设计的教练课程课外作业
· 如果对教练关系有任何不满意之处，联系项目管理者

外部教练
· 在被客户选中后通知项目办公室完成协议
· 在 360 度反馈评估中教练客户
· 在制定目标、行动计划步骤以及教练后发展计划的过程中教练客户
· 支持和保持客户对自我进步负责，并在项目实施过程中实现进步
· 与客户共同设计合适的目标导向的课外作业；保证客户对完成课外作业负责
· 在教练课程之外，如果客户有需要，通过电话或 E-mail 给予回复
· 如果客户不与教练见面，或者在教练就教练课程事宜联系他时不予回复，则联系人力资源部门或者客户的教练项目经理（除非有违反法律的嫌疑，否则教练不能联系与客户其他的相关人士）
· 收集微软可能需要了解的问题的主题和类型（例如，具体的需求或者可能对公司有助的额外培训）

教练选择与导入

在对教练资格进行了大量研究之后，微软后备计划选择教练的标准通常包括以下方面。

- 商业或企业经历：这位教练是否有特定的商业或企业经历以及背景？他是否教练过具有类似规模、复杂环境和行业特征的组织的高管？

- 受过的教练培训：这位教练是否接受过教练流程和技能方面的培训？有多少？

- 360 度反馈或者其他评估方面的经验：教练在围绕评估提供反馈和建立行动计划方面是否接受过培训或者有经验？

- 教育背景：教练是否拥有学位？拥有哪个领域的学位？

- 教练证书或者累计教练小时数：这位教练从事教练活动多久了？累计教练小时数为多少？

- 遵守国际教练联合会（ICF）道德准则的意愿（这种道德准则是教练必须表现出的教练职业素养，尊重不同的教练方法，认识到自己也受到法律法规的限制）：这位教练是否愿意遵守教练道德准则？如果不，他是否愿意签署一份协议，表示愿意遵守国际教练联合会道德准则？

- 签署服务协议的意愿：这位教练是否愿意为教练活动签署合同或协议（包括其组织的各种细节）？

- 服务新客户的可行性／能力：这位教练的日程表上还有多少空余时间可以用于服务需要接受教练的新客户？

- 具体的语言要求：这位教练在教练参与者所需的特定语言方面是否达标？

- 教练和参与者所处的地点：这位教练是否处在特定的时区？虽然大多数教练活动可以电话沟通的形式进行，但时区的相近性会让时间安排更容易。

根据微软后备计划参与者的数量，及其所处的地区，预估每个地区需要的教练数量（根据 4 ∶ 1 或者 5 ∶ 1 的比例）。在美国，一些微软教练已经符合这些标准，他们中的大多数被邀请回到微软后备计划。在美国之外，CoachSource 的全球教练资源都被召集过来接受检验，然后上岗。CoachSource 根据微软的标准检验这些教练，将这些国际教练加入教练库中。微软在各地的人力资源部门会查看这些简历，为教练库选择教练。

因此，有资格的教练要展示他们对微软后备领导者指供教练服务的最大能力，这样才会引起微软的重视。目前，微软后备计划教练库包括位于 14 个国家的 58 位教练，会讲很多种语言。

教练们会参加两次虚拟电话介绍会，每次两个小时。第一次介绍会聚焦在微软业务上，第二次聚焦在微软后备计划的重要细节（对教练的期望、流程和时间表、教练与参与者的匹配、管理者的参与、教练活动成功的衡量标准、开发票的流程）上。已经和微软一起工作的教练不用参加第一次介绍会，但所有教练都要参加第二次介绍会。微软会在这些会上使用自己的在线会议技术。

国际教练论坛

饱受赞誉的工作是教练论坛，在位于华盛顿雷德蒙德的微软总部举行。所有教练都被邀请来参加这个为期两天的论坛。论坛从前一天晚上的欢迎酒会开始。第一天的活动主要是微软高管的报告和教练圆桌讨论。晚上在西雅图太空针塔举行晚宴。第二天的活动从教练与微软人力资源部门的交流开始，几位高管教练代表做报告，然后大家会参观未来之家 / 办公室演示，接着探访公司专卖店。

教练们会得到一小笔补贴，负担他们从到达西雅图开始的所有费用，但不包括机票和这两天的工作收入的补偿。尽管有这个限制，但 70% 的教练还是会参加，包括来自中国、爱尔兰、英国、秘鲁和澳大利亚的教练。两天的反馈大部分是积极的：分享最佳实践的财富、人际网络以及这次活动整体的友好氛围使得这个论坛对所有人来说都很值得参加。

结论

微软对培养各级领导者有很强的承诺。微软后备领导者培养项目是一个整体的、全面的高潜力人才发展项目，包含多种学习方法，根据领导者在组织中的层级量身打造。这项基于研究的项目设计包含了评估、教练、指导、学习圈、行动学习和业务会议等环节。

项目中包含了一种期望，希望参与者将来能够回馈这一项目。随着这一项目开展，最初的微软后备计划参与者现在都成为新的参与者的导师。这样，参与者会感到他们是一个社团的一部分，而这个社团始终在成长和发展，超越最初的经验。

作者简介

香农·沃利斯，微软全球高潜力人才领导力项目全球总监，负责顶级人才的发展。她是一位高管教练、咨询顾问和讲师，有 20 多年的国际领导力开发和组织变革经验。在担任目前的角色之前，她曾在《财富》500 强企业担任咨询顾问或在其中担任管理职位，包括可口可乐、环球影城等。她获得了美国杜克大学 MBA 和西北大学人力资源开发与社会制度学士学位。作为一位演讲者，她参加过 Linkage、工业与组织心理学学会、OD 网络、美国培训与发展协会（American Society for Training & Development，ASTD）和行业的活动，并参加过美国各地的各种女性会议。她和家人一起住在弗吉尼亚费尔法克斯。

布赖恩·O. 昂德希尔，博士，在全球高管教练实施管理和设计方面是业内公认的专家。昂德希尔博士著有《结果导向的高管教练：培养组织领导者的关键导师》（*Executive Coaching for Results*：*the Definitive Guide to Developing Organizational Leaders*）。他是 CoachSource 和 Alexcel 公司的创始人。他在此之前曾为马歇尔·戈德史密斯管理高管教练的运营达 10 年。昂德希尔是国际上备受欢迎的演讲者，参加过世界大型企业联合会、Linkage、ASTD、SHRM 人力资源论坛以及 PCMA。他获得了加利福尼亚职业心理学院组织心理学硕士和博士学位，以及南加利福尼亚大学的心理学学士学位。他获得了戈德史密斯教练过程的高级认证。

卡萝尔·赫德利，微软的领导力开发咨询顾问。她负责管理微软后备计划的全球高层领导后备部。她为微软后备计划管理高管教练，同时负责微软全球高潜力人才挑选流程。她是微软人才管理平台——职业模式（Career Models）的开发和实施过程中的重要领导者。在进入微软之前，卡萝尔曾在提供管理服务和人力资源解决方案的公司为很多管理职位寻找全球领导者。

第 20 章

高潜力领导者的培养

保罗·赫西（Paul Hersey）

脸书（Facebook）年轻的明星 CEO 马克·扎克伯格宣称："在工作中表现杰出的人与那些在工作中表现良好的人相比，好的不是一点点，而是要好 100 倍。"不管他所说的倍数是不是精确，扎克伯格的评论都凸显了公司对关键人才的价值的关注。招聘、培养和保留高潜力领导者的策略很多，既有常规的内部继任计划，也有激进的外部收购计划——买下一家公司，主要是为了获得其优秀的人才。组织在高潜力人才梯队上做出了前所未有的投入。这些高潜力人才往往会被公开任命，目的是强调他们的价值，传达公司对培养他们的承诺，同时希望提高他们进入领导角色后留在组织中的可能性。组织为他们提供培训和指导，提供有助于他们发展的挑战性任务和高管教练，以便他们做好应对变化无常的商业竞争的准备。所有这些对精英与杰出人才的关注和培养究竟是为了什么呢？

今天的商业环境面临的总体趋势是：经济低迷、组织扁平化（管理更多人）、高度的复杂性以及压迫性的节奏（在无休止的激流中驾驶小船）。即便是经验丰富的领导者要跟上时代步伐，也会感到力不从心，更别说超前于竞争曲线。高管们每天的日程表堪比竞选中的政治家。报告显示，47%的管理者在睡觉的时候会把电话放在他们够得着的地方。邮件的数量剧增，因为很多领导者为了共享信息，会采用抄送的方式。即便如此，超过90%的高管还是会回复。跨时区运营的虚拟团队需要远距离的领导力，即能够在很少甚至没有面对面接触的情况下，建立合作，弥合文化差异。为了快速交付成果，管理者必须召集和配置项目团队，其中可能有一些成员并非他们的直接下属。少之又少的杰出人才处于人才竞争的中心还有什么奇怪的吗？或者说，这些被看作未来领导者的人，需要今天就开始做准备？

高潜力领导者悖论

被视为新秀的领导者这件事本身令人开心，但这也是被我们称为"高潜力领导者悖论"的源头：据估计，70%的高潜力者被招募、培养及提拔，主要是因为其超凡的专业才能和个人业绩——但这些在他们进入新的领导角色之后很快就变得几乎与之毫不相关，取而代之的是他们的影响力、人际网络、战略思考、情商以及适应力。这就好像你本来是一位当代著名的独舞表演家，现在在新的工作中却要为一个国际舞蹈团编舞。这样会发生什么？想想这个统计数字：43.6%的新任领导者不能胜任自己的工作。这个问题很快会与组织中其他人的内在冲突结合在一起，导致团队效率大幅度下降。

三大威胁

对新任领导者而言，有3个重要的能力问题迫在眉睫。

（1）转型能力：积极管理转型本身。

（2）职位能力：培养胜任岗位所需要的技能。

（3）发展能力：同时发展自我、团队和组织。

如果新任领导者是第一次从个人贡献者转变为管理者，学习曲线会急剧升高。所有这些能力（与个人现有的技术或职能特长不相关的能力）如果不足，会导致三大严重威胁。如果新任领导者之前管理过别人，职位能力可能不那么成问题，但是转型和发展能力的需求依然很迫切。

转型能力

转型是高潜力领导者在进入新的领导角色时面临的第一大威胁。就算各种职位说明书清楚地描述了这项工作是什么，也不能说明如何以及什么时间与团队成员、上司一起开始工作。我的优先序应该如何安排？我如何了解我的团队和他们当前的问题？我的上司的期望是什么？人们希望我多快做出改变？我的同级有哪些，我如何与他们建立伙伴关系？这些都是新任管理者在开始聚焦于发展职位能力之前需要搞清楚的关键问题。有人指出，有效的转型计划根本上关乎人际关系的建设，包括与前任和新任上司、同事及新的团队之间的关系。

职位能力

在新职位上快速熟练起来当然对组织有好处，可以使伴随着从高潜力人才到新任管理者的转型过程的损失降到最低。但是"快速"并不意味着这是突然间发生的。如果没有一个受到支持的转型计划，新任管理者很容易陷入泥潭：快速创造成果的压力，以及尽快胜任工作的自我施压。这种紧迫感会导致"自我驱动"的错误（见表20-1）。

基于自己的思想、努力和决定建立自己信誉的渴望并不令人惊讶。为什么？因为这正是领导者过去获得成果的方式。迈克尔·沃特金曾经围绕初任管理者的最初90天的重要性写过很多作品，他认为："可能你所面临的最大误区，是认为过去让你成功的经验还将继续让你成功。"

表 20-1　我与他人

关注自我	关注他人
独占功劳	分享功劳
获得所有答案	提出正确的问题
否认下属的观点	积极寻求和倾听他人的观点
封锁信息	分享信息
越俎代庖，微观管理	提高他人的能力，发挥其优势

对高管教练而言，帮助一位新任管理者在心态和技能方面，从"我"转到"我们"，是提高其职位能力的关键。让我们回到前文所举的关于当代独舞表演家被选任为编舞者的例子。她现在必须设计舞蹈团的动作，而不是完美地表现这些动作。她必须给出方向，而不是听命于他人。她必须选择谁跳高潮部分，而不是把这个机会给她自己。要有效地激励、促进、协调、沟通并影响舞蹈团的成员，她现在最需要的是人际技能，而不是舞蹈专业技能。

一旦高潜力人才进入转型期，有效的人际技能的重要性会前所未有地凸显出来，并比技术技能（这曾经是其效能的基础）带来更多的价值。研究已经显示，对领导者绩效的最大影响（57.9%）来自人员管理技能，特别是团队建设和培养直接下属。

很多组织是根据"成功管理者"的能力情况或他们建立的领导者素质模型来定义职位能力的。管理者技能培养项目通常是围绕这些模型建立的，这些模型通常因管理层级而异。培训经历或许可以推动人际技能的发展，但培训知识的运用及跟踪才能让领导者真正具备这些技能，而不是仅仅停留在表面上。要娴熟地使用人际技能，需要进行人际互动：使用四象限模型教练某个下属，并调整你的风格去适应他，向你的上司或

教练询问反馈，向同事寻求改进意见

随着领导者获得重要的人际技能，这个循环可能会再次重复。被提升到某个更高的层级可能需要更多的思维技能、战略思考和业务敏感性。想一想，前文所举的编舞者现在已经成了舞蹈公司的总监，她的关注点又变了：我们如何在当前的经济形势下维持筹款工作？本季度我们公司应该雇用多少新员工？我们有竞争力的舞蹈在电视中播放后引起了人们的关注，我们该如何利用这个优势？围绕整家公司进行思考和行动的能力仅次于人际能力，她现在的角色相比于之前的角色，要更政治化、系统化。

发展能力

虽然转型有多种表现形式，如从个人贡献者直线或曲线提升为管理者，跨部门或跨职能调动，发展性的轮岗（这可能意味着新的产品、服务或地域），或者参加一个受人瞩目的战略性项目，但持续发展自己成为一位领导者以及培养他人的需求是不变的。发展能力关系到学会如何学习，始终做好准备认识自己所不知道的，这意味着自己有弱点、不自信。同时，发展也意味着以同样的技能或能力培养下一层级的能力，比如培养情商，实现自我意识的超越，或者辨别他人的能力和影响力。高情商会提高领导者培养不同能力与意愿水平的直接下属的能力，也有助于塑造团队氛围，帮助团队建立信任、建立团队身份和提升团队效率。这比提高个人的影响力要更加复杂和有挑战性。为什么？因为团队必须关注成员的情绪，关注团队当前的情感状态，以及其他相关团体和个人的情感。在更高的层级，情商会影响人们接受大范围变革，鼓励团队学习，甚至创建与其他组织的合作关系。

高潜力人才与情境领导®的关系

在莎士比亚的伟大悲剧《哈姆雷特》中，主角反复思考什么时候采取行动，令人难忘地推断出"准备就是一切"。"准备"的概念对高潜力人才及其领导者始终是重要的。"情境领导"®（Situational Leadership）模式为教练提供了一个框架，可以评估致力于提高转型能力、职位能力和发展能力的高潜力领导者的"绩效准备度"（Performance Readiness）。归根结底，高管教练必须首先帮助他们转型中的客户通过最初的评估确立清晰的目标，明确应该把他们的努力集中在何处，以及如何集中。

一旦这些目标建立起来，高管教练就必须考虑客户对发展想要的能力需要采取的行动步骤的准备情况。

"情境领导"®中的"绩效准备度"®的定义是在特定情境下，领导者所展示出的完成某个特定任务的能力和意愿。在这个模型中，"能力"是所展示的知识、经验、技能；"意愿"是所展示的信心、承诺和动力的程度。虽然能力和意愿的概念不一样，但是要记住，它们相互影响并组成一个系统，这意味着其中一个的重要变化会影响整体。领导者在某个情境下的意愿会影响他们当前能力的发挥，反之亦然。准备情况的评估因任务的不同而不同。为什么？因为这样会增加成功的可能性，或者至少增加完成任务的可能性。此外，在不同的任务中，准备程度也不同。例如，高绩效人才可能在项目预算方面很优秀，不需要任何教练；而在为团队成员提供反馈方面却需要很多指导。

从客户的准备情况出发

就像本书前面所描述的，"情境领导"®适用于高管教练。能够准确诊断"绩效准备度"®的高管教练就拥有了一个设计教练方式的良好平台。"绩效准备度"®不仅可以帮助教练界定合适的干预方式，也能帮助教练确定他该如何调整自己的风格，以适应客户的需要。教练通常对干预方式胸有成竹，也很容易陷入描述客户需要做什么的陷阱。与他所教练的客户一样，风格的灵活性对高管教练而言是一个优势，有助于他在随着时间的推移，客户面对不同的任务和情境时能够采取更多样的干预方式。

不管高潜力客户是需要创建一个转型计划、发展新角色的关键技能还是确定团队发展策略，高管教练都有机会示范风格的灵活性，而这是领导者最终需要展示的。当然，高管教练可能只是整个人才管理战略中的一部分，很多企业也在为高潜力人才梯队提供一整套解决方案，以便为这些未来的领导者提供学习和发展的机会。还有一些公司和客户没有采用高管教练，单靠摸索前进也取得了不俗的成就。《纽约时报》揭示，在 Facebook 的早期阶段，有一个针对高管的"快速旋转门"，在高管被雇用后的 10 天之内，有人走，有人来。表面上看，这家公司从那时候起已经稳定了，但是人才竞争仍很激烈。高管教练可能会发现自己就在人才竞争的最前沿。

作者简介

保罗·赫西是美国领导力研究中心的主席，该中心提供领导力、教练、销售、客户服务培训。他是情境领导的创立者之一。情境领导是全球范围内数百万位经理人所采用的绩效工具。他曾在 117 个国家讲授情境领导，影响了全球范围内上千个组织、400 万经理人的领导技能。他是组织行为著作——《组织行为管理》的合著者。

第 21 章

导师的轮换

弗朗西丝·赫塞尔宾（Frances Hesselbein）

20 世纪 80 年代早期，我遇到了两位思想领袖和伟大的朋友。1981 年，我还是美国女童子军的 CEO，我遇到了"现代管理学之父"彼得·德鲁克。从我在宾夕法尼亚西部山区的最初几年开始，他的哲学以及他的工作对我发展成为一位领导者产生了重要的影响。

1970 年 5 月，我作为新任 CEO，第一次走进宾夕法尼亚约翰斯敦的塔卢斯女童子军理事会的办公室，胳膊下夹着几本《卓有成效的管理者》，准备送给每一位同事。我从没见过彼得·德鲁克，但是我看过他写的每一本书以及相关的视频。我知道他的哲学正是我们女童子军理事会所需要的，包括董事会和员工——几千名女孩以及她们的领导者。

在 4 年的时间里，我们为了支持一项针对女孩的强大的当代计划，我们建立了聚焦于女孩和项目的循环管理系统。这个系统运行得很好，于是宾劳瑞尔女童子军理事会让我去他们那里。他们同样成功地运用了这个聚焦于使命并以价值观为基础的循环管理系统。

18 个月以后，美国女童子军，这个全国性组织，世界上最大的服务于女童和女性的组织发起号召，要寻找一位新 CEO。我来到纽约与招聘委员会见面。几天后，他们决定聘用我，我也接受了。我成为 67 年来第一位来自这个地区的美国女童子军 CEO。

在两个地方的女童子军理事会所学到的经验都融入了我的工作。循环管理、为使命而管理、为创新而管理、为多样化而管理一直发挥着重要的作用。

1976 ~ 1981 年，超过 70 万名女童子军志愿者和职员改变了这个世界上最大的服务于女童和女性的机构，超过 300 万个成员有一个共同的承诺。哈佛商学院撰写了一个关于美国女童子军的案例研究报告，被运用到全世界的商学院教学中。

1981 年，我们遇到了德鲁克。他对我们进行了研究，在接下来的 8 年里，他每年花两三天的时间对我们进行指导，并宣称女童子军是"全国管理最佳的组织"。

1982 年，我的第二个伟大的领导者和伟大的朋友进入了我的生活。我之前没有听说过他，也没有阅读过他的书。当时，一个英俊的年轻人走进我在女童子军总部的办公室，他说："我是马歇尔·戈德史密斯，我开发了一个新的项目，一个 360 度反馈工具，我想把它送给你和女童子军，和你们一起使用它。"他给我展示了这个 360 度反馈工具，我被打动了，我们当天就建立了一个计划。

马歇尔将直接和我以及我的管理团队一起工作，我们把 360 度反馈工具用在总部的职员和地方女童子军理事会职员身上，产生了积极的效果。

1981 ~ 1982 年，彼得·德鲁克和马歇尔·戈德史密斯成为我们组织最强大、最慷慨的支持者。8 年后，在我的任期满 13 年时，美国女童子军达到了历史上会员数量最多、最多样化和最团结一致的巅峰。

　　1989 年末，在我即将离开时，美国女童子军为我举行了一个精彩的庆祝仪式，庆祝我在"世界上最伟大的组织"13 年硕果累累的工作生涯。当时彼得·德鲁克和马歇尔·戈德史密斯都来了，他们做了演讲，与来自全美各地的约 500 名女童子军高管一起庆祝。

　　6 周后，我在 1990 年 1 月 31 日离开了美国女童子军，而彼得·德鲁克非营利管理基金会成立了，我发现我成了全美最小组织的总裁和 CEO——没有钱，没有职员，在美国互惠人寿保险公司赠送的办公室里办公。谁将第一个被邀请来和彼得·德鲁克一起成为董事呢？当然是马歇尔·戈德史密斯。他在那一天就成了德鲁克学院（Drucker Institute，现在是 Leader to Leader Institute）的董事。

　　所有这些，只是马歇尔·戈德史密斯邀请我撰写关于教练文章的背景。我将另辟蹊径，写一写关于教练的同伴——导师（mentoring）。很多公司正在采取教练的方式来投资于员工的成长、有效性和绩效，同时还有一股可与教练媲美的强大力量——导师指导。

　　在很长一段时间里，我辅导了几位年轻女性，现在这是我的主要事务。但是，通常在演讲之前，介绍者会说我是"导师"。尽管如此，我们其实并没有正式的导师指导关系。很明显，德鲁克基金会被翻译为 30 种文字的 27 本书，《领导者传承期刊》，以及我们全球的网络研讨会都是紧密相连的，领导者以个人的方式参与进来，而"导师指导"成了我们共同语言的一部分。

　　大约 15 年前，一名年轻的美国海军警卫队指挥官来看我，说她得到授权可以在 6 个月里跟随我到任何我演讲的地方去。我动心了，因为我每周要单独旅行多次，一年旅行海外多次，而现在可以有一个聪明、年轻、充满渴望的未来领导者做我的旅行同伴。但是，我想到了这可能不是对她最有利的正确决定。于是我说："尽管我很乐意，但这对你不公平。你会把大部分时间浪费在机场。如果你愿意学习，我乐意成为你的导师。"

15 年间，美国海军警卫队指挥官卡拉·格兰瑟姆和我一起旅行，参加会议、庆典和导师指导课程共计几百次，从没有任何失望的时候。从卡拉身上，我体会到导师指导是互惠的。导师所学到的和被辅导者一样多，大家都得到了尽可能丰富的学习经历。这种关系不会结束。

在导师指导方面的第二次冒险是完全不同的。11 年前，我在中国深圳做关于使命、价值观和领导力的演讲。演讲结束后，有听众来问候我，其中有一对年轻的夫妇和他们 18 岁的女儿。这位妈妈是一位记者，爸爸是一位律师。爸爸说："这是我们的女儿，林悠晨，我们想请您做她的导师。"他们解释了原因。我回答说："我很荣幸。有了 E-mail，我们在任何地方都可以一起工作。"我给了他们所有的联系方式，还进行了令人感动的告别。这些年轻的中国父母想给他们的子女一个更广阔的世界。

然后我飞回了纽约，故事就结束了。没有林悠晨的 E-mail，什么都没有。6 个月后，我接到一个电话："赫塞尔宾女士，我是林悠晨，我在纽约斯塔滕岛，现在是大一新生。我做好准备接受您的辅导了。"今天，她已经获得了审计硕士学位，拥有一份很好的工作，我们的导师指导课程包括一起用餐，她参加我们的会议、庆典和聚会等。从这两个我持续辅导的杰出女性身上，我确实体会到，导师指导是互惠的。当我们担任导师时，我们甚至比我们所辅导的领导者学到的更多。同时，我们和他们的生活都改变了。

本文开头就提到了我对教练技术以及我们这个时代最伟大的教练——戈德史密斯的欣赏。我相信他是最伟大的，自 1982 年认识马歇尔·戈德史密斯，在之后的岁月中他从没有让我失望过。我们一起去世界各地旅行。我可以打电话给他，并问："马歇尔，你可以和我一起去波兰吗？"他会回答："什么时候出发？"

马歇尔为我们这个时代重新定义了"教练"的含义，在我的生命中，他和琳达、凯莉以及拜恩一起为我重新定义了爱、友谊和家庭。不管我去哪里，不管我做什么，马歇尔都在那里。这也是一种互惠。

作者简介

弗朗西丝·赫塞尔宾是领导者传承研究所（前身为"彼得·德鲁克非营利管理基金会"）的总裁兼 CEO，以及创始人。她在 1998 年被授予了美国"总统自由勋章"，曾任职于多个非营利和私营部门企业董事会。2002～2006 年，她是美国志愿者协会主席，获得了 20 个荣誉博士学位。2009 年，匹兹堡大学引进赫塞尔宾全球研究所教授学生领导力和公民参与。她在第 7 届美国年度企业女性颁奖典礼上入选"著名企业女性"长廊，在 2008 年美国国家伦理大会上被授予"美国陆军军官学校高级管理者"称号。她还是饱受赞誉的季刊《领导者传承》的主编，以及德鲁克基金会三卷本的《未来系列》的合编者。她也是 27 本书的 30 种语言版本的合编者。她著有《赫塞尔宾谈领导力》（*Hesselbein on Leadership*）以及《我的领导生涯》（*My Life in Leadership*）（2011）。

第五部分

付诸行动

第五部分"付诸行动"包含一些帮助及指导高潜力领导者如何获得成功的文章。马歇尔·戈德史密斯在第 22 章中提出了 11 项指引，旨在帮助高潜力领导者更好地影响决策者。在开始迈向更高职位的旅程之前，高潜力领导者能够从帕特里夏·惠勒（Patricia Wheeler）的文章《快速成长的路径：成功转型为更重要的领导者》中获益。这篇文章提供了来自成功转变者的清晰的行动步骤及一些智慧箴言。劳伦斯·S. 莱文（Lawrence S. Levin）在第 24 章中讨论到顶尖团队会非常警惕地不断检查他们的关注点，从而适应不断变化的商业环境。在第 25 章中，马克·C. 汤普森（Mark C. Thompson）与博尼塔·S. 比尔－汤普森（Bonita S. Buell－Thompson）揭示了帮助高潜力领导者倍增价值的 9 个步骤。在第 26 章中，斯蒂芬·A. 迈尔斯（Stephen Miles）与内森·本内特（Nathan Bennett）把体育中的教练团队及个体运动员与商业领域做了一个类比。

第 22 章

有效地影响决策者：确保你的知识产生非凡的影响

马歇尔·戈德史密斯（Marshall Goldsmith）

大多数人是倾向于焦点向下的，他们关注工作过程而不是结果，他们担心的是组织和上级"欠"自己的以及应该为自己做的，把注意力放在自己"应该拥有"的权利上，最终的结果是他们成为平庸之辈。

——彼得·德鲁克

彼得·德鲁克撰写了大量关于现代组织中知识工作者影响力的文章，知识工作者的定义是对自己的工作比自己的主管还懂得多的人。很多知识工作者在自己的岗位上接受了多年的教育和培训，然而他们在如何有效地影响决策者方面却几乎没有得到过培训。

彼得·德鲁克曾经指出："没有应用于行动和行为的智慧只不过是毫无意义的数据而已。"

下面列出的 11 项指引旨在帮助你更好地去影响决策者。在某些情形下，这些决策者是你的直接领导者或者是高层领导者，在其他情形下，他们可能是你的同级或者跨组织的同事。我希望这些建议能够帮助你把好的想法转变为有意义的行动。

（1）影响我们生活的每一个决策都是由那些有权力的人做出的，而不是"正确的人"，不是"最聪明的人"，也不是"最好的人"，这是我们需要平静面对的现实。

尽管上面这句话看起来非常简单并且显而易见，但我还是很吃惊地发现很少有人能明白这一点。当你的孩子从学校回来并且抱怨："太不公平了！老师给了我一个 C，但我明明可以得 A 的！"我们作为父母只能说："欢迎来到真实的世界，孩子！在生活当中你需要接受一个现实，那就是决策者做出决定，而你并不总是那个决策者。"当我们能够平静地接受有权力的人做决策的事实时，我们就能够克服抱怨，因为"生活本来就是不公平的"，这样我们才能够更加有效地去影响其他人，从而产生更积极的改变，我们也可以活得更加开心。

（2）当我们向决策者汇报的时候，要认识到"销售"是你的责任，而他们没有"购买"的责任。

从许多方面来说，影响最终的决策者就类似于向客户销售产品——他们没有必要买，但你不得不去销售。优秀的销售人员会为销售结果负责任，没有人会被责备客户不购买产品的销售人员所打动。

在对外销售产品的过程中人们要对销售结果负责任，这个重要性是显而易见的，然而令人惊异的是，在很多大企业中很多人还会由于高层没有采纳他们的想法而花很多时间"指责"高层。克里斯·阿吉里斯（Chris Argyris）是哈佛的一位教授，他曾经指出"向上反馈"经常成为"向上的相互扯皮"。当我们把焦点放在别人如何把事情弄得糟糕上而不是我们应做正确的事情上的时候，我们会备感受挫。

如果我们花更多的时间来发展能力，以更好地提出我们的观点，花更少的时间去指责别人，我们会得到更多的成果。

决策者接受过的教育会对决策者产生非常重要的影响。

再次引用德鲁克的话："人们总是期望拥有知识的人能够理解他人。如果有人假设外行人能够或者应该努力去理解专家，这就是一种无知的骄傲。"

有效的影响者需要成为一位好的老师，好的老师知道教别人知识比自己去掌握知识更具挑战性。

（3）聚焦于产生更大的贡献，而不是只想着完成自己的目标。

一位优秀的销售人员从来不会对客户说："你必须购买这个产品，如果你不买，我就无法完成销售目标。"同样道理，有效的影响者会考虑到组织更大的需要，而不仅仅是自己部门或者团队的需要。

当影响决策者的时候，你要关注你的建议对整个企业的影响。在大多数情况下，你的部门与你所在企业的需要是直接相关的，而在有些情况下并非如此。因此，你不要想当然地假定高管会自动地把你的部门和企业利益联系在一起。

（4）争取赢得"更大的胜利"，而不要把能量和"心理资本"浪费在无关紧要的事情上。

高管的时间十分有限，因此你在"挑战现有系统"之前要对自己的观点进行全面的分析。不要在对结果的影响微不足道的事情上浪费时间。要聚焦于对结果有重要影响的问题，并且愿意在一些影响较小的方面选择"放弃"。

对一些无关紧要的、非业务的事情，要特别留意争论的必要性。如果我们在一些不重要的事情上追求"正确"而不是在商业要点上追求正确，管理层会为此而恼怒，因为公司聘用你是要你做真正紧要的事情以及解决重要的问题。

（5）提供现实的投入产出分析，而不要仅仅强调收益。

任何组织的资源、时间、能量都是有限的。你的想法被接受了也就意味着另外一个人的想法被拒绝了，这对你是一件很好的事情，同时你需要对实现你的想法的成本有一个现实的分析。为了实施你的想法，你也许要牺牲其他某些事情，这是你需要接受的现实。

在准备讨论成本的同时，你也可以在"被反对"之前做好应对的准备。你可以对其他人可能不得不做出的"牺牲"而表达感谢，并且指出，你的计划中投入的成本是必要的。

（6）敢于直面道德及诚信问题，不要在遇到违背道德的事情时保持沉默。

安然公司、世通公司以及其他一些企业的案例已经非常明显地反映违背商业道德会摧毁非常有价值的企业。理想的情况是，你没有被企业管理层要求做任何违背企业道德的事情，但是如果发生这样的事情，你要拒绝并且考虑汇报给更高的管理层，这样做是为了保护你所在企业、客户、同事以及你自己的最终利益。

当然，在"挑战"管理层之前不要假设管理层是有意要求你做一些不好的事情，因为在一些情况下，一些看起来不恰当的要求仅仅是出于误会或沟通不当。因此你要以帮助而非批判的态度来说明你遇到的状况。

（7）要认识到有权力的人跟你一样也是一个人，千万不要说"我很惊讶这么高层次的人……"。

我们可以期望决策者是有能力的，但期望他们在任何事情上面都超乎常人是不现实的。在人类历史长河中，如果有人能够取得很高的地位、很多的财富、很大的权力，他们是否就一定是完全智慧且有逻辑的呢？我们很多时候是不是会去想"我很惊讶这么高层次的人……"，接下来是

"他应该知道发生了什么事情""他应该更有逻辑""他不会犯这样的错误""他不会出现这样不合适的行为"。

即使是最优秀的领导者也只不过是一个人而已，而所有人都会犯错误。当你的主管犯了错误，你要把焦点放在如何帮助他们而不是批判他们上面。

（8）要像对待外部客户一样礼貌地面对决策者，不要在他们面前失礼。

不要讨好决策者，同时也不要走向另一个极端。相当多的中层主管很多时候会贬低自己所在的企业及高管，或者对其他同事有诋毁的评价。在领导者的 360 度反馈报告中，关于同事之间满意度的选项"避免对企业或者同事做出诋毁的评价"通常会位于满意度最低的 10 项之中。

在表达对其他同事的评价之前，问自己下面 4 个问题通常是有好处的。

- 这个评价能帮助公司吗？
- 这个评价能帮助客户吗？
- 这个评价能帮助正和我说话的这个人吗？
- 这个评价能帮助我提到的那个人吗？

如果这些问题的答案全都是"不"，那么不要说！完全诚实与不合适的公开表达是完全不同的。我们之前提到过，"挑战"不正直的行为是非常重要的，但是在决策者背后"捅一刀"是不恰当的。

（9）支持组织的最终决定，不要对下属说："是他们要我告诉你。"

假定组织的最终决定是不道德、不合法的，那么就站出来去处理。

如果经理总是对员工说"他们要我告诉你",经理就成了传声筒,而不是真正的领导者。不要说更糟糕的话:"是那些傻瓜要我告诉你。"如果我们没有参与最终的决定,我们会破坏这个决定被有效执行的机会。

对于很难沟通的决定,这里有一个简单的指引,你可以问自己:"如果我需要他们把我最终的决定传递下去而他们又不认同我,我该如何与他们沟通?"你要用你希望被对待的方式去对待决策者。试想:如果你在下属面前说领导的坏话,那么你的下属在不认同你的时候会如何做呢?

(10)发挥积极的影响,而不要只是争取"赢"或者"正确"。

我们很容易关注到别人所犯的错误,而不关注我们可以如何让事情的结果变得更好。有个影响上级的重要原则,那就是永远要记住自己的目标:对组织产生积极的影响。

企业与学术机构是不一样的。学术机构的目标也许只是分享不同的观点,不需要影响底线,并且允许花大量时间进行激烈争论。然而在企业中,讨论没有成果的想法是有害无益的,既浪费投资人的钱又打乱对客户的服务。

《哈佛商业评论》杂志采访我的时候,曾经问到一个问题:"你所遇到的高管面临的相同的'需要提升的领域'是什么?"我的回答是:"赢得太多。"要聚焦于做出积极的改变,其他人在你所在领域"正确"或者"赢"得越多,你越有可能去实施你的想法。

(11)聚焦未来,放下过去。

最需要避免的行为是对过去发牢骚,你是否曾经管理过不停地对过去发牢骚的下属?当人们不断发牢骚的时候,他们不可能有影响未来的改变,他们的主管会厌烦他们,他们的下属也会认为他们是不称职的上司。

成功的人喜欢把自己的想法聚焦于未来的目标，他们不喜欢由于过去的错误"被证明做错了"。聚焦未来，你就能够专心于未来能够得到的，而不是昨天没有得到的。这种未来导向可能会显著地提高你有效影响决策者的成功概率，也能够帮助你与你所在组织中所有层级的人建立更好的长期关系。

总而言之，请回想一下你过去曾经花费多年来"让自己的技能臻于熟练"，回想一下自己积累的所有知识，思考一下你的知识如何帮助自己所在的组织。你曾经投入多少能量来学习这些知识？你曾经投入多少能量来把这些知识介绍给决策者，从而你能够真正地创造出改变？我的希望是，付出一些小小的努力来学习如何影响决策者，你可以为你组织的未来创造出巨大的、积极的改变！

作者简介

马歇尔·戈德史密斯多次被《哈佛商业评论》评为世界上最有影响力的 50 位领导力思想家之一。《美国管理协会》杂志描述他为前 50 位思想家和在过去 80 年影响了管理领域的领导者之一。他被《华尔街日报》评为十大高管教育家之一；被《福布斯》评为五大最受尊敬的高管教练之一；被《经济时报》（印度）评为美国十大 CEO 教练之一，被《快公司》称为美国杰出的高管教练。马歇尔是被选出来与 120 位 CEO 和他们的管理团队一起工作的少数高管导师之一。他的许多著作销量超过百万册，包括被《纽约时报》评为畅销书的《魔劲》（*MOJO*）和《管理中的魔鬼细节》（*What Got You Here Won't Get You There*）[也是《华尔街日报》排名第一的商业图书和哈罗德·朗曼奖（Harold Longman Award）年度商业图书]。

第 23 章

快速成长的路径：成功转型为更重要的领导者

帕特里夏·惠勒（Patricia Wheeler）

音乐家及诗人鲍勃·迪伦（Bob Dylan）曾经写道："时代总是在改变。"当今时代的变化如此之快，远远超过了我们过去那些年的感受。全球范围的高潜力领导者面临着有史以来最为复杂的环境，经济时而好转时而衰退，全球一体化进程不断加快，技术日新月异……这些都为高管们创造了大量可以提升的机会。

企业不再保持一成不变。博斯公司的一份报告表明，很多行业及地区的企业正在进行新的调整，例如改变自身的投资组合、业务运营模式、流程及组织架构，这些调整都是为了聚焦于为企业及客户创造更多真正的价值。许多企业承认他们的高管梯队需要变得更为健全，因此对那些积极的高潜力领导者而言，他们现在面临着解决组织所面临的种种问题的机遇。

向上晋升：什么是最重要的

我们观察发现高管晋升到新职位的速度是在不断加快的。当企业进行并购、重新定位商业模式、发展新的细分市场、原有资深高管更快退休的时候，职位的调整就会发生。Alexcel 公司是我们的一家全球教练合作伙伴，自 2007 年以来，Alexcel 公司与高管发展协会（Institute of Executive Development）合作研究高管职位转换，研究主题包括高管成功的要素、高潜力领导者晋升到更高职位所面临的可预见的障碍等。

在研究过程中，我们调查了资深的领导者（组织中 5% 的高管），了解他们如何晋升的，是由于加入了新的组织还是在内部得到晋升，以及有多少资深领导者在职位上没有兑现自己的承诺。我们通过在线调查得到大量来自不同企业及地区的 350 位领导者及专业人士的反馈，这份调查包括 18 个多选题。为了获得更深入的了解，我们访谈了超过 50 人。

基于以下几个方面的原因，我们相信这些研究发现对高潜力领导者是非常重要的。首先，调查对象是他们所渴望未来能达到的层级；另外，了解高层的文化、成功要素及需要注意的事情对他们能否晋升有很大帮助。

那么，我们从研究中发现了什么呢？我们发现被调查的资深领导者的失败率仍然高得令人难以接受。加入新组织的高管中，有 1/3 没有在两年内成功地达到新组织的期望。

另外一个令人吃惊的发现是，从组织内部晋升的高管中有 1/5 未能在两年内达到组织的绩效成功的标准。这种现象不断重复：20% 的在现有职位上非常成功的领导者被提升或者横向地转岗到管理范围更大的职位之后，他们未能在新的职位上取得成功。他们并不一定会被解雇，因为企业不愿意将太多内部成长起来的领导者免职，但是这些领导者由于未能获得成功，很可能意味着他们无法继续向上发展。

我们能从调查中清晰地得出什么结论？我们证实了马歇尔·戈德史密斯的说法："曾经让你成功的因素未必能够让你继续保持成功。"下面进一步地看看我们的发现。

是什么阻挠了高潜力领导者及高管的发展呢？这里面的失败很少是由缺乏技术性的知识造成的，更多是由于缺乏人际关系技能、与组织文化的一致性等。有 73% 的被调查者将人际关系技能及领导力技能列为高管绩效不佳的重要原因，其中有 1/3 的反馈者将其列为首要原因。因此要记住，向更高级别职位发展的时候，人际关系成为愈加重要的因素。为什么会这样？简而言之，每次职位的晋升都会使领导者要更多地通过其他人完成任务。因此，我们建议那些期望往更高职位发展的领导者找到更多的方法来应对这个挑战。这些方法包括了解别人如何看自己，更多地意识到企业的文化，学习让自己的领导力及沟通风格更加灵活。

领导者之旅

我们曾经访谈过的一位资深领导者谈道："我们去年聘用了 4 位知名商学院毕业的 MBA，但是我们在一年之内解雇了他们。"他接着说，虽然这 4 位 MBA 都非常聪明、努力以及有很好的商业技术技能，但他们表现傲慢且深信自己在业务挑战面前无所不知。他们没有花时间去理解及尊重自己所在业务部门和团队的文化，他们极力地推动工作，导致他们遇到来自周围相关者的极大阻力，最终造成员工士气急剧下落、员工流动率增加以及业务受到损害。

我们在工作中看到过太多这样的情景，这也是我们提出帮助领导者晋升到更高职位的"加速发展计划"的原因。领导者需要平衡新的角色要求、新的组织架构及汇报关系，以及平衡面对业务结果的压力和实施变革的权力，这并不是一件容易的事情。很多时候，领导者会被新角色所带来的人际关系方面的事情而弄得疲惫不堪。

　　米切尔（Mitchell）是与上述提到的案例相反的一位领导者，他参加了所在企业的高潜力领导者发展计划，他从企业总部的营销岗位调任到一个绩效较好的区域分部的区域运营岗位，公司期望他能够在新的岗位上推动销售及生产达到更高的绩效。米切尔对这次调动感觉良好，因为他与全球战略团队关系紧密，他很清楚企业内部和外部的业务情况。他把运营区域分部更多看成是"站在战略高度看问题"，他也把这次调动视为让自己出类拔萃的机会。

　　米切尔未能预料到的是区域业务及文化的不同之处，以及区域分部的同事对公司的倡议感到奇怪的程度，他们经常把公司的倡议看作不现实的以及短暂的。他很快明白自己所面临的新状况，自己的成功不仅仅取决于好的战略和案例，若要在新的角色上取得成功，他需要在新的团队关系中快速地建立起信任。

　　我和米切尔一起为他的转型制订一个周密的、为期 6 个月的计划，我请他反思他的新团队和区域业务及文化。这种文化有什么样的特点？如何平衡固化流程及强调创新？这种文化更多的是合作还是最终结果驱动？米切尔过去习惯的是什么样的文化？现在的情形与米切尔过去所习惯的文化相比较，哪些是相同的，哪些是不同的？他描述了他以前所习惯的是一种战略及创新的文化。"公司鼓励我提出新的想法，以在市场上抢占先机。"他回忆说，"然而在区域这边，我们的焦点在于效率和流程。"很显然他需要改变他的观点和风格以迎接和适应新的文化。

　　接下来，我让他画出他现在周围的利益相关者的关系图，并且创建了一份沟通的模板文档，他必须与这些人进行沟通以理解他们不同的观点。他的任务是进行一次"倾听之旅"，而不是其他领导者所做的"表达之旅"。在这些谈话中，他了解到区域历史中的一些重大事件、信息和产生影响的关键资源，目前存在的"企业政治雷区"等。他确定了两位潜在的导师，这两位导师能够成为连接纽带和支持者，帮助他进行接下来的变革。

米切尔同时也开始花时间反思自己，他推动业务的优势是否是一种妨碍，因为他有力地推动自我和他人的同时也忽略了对他人贡献的肯定。为了确保他的这个特质不会影响他与团队建立信任，他决定有意地练习在表达自己的观点之前先问问题（特别是在自己的直接下属面前），以让对方感到舒服从而愿意告诉他真实的困难。他很快地学习到，如果他减慢沟通的节奏，他就更能让他人理解自己的观点。这些都只是简单的练习，但是很多高潜力领导者在急切追求业务结果的时候经常会忘记去做这些练习。

当我建议米切尔向自己的主管以及其他关键的利益相关者询问如何定义自己的角色的成功的时候，起初他推迟去做这件事情，因为他曾经在与主管进行工作面谈的时候讨论过这个问题。最后他做了这样的沟通，他惊奇地发现有些主管根本不是用一些业务指标来衡量他的成功。他也没有预料到发展团队跟每个季度的业务结果一样都是衡量成功的指标。当了解这些之后，他就能确定把发展团队作为"早期的胜利"，并抽出额外的时间来处理这件事情，这对他来说也是一个全新的任务。

我鼓励米切尔持续地与关键的利益相关者沟通，以确保他的进展被看作不断向前的行动。他也在犯一些小错误和产生偏差的时候很快进行纠正，从而避免破坏对方的信任。这是非常重要的，因为米切尔倾向于依靠硬指标的数据来评估进展，然而很多"早期胜利"未必能够转化为硬指标的业务数据。

一年以后，米切尔看到自己管理的区域发生了改变，他也成为更高职位的继任梯队的成员，并且他开始初步地调查他即将加入的业务单元及区域的文化。他通过自身角色的发展提高了自己对组织贡献，也拓展了作为一名领导者的广度与深度，这也最终会让他跻身于企业级的领导层级。

在新的角色上加速成功：你能采取的行动

作为一名高潜力领导者，如果你在新的职位上能够在自己的商业及技术性知识之外，成功地发展人际关系、政治、文化挑战方面的技能，你在组织中就能够更好地发展。当你转换到更高的职位时，下面是几个你需要考虑的方面。

准备应对挑战

- 评估文化并且要理解在每一个组织中都存在很多"微文化"。在你有机会创造持久的改变之前，你必须明白并且承认这些文化。
- 评估你自己并且有意识地了解自己。自己的优势使用过度就成了劣势，而我们往往是最后一个了解到我们越过了边界。
- 询问自己及他人：我必须适应的新角色是什么？每一次职位的提升都会对自己提出新的战略要求，为了让自己在战略上更有效，你需要放弃一些战术上的活动。

发展你的人际网络

- 对高潜力领导者来说，与同事建立良好人际关系日益重要，这包括了影响力、专业知识及多种关系，不可忽视了其重要性。

- 要利用不同导师的帮助，从他们那里得到不同的看法。在向上发展的过程中，这些帮助永远不嫌多。
- 自己作为一名导师积极地去帮助他人发展，你在帮助你辅导的人获得很好的学习体验的同时，也会为自己创造一份很好的学习体验。

评估成功

- 你可以询问自己的主管及其他关键利益相关者：6 个月后如果我在目前的岗位上成功了，那会是什么样？不要假定自己知道答案。
- 定期跟进及寻求未来导向的反馈，这样做可以让你创造一种开放的沟通环境。这样即使有偏差出现，你也可以在偏差成为问题之前管理它。
- 经常庆祝一些胜利，要记住，即使现在仍然面对着强烈的紧迫感，也要偶尔停下来去肯定自己及他人达到了标准。

作者简介

帕特里夏·惠勒，博士，是全球性的领导力咨询公司 The Levin Group 的合伙管理人，也是一位领导力发展及高管教练专家。她的专业技能在于帮助技术领域的高管成为更有效的领导者，帮助他们及其团队消除绩效方面的障碍。她拥有心理学博士学位，曾经担任埃默里大学（Eory University）医药学院的副教授及美国佐治亚州州立大学鲁宾逊商学院的访问学者。她与马歇尔·戈德史密斯合作运营面向高管的在线网站，她也是《美国管理协会领导力提升手册》中"领导力发展手册之最佳实践"的贡献者之一。

第 24 章

团队的力量：卓越团队的优势

劳伦斯·S. 莱文（Lawrence S. Levin）

在过去 20 多年中，莱文集团（Levin Group）与全球 1 000 强企业及一些中型企业的高管团队进行了紧密的合作，这些企业所在的行业涉及医疗保健、金融服务、制造业、生命科学以及技术等。

我们曾经帮助一些高管团队学习如何推动企业增长，进行重大而复杂的变革，应对新的不断变化的全球市场与经济。当突然发生政治、经济等种种变化的时候，这些有经验的团队需要做出反应，他们必须思考如何在勇敢地发展业务的同时抵御经济衰退。他们是绝顶聪明的人，做着顶尖团队通常做或者应当做的事情。这些团队非常重视承诺及负责任，制定执行策略，确保财务结果的实现，致力于员工未来的发展。

随着商业环境变化持续加速，经济波动、复杂性及不确定性不断增加，全球市场的联系日益变得透明。企业的高管团队面临着一系列新的挑战和矛盾，对他们来说，这是很艰难的时代，他们需要新的理念和思维以获得成功。他们需要问自己很多很难的问题，示例如下。

- 在外界竞争和技术变化如此之快的情况下，我们应当如何制定战略？
- 我们如何在防止企业跌入谷底的同时继续保持增长？
- 我们如何在聚焦于创新的同时确保我们业务的基本运营？
- 我们在忙于紧急、重要事情的时候，如何让团队能够共同思考并且与组织保持一致，以确保我们能够随着变化的环境而进行调整？
- 我们如何通过团队和员工来取得最多的成果？
- 我们如何发展高潜力员工？

顶尖团队与高绩效团队

可以毫不夸张地说，与过去相比，现在领导力发展更像是一场团队运动。高潜力领导者需要发展的一个必要领域是提升自己的团队以及下级团队的能力。很多年以来，团队的"黄金标准"是"高绩效团队"，但是在今天的环境中，高绩效团队所具备的要素仅仅是成为顶尖团队的基本条件。顶尖团队的要求是独特的、高水准和高绩效的，并且能够在不断波动、复杂、不确定、快速变化的世界中推动业务的增长。顶尖团队是优秀的团队，要在日益复杂的世界中变得更加优秀乃至更加卓越。

发展高潜力领导者

与过去相比，当今的高潜力领导者需要发展不同的技能，因为他们需要做更多的工作，处理更复杂的状况，应对各种矛盾。

领导者要立足当下，面向未来

艾瑞尔·菲南（Irial Finan）是可口可乐的瓶装投资集团的负责人，他要求新上任的领导者要能够管理多个看起来相互冲突的需求，他们必须成为强有力的领导者，了解业务的细节、问题、运营及绩效指标，推动执行紧急的任务，他们还需要了解如何创造业务收入。

他们同时还需要具备很强的战略规划能力，知道如何处理社会、地域及经济问题，能够以更广的视角来思考如何进行差异化的竞争。我们的一位制药行业的客户曾经说过："在充满紧迫性的现在，你需要通过今天的执行为明天的前途赢得机会。"

我们称之为"在当下及新的形势下进行领导"，这听起来是矛盾的，同时又是必须经历的。领导者需要具备能力在聚焦细节的同时关注大的环境。

团队真正想要的：共同愿景

团队真正想要的是对未来的共同目标以及清晰且有共识的愿景，这也是通往顶尖团队的标志。顶尖团队需要遵循一致性的重要原则，即同时考虑领导方向、组织的关注点及当下的现实。当然这跟写出愿景、陈述使命是不同的过程，后者经常只是一句口号，而没有成为团队关注与承诺的来源。为完成确定愿景与使命的过程，顶尖团队需要在资深的团队成员及整个组织中开展诚实、深入、大量的沟通，讨论当前的现实状况、真正的可能性、哪些应该改变以及哪些不应该改变等，从而确保组织未来能够安全地发展。

米基·康诺利（Mickey Connolly）曾经写道："团队协作来源于共同的未来。"团队在重新定义成功与生存的时候，一切都需要拿到台面上进行讨论。某制药公司的一位资深领导者曾经告诉我们："我们必须超越过去看问题的方式，克服常见的一些障碍，例如'我们从未那么做'或者'那肯定是不行的'，从而推动对话的进行。"这说起来容易做起来难。我们在与顶尖团队沟通"顶尖团队评估报告"的时候，第一个问题"我很清晰地理解我们的最高目标——我们作为一个团队所要追求的"经常引发几个小时的激烈讨论。由于今天的企业环境与过去大为不同，顶尖团队必须重新检查如何为了服务于使命而共同工作。换句话说，他们必须对自己的团队进行重新定义。

一招无法吃遍天下

一旦团队开始清晰地表述自己的更高目标，他们就需要定义为了完成这个目标团队应该是什么样的，然而，这在课本中是无法找到答案的。简单来说，团队类型及团队应该如何运作，完全取决于团队需要如何服务于组织的战略和最优先的事情。这一点对承担发展任务的团队和承担维持稳定责任的团队来说，答案是完全不同的，对需要高度独立的团队和代表企业投资组合的团队也是不同的。尽管不存在建设团队的唯一正确的方法，但大部分完整的团队需要有高度的自主性，这样他们可以向更高要求、更高标准的目标发展。如马歇尔·戈德史密斯所说："曾经让你成功的因素未必能够让你继续保持成功。"而有的组织则特别要求团队需要更多的合作。简而言之，没有唯一正确的团队或者结构，这完全取决于团队要完成什么任务，也就是团队目的是什么。

一旦团队确定好为了实现更高的目标而采用何种架构，接下来就必须进行一些比较有挑战的沟通。通常这样的沟通是在团队的领导者和他们所信任的顾问之间进行的，有些时候是在团队内部进行的。他们需要讨论"团队是否有合适的人选"（吉姆·科林斯在《从优秀到卓越》中所提到的），这也是最困难且最基本的问题。我们作为高管教练经常需要评估、发展高管，以帮助他们提升能力，对这个层级的领导者来说，这是一种需要，也是一种压力。对那些刚走上新的关键岗位的领导者而言，这也必须成为一种有意识的过程。一些资深的领导者对杰出的团队有个共同的观察结论，他们发现团队成员的个体智力和经验其实是差不多的，而他们利用自己的智力和经验的方式则是不同的。顶尖团队会将大量专家、经验、集体智慧用于解决最复杂的问题。简而言之，他们如果不这样做，就无法长期地成为顶尖团队。他们需要通过沟通和非常严密的思考来平衡所面临的这个矛盾。我们倾向于认为顶尖团队需要就最重要和最困难的问题进行对话，我们完全相信顶尖团队能够把他们所面临的最复杂的问题摆到台面上来讨论。

信任与和睦：处理并解决重大问题

顶尖团队能够进行诚实、坦率及真实的对话，这是顶尖团队区别于其他高管团队的最基本同时也是最难的地方。"对话"从字面上理解是"交换想法"。我们通过对不同团队及一些顶尖团队的观察发现，他们如果解决了团队中最重要且最难的问题，那么这通常会在将来带来很高的回报。杰克·杰克逊（Jake Jackson）是一位已退休的某大型金融机构的前高管，他曾经谈到团队如何把和睦的优先级放到信任之前，或者完全相反，我们经常会在一些相互很礼貌、小心翼翼及不愿意坦率表达的团队中感受到这一点。在这样一种动力下，人们可能会提问题，但不会深入地进行探讨。最糟糕的是，公开场合的客套会削弱大家的进取心，或者产生私下的不坦率行为，例如团队的成员在应该讨论那些重要问题的时候却讨论空调、饮料等无关紧要的事情。

顶尖团队必须把信任看成比保持和睦更为重要的事情，团队的领导者要鼓励、要求、确保大家可以放心地公开讨论任何事情。礼来公司①的悉尼·托雷尔（Sidney Taurel）曾经说过一句话："把驼鹿放在桌子上。"②

---

① 一家全球性的以研发为基础的医药公司。——译者注
② 公开地提出问题。——译者注

这说起来容易做起来难，因为很多公司的文化是很友好而内敛的。我们偶尔也听说一些高管因为过于诚实而被谴责或者解雇的可怕故事（当然这是很罕见的事情）。然而，很多新的团队成员一旦熟悉团队文化，就会变得小心翼翼，缺乏坦率的沟通。一个顶尖团队与一个仅仅能胜任工作的团队的最大差异在于，前者能够通过深入及有焦点的对话来整合团队成员的经验、智慧。

定义并管理团队之间关键的交集

当团队成员在一起交流未来如何运作的时候，会讨论到几个关键的组织问题，第一个是要考虑团队之间如何相互关联，确定什么样的团队架构。矩阵式的组织通过减少每个事业部重复设置的职能团队及各运营和职能部门之间的相互合作来设计产品和服务的流程。但是矩阵式的组织结构也被认为是一种笨拙而难以运作的结构，这也是为什么要定义并管理团队的交集。

简单来说，设计一个矩阵组织的简捷的方式是，画出组织的整个结构图，确定为了成功的结果所需要的人，然后找到这些人，争取达成协议。这包括任何关键的交集的人，也许是运营部门与职能部门的交集，或者两个有共同业务目标的团队，他们需要彼此联结在一起，倾听对方关注的要点，确定什么是组织重要的事情，然后与对方达成并且遵守协议。这是最好的"关系商"（Relational Intelligence，RI），它同时解决了好几件事情：建立了关键的关系；合适的人直接对话，从而加快了决策过程、提高了双方的承诺程度；这样的结构在为客户提供服务的时候更为简单；高管不用几乎每天为协调做决策，可以把更多的时间放在解决更重要的问题上面。

一家大型金融机构的 CFO 曾经谈到，当她的团队在处理整个全球组织的运营问题后，她才能够开始进行战略性的思考。她很吃惊地发现，她要解开的问题"死结"变得很少，要处理的僵局也变得更少。

"给老虎剃毛"：理解并重新调整团队的"自动反应"

集体的自我认知由情商所构成，要理解它就要理解团队的"自动反应"，也就是在面临压力或者放任的情况下，团队可能会如何做。过去总是聚焦于运营事务的团队会直接关注数据、讨论问题的根本原因；医疗保健行业的团队总是为结果而争论，并且通过数据来支持自己的观点（同时争论谁的数据更有力）。团队的"自动反应"不同于个人处于压力下的"自动反应"。当处于压力中的时候，我是更多地靠近他人还是远离他人？在面临威胁时，我们如何保护自己？根据对情商的研究，我们知道认识我们的"自动反应"的第一个关键步骤是自我觉察。同样，团队的"自动反应"就是他们处于压力下的表现，尽管要认识到这一点不太容易。

我最近看了一档名为《动物星球》的电视节目，我很惊奇地看到，当老虎被剃掉毛之后，它的皮肤上仍然显现条纹。这像是说明了"我们是谁"的基本个性是非常深层次的，甚至深入我们的皮肤。因此，从情商的角度来看，了解我们自己是谁、我们的"自动反应"可能是什么，这是非常重要的，通过梅耶尔 – 布里格斯（Meyers Briggs）性格测评、Hogan测评、CDR 3-D 测评、DISC 测评以及我们提供的"顶尖团队评估"等领导力风格测评工具，人们可以得到很多有价值的帮助。

成为"那个人"：卓越的团队需要卓越的领导者

卓越的团队一定会有卓越的领导者，这看起来是顺理成章的，但事实并非如此。准确地说，卓越的团队由那些致力于成为更优秀的领导者的人组成，他们有意识地、深思熟虑地进行学习、提高效率，同时也致力于持续地理解团队如何持续成长与发展。团队的结构、组成、关注点取决于团队所要实现的战略目标，因此不存在唯一合适的团队类型；同样，也不存在唯一合适的团队领导者。领导者有不同的外表和风格，从外向到内向，从热情地关爱员工到公事公办，从参与式到命令式，等等。能够建立优秀团队的杰出领导者非常留意自己的领导风格和团队所必须做的事情，他们的"自动反应"大部分时间处于"关闭"的状态。

很少有优秀的团队碰巧变成了卓越的团队，卓越团队的发展一定是非常有目的性的，并且经过了很多明确的实践过程。请想想那些成员彼此中等或者高度相互依赖的团队，例如体育运动队或者精锐的军队，大多数情况下是由有能力的一群人所组成的，他们通过连续的成功赢得认可。他们在成功的历程中学会了如何与他人相处，包括通过坚强、快速、全力以赴的方式来应对外面的世界。他们彼此推动，追求最好的结果。他们通常会有一位教练，教练也许是团队成员，也许是看到了团队的未来目标以及实现目标的路径的人。在体育、军事、医药、商业等领域的确就是这样的，某个人或者某种事物推动着团队看得更深入，获取更多的成果。

发展情绪、关系、集体的智力

很显然，领导者必须清楚地了解自己所必须具备的情绪智力（Emotional Intelligence，EI，亦称情商），包括认识自己的领导风格、"自动反应"、敏感的问题等。但人们不太了解关系智力的重要性。关系智力指的是我们如何与他人互动，如何理解社会／关系的环境，如何表达我们的历史、价值观和意图等，它是人与人之间信任的来源，对团队运作的好坏非常关键。关系智力通常是在一些非正式沟通的场合建立起来的，例如午餐或者喝酒的时候。领导者或者成员经常流动的多元化组织中的团队领导者非常清楚建立关系的重要性。如果我们能够最大限度地发展自己的情绪智力和关系智力并且运用它们，我们就能成为更明智的人。如果我们能够全面地整合与自己一起工作的所有人的知识、专长、智慧，我们就能创造、发掘我们的集体智力（Collective Intelligence，CI）。集体智力是顶尖团队与优秀团队的最大区别。

展现面对不确定性的勇气：艰难时期的顶尖团队

领导力的艺术和实践的道路不是笔直的，领导者总是处于自我发展过程中，他们从对话中学习，在实践的过程中纠正自我。未解决的问题会限制高管团队，降低企业发展的可能性。如果你连问题都不谈，你又如何解决并持续改进它呢？密西西比河上拖船的船长有一种智能模式，他们可以利用一种有机的、不断变化的系统来让拖船在河道上航行，并且可以不断地根据环境进行调整。同样，顶尖团队会在多变、波动的环境中来确定及执行战略，灵活制胜，通过对话来创造价值。

创建并维持一个顶尖团队的大部分工作是对话，团队成员要充分地讨论重要的员工。"规则 1"表明：如果有人知道某件事情很重要，但没有引起身边同事或者合作者的重视，那么团队中只要存在一个这样的人，他就可以毁掉一桩生意、一架航天飞机或者是领导者的信誉。因此，你要和什么样的人对话呢？很显然，你应该跟那些开诚布公的人对话。这样的对话可以建立信任，领导者必须互相解决问题。然而，正如前面提到的，这一点即使非常优秀的领导者也不容易做到。

我们曾经为很多行业的很多人提供过教练服务，我们从中学习到，我们作为行为影响者及顾问的效果是十分有限的，除非我们能够理解高管所独有的业务的特殊需求、知识需要、结构、战略方向、组织及文化历史、关键竞争对手等。我们的客户也总是首先了解这一点，因此经过这么多年，我们形成了一个很强的信念，那就是好的教练效果总是在某个具体的业务背景和独有的环境中产生的，这也是领导者所处的环境，你必须知道这个环境的范围是什么。

毫无疑问，管理层的一个重要责任是发展下一代的领导者，但是，他们发展下一代领导者的思维是什么样的？他们是否投入了时间、资源，去建设组织中下面 1 ~ 3 层的管理团队？这些未来的领导者是否接触到组织的战略观点以及新出现的趋势与技术？他们对领导力是否有意识地使自己同时关注自己的情商及外在关系？毫无疑问，未来的领导者与高绩效者必须能够很好地完成工作，但是，他们在多大程度上接受过很好的训练，从而成为深思熟虑、自觉、守纪律的团队成员呢？对那些在组织中晋升而承担更重要角色的高潜力领导者来说，这些能力越来越重要。只有顶尖团队中的高潜力领导者掌握了这些必要技能后，他们才能够在业务、职业生涯、企业中创造真正的影响。

世界上的企业存在复杂性、波动性、不确定性，变化速度日益加快，因此企业高管面临着难以想象的压力，顶尖团队的领导者有责任直接表达对彼此的期望和要求。同时，他们必须意识到，在领导过程中需要考虑到人性和必要的个人牺牲，并且要在这个过程中寻找彼此相互支持的机会。

作者简介

劳伦斯·S. 莱文是咨询顾问公司莱文集团的创始人及高级合伙人，拥有超过 20 年的帮助高管提升组织效率、绩效及帮助 CEO、高管及高层团队提升领导力的经验，他为《财富》500 强企业及一些中型企业提供服务，理解并提升高管团队的动力与能力，通过对团队的干预及教练，推动业务的成功，提升团队的效率。他擅长在复杂的系统中加速变革，帮助企业快速增长与并购，发起复杂的文化变革等。他经常在大型会议、行业协会会议上演讲，美国有线电视新闻网及其他媒体曾经对他进行过专题报道。他撰写过多本书，在 2011 年 6 月出版了《顶尖团队在当今、全新及未来发展的里程碑》（ *Top Teaming: A Roadmap for Teams Navigating the Now, the New and the Next* ）。

第 25 章

倍增你的价值

马克·C. 汤普森（Mark C. Thompson）

博尼塔·S. 比尔 – 汤普森（Bonita S. Buell–Thompson）

价值是一种主观认知，而不是一种事实。对什么是重要的，每个人有不同的看法。本章的观点是我们基于经验和固有的倾向而提出的。我们在撰写《建立长期的成功》（*Success Built to Last*）这本书时做过一些研究，我们发现，人们可以使用一些技巧来帮助上司和同事确定什么是有价值的。本章提出了 9 个方法，可以显著地帮助提升你的价值。

1. 培养多种爱好

大多数人把自己当成一件商品，而商品是可以替换的，不是独一无二的，与其他同类商品相比并无不同。

你要思考如何在企业中把你的兴趣、技能和激情整合到一个角色中。史蒂夫·乔布斯（Steve Jobs）是一个很好的例子，他是一个被收养的孩子，他在自己养父母的车库中创立了苹果公司。他学习了艺术课程，特别是书法，而这个爱好帮助他发现了技术领域最欠缺的方面：美感与易用性。

后来，乔布斯将工程与艺术结合在一起，使之成为优美的工程设计，这的确是个传奇。

博尼塔（《建立长期的成功》的合著者）在开始从事人力资源工作的时候，把自己喜欢的组织行为方面的研究与统计学结合起来，这让她成为一名薪酬专家。因为在那个时候企业很难找到一个喜欢做人力资源方面的工作同时又对数据感兴趣的人才，所以博尼塔能够充分发挥她的这个优势。她后来获得了 MBA 的学位，专注于信息管理系统，她的爱好最终帮助她开发出世界上最早的人力资源的内部网，这使她在李维·斯特劳斯（Levi Strauss）公司发展出一个创新，也是她基于对人力资源的兴趣和对使用技术来提升人力资源服务的激情而迸发出来的想法。世界上没有第二个像你一样，拥有你这样的经验、天赋和兴趣的人，所以你要利用自己的爱好，让自己拥有更多优势。

2. 树立自己的品牌

让你的产品打上你自己的印记，这是非常重要的，更重要的是要展示你愿意为此承担责任，展示你是如此独特，你愿意为之打上自己的印记。

最初在美洲银行工作的时候，博尼塔像其他几十位人力资源专业人员一样，在办公室格子间中工作。但是后来她找到了体现自己个人品牌的方法，她发挥自己的专长，分析了这家银行 10 万个职位的数据。她为自己树立了"市场分析师"的个人品牌，把一个普通的项目变成了一个特殊的产品，并使之成为组织的战略性工作。

3. 了解客户想要的东西

理解你的领导想要的和看重的，这并不总是像你想象的那样显而易见，为了弄清楚他们看重的东西，你需要真正地投入时间去观察他们。很多主管看起来很清楚希望你在工作上做什么，但是，你是否清楚你的主管是如何被他们的领导评估的？换句话说，你是否清楚你的主管如何才能成功？他面临的压力是什么？你该如何帮助他？

博尼塔在担任人力资源高级主管的时候，注意到她的上级主管很忙乱地处理公司的很多分公司和分支机构的国际市场业务。因此，她自发且详细地浏览了相关的出版物资料，并且从中抽取与她的上级主管工作和公司关联紧密的内容发给他。这最终成为博尼塔的一项有价值的技能，她的上级主管也被其他高管视为公司战略性信息、新信息的来源。如果你想要被重视，就不要等着别人告诉你怎么做。找到你的领导和客户所面临的挑战，在他们找你寻求帮助之前，你先找到帮助他们解决问题的方法。

4. 了解客户重视的人

不仅要了解你的客户重视的事情，还要了解他们重视的人：谁能影响他们的成功？一项研究表明，一些非营利组织在经济危机中能够继续保持增长。这是因为他们能够找到对捐献者很重要的人，或者捐献者很希望得到其认可的人。例如为了拯救儿童，他们会在媒体上进行大量宣传，然后把文章发给对捐献者很重要的社区或者人群，强调捐献者的贡献非常重要。这些非营利组织非常善于利用赞扬和推广活动来扩大影响。

当然，赞扬可能会被滥用，最终让人感到虚伪或者令人厌恶，但是对于人们严肃对待的一些行为，赞扬还是非常有价值的。

事实上，斯坦福大学的教授克利夫·纳斯（Cliff Nass）做过一次关于赞赏和批评的调查，发现人们非常喜欢并且因为赞赏而做出反应。

纳斯还发现人们批评别人远多于赞扬别人，这意味着，如果我们赞赏某人或者某事，这是很难得的事情。

如果你想要成为更有价值的人，就需要更多地去认识身边那些做得很好的人，这也能够启发你找到让自己更有价值的方法。

5. 成功的 3 个秘密

我们经常把自己的激情与为别人所做的工作区分开来，这其实是一个巨大的错误！为撰写《建立长期的成功》，我们发起了面向 110 个国家的"成功调查"，调查是什么让人们在自己的专业领域或者职业中，在 20 年甚至更长的时间中保持成功。调查表明，有 3 点是他们所共同具备的，我们称之为 3P，分别是激情（Passion）、目的（Purpose）和绩效（Performance）。

我们在工作中都为目标负责任，也就是"绩效"，这是我们必须做到而且必须做好的。但是从本质上来说，成功的人并不只是为企业或者职业而工作，我们必须服务于一个更大的"目的"。很多人需要有一个激发自己工作、让自己感觉到自己很重要的理由。

同时，我们需要做一些很喜欢、有激情、能用心做的事情，这些事情能够让我们获得能量，克服遇到的挫折。如果我们与努力争取的事情没有建立根本的连接，当遇到困难摔倒后，我们如何抚平伤口、重新站起来？我们需要追求一些东西，这些东西能够服务市场、服务客户，同时又是我们喜欢和愿意长期去做的。

6. 宣传自己

在当今时代，有很多技术手段可以让别人知道你在做什么。你可以从社交媒体开始，在博客中让别人知道你做过什么，你在帮助一些什么样的人，列出一些案例或故事，如你或者你所在的组织曾经遇到什么样的问题，你又是如何解决问题的。

盖伊川崎（Guy Kawasaki）是一个很好的例子，他几十年来通过博客表达自己的思考和经验，分享很多有价值的东西，这最终使他成为一位广受欢迎的演讲者和咨询顾问。

加入一些专业协会是另外一个让自己出名并且有影响力的方式。当你愿意提供帮助，你很可能被邀请加入专业协会。帮助那些你所在专业领域的专业杂志和新闻媒体，最终可能在你还不知道的时候，你的名字被这些杂志或媒体提及，从而让你在你所在的专业领域变得更知名。要确保你能够帮助别人，并且通过你有价值的服务让自己有更高的知名度。

7. 建立信任：让他人放心

让别人对你能把事情做好感到很放心，这是让自己被认为有价值的最好的方法之一。我们通过研究，找到建立信任的 3 个关键因素，我们称之为 3R。

责任（Responsibility）。要让人们感到你是负责任的，不仅如此，当你犯了错误时，还要避免抱怨。不要浪费时间去找是谁的过错，也不要为自己找借口。相反，主动承担责任，找到可以解决问题的方案。

实际上，当你犯错误的时候，如果你能够承担起责任，即使事情最终的结果不是那么令人满意，你的信誉也会增加。

可靠（Reliability）。任何时候都保持自己的一致性，如果你每次都表现得不一样，人们会不信任你。在和别人互动的过程中要始终保持自己的一致性。

响应（Responsiveness）。快速处理问题！对自己做出的承诺要及时完成，跟进得越快，你就能得到越多的信誉。

8. 总是精益求精

下次如何能够做得更好？这一步看起来很轻松，但是非常难以做到。当我们失败的时候，我们会倾向于抱怨，把关注点放在过错上，而不是放在未来什么能让我们成功的事情上，更糟糕的是我们可能会选择放弃。

但是，成功也不总是一位好"老师"，在已经很成功的情况下，很多人很难再找到方法来做得更好，因为他们找不到改善的动力。那么，我们如何才能继续提升呢？那些在企业中长期成功并被认为有价值的人总是专注于如何在下一次做得更好。

9. 为实现目标创造一个环境

为了让某些事情发生或者完成某些事情，我们需要在合适的时间、在合适的地方、使用合适的工具并与合适的人在一起。你要确保工作的环境中具备所有实现目标所需的要素，确保在你需要的时候，能够找到所有相关的工具、文件、信息等。

我们认识一位企业家，他毕生的梦想是拍摄一部电影。但是，为了拍摄电影，他需要搬到好莱坞或者纽约，他需要与电影圈中的人建立起良好关系。我们另外一位朋友想要为她的人力资源工作学习一些编写软件程序的技术，于是，她设法确保每天工作时都可以接触到办公桌上的相关书籍、软件、工具。现实生活中，如果人们在晚上拿出自己的运动服，那么第二天他们就有更大的可能性去锻炼。

可能最重要的是，如果你想要成为在自己职位上有价值的人，就要去见那些与自己岗位类似，同时已经被视为有价值的人。按上面提出的9 个步骤去实行，开始观察并以朋友的方式对待那些你看重和尊重的人，以及在他们的专业领域中受到尊重的人。他们在做些什么？他们如何与他人互动？多花一些时间与让你感到被激发的朋友在一起。他们如何让自己做得更多、更有价值？他们跟一些激发自己激情的人一起做一些自己喜欢做的事情，这就是长期成功的基本要素。

作者简介

马克·C. 汤普森是嘉信银行（Charles Schwab）的资深总裁、百思买（Best Buy）公司、Facebook 公司、苹果公司的高管教练和风险投资人，也是斯坦福大学风险投资规划实验室的创始指导顾问，畅销书《建立长期的成功》《建立伟大的商业》的作者。

博尼塔·S. 比尔 - 汤普森是一位拥有 30 年人力资源及工业心理学经验的资深专家，曾经服务于美国银行、太平洋电信、基因技术公司及其他一些领先企业。她拥有加利福尼亚大学伯克利分校的管理信息系统的MBA 学位，是"建立长期的成功"项目的总监，这个项目同"新世纪的领导者"的"基业长青"属于一个系列。

第 26 章

在职场竞赛中胜出：高管及教练需要知道的事情

斯蒂芬·A. 迈尔斯（Stephen A. Miles）

内森·本内特（Nathan Bennett）

在与处于不同职业发展阶段的高管一起工作的时候，我们开始喜欢用"竞赛"（game）这个比喻来描述具有创造性的、策略性的、聚焦于解决有挑战性的职业抉择的教练过程。我们喜欢这个比喻是因为它很容易让高管理解并举一反三，通过这个比喻，他们能够很快地认识到在自己的职业竞赛过程中有很多他们想要得到的职位，反映出他们想要赢的想法，也很容易看出其他人（如竞争对手、导师、同事、家人）对他们的影响。每个人在竞赛中都有自己的动机，他们时而结盟，时而成为对手，最终明白如何通过执行正确的行动来赢得竞赛。他们为加入最高管理层（C-Suite[①]）而做准备时需要采取 3 个行动。要有效地采取这 3 个行动，高管需要明白这些行动的价值，通过接受教练来明白自己需要什么以及如何采取每一个行动。

---

① 即 CEO、COO（Chief Operating Officer，首席运营官）等。——译者注

　　高管教练要向客户介绍每一个行动与职业发展的相关性，帮助客户认识和发展所需要的能力，通过每一个行动来胜过其他人，因此教练是一个非常关键的角色。在每一个行动中，高管需要发展自己更多样的领导风格，在某些情况下，他们还需要采取新的领导方式。正如马歇尔·戈德史密斯所强调的：高管过去成功的经验未必能够帮助他们得到他们未来想要的成功。如果教练不能帮助客户非常诚实地总结经验，并且获得客户为赢得职业竞赛而做必须做的工作的承诺，那么高管会有偏离职业发展进程的风险。

3 个重要的行动

　　高管为了让人们相信他们已经能够担任最高管理层角色，需要做什么准备呢？给他们一些建议是没有坏处的（例如，如何准备成为 CEO）。有一些书的标题是"像 CEO 一样思考"，此类书提出领导者必须表现出某些性格特质，并且兜售"高管状态"的概念，很显然他们把重点放在"你是谁"，或者更确切地说是"你看起来像谁"。领导者看起来应该怎么样、应该如何做，这种老套的观点是有问题的，因为我们很容易找到很多很成功的领导者的例子，他们表现出来的性格特质并不同于这种观点所描述的。另外，这些老套的观点中提出的外在表现及性格特质也不能作为很有效的衡量领导者能力的指标。

　　把焦点放在高管成长的经历上，这是发展领导者潜在领导力的更好方式。我们曾经访谈过数十位在自己的职业发展过程中表现得非常卓越的高管，总结出对高管来说很重要的 3 个行动，这些行动能够帮助他们进入最高管理层去领导企业，帮助那些后起之秀使自己区别于其他的竞争者，从而打开"无限机会之门"：迈入企业最高管理层。

行动 1：找到并解决某个重要的问题

在职业发展的早期，特别是在一家大型的企业里面，你要使自己脱颖而出是很困难的。让自己有所表现的一个方法是找到某个人们公认的问题并且解决它。由于竞争特别小，这些领域的职位通常并不难以得到，并且解决问题的风险通常会比想象的要低。即使你失败了，很多人也会理解你在其中所遇到的困难，人们对你会有更多的宽容。

有一个例子，特德·马塔（Ted Mathas）是纽约人寿（New York Life）的总裁兼 CEO，他在职业发展的早期得到一份其他人不愿意要的工作——运作两个很糟糕的业务：纽约人寿证券（NYLIFE Securities）和鹰派战略（Eagle Strategies）。这是距离纽约人寿核心业务很远的两个很小的、独立的部门。由于这两个业务远离高层的关注范围，同时也表现得不是那么好，因此马塔能够自由地去尝试自己的想法，进行试验和学习。他组建了自己的团队，实施新的战略，并且使业务发生了好转。由于他非常成功，最高管理层看到了他在业务好转过程中发挥的作用。

另一个类似的例子是必和必拓公司（BHP Billiton）的亚历克斯·范泽洛（Alex Vanselow），他从安德森咨询（Anderson Consulting）公司离职加入必和必拓公司后有 3 个任命的选择，而他有意地选择了最差的那一个。这个新的职位有几个挑战：第一，这个团队在一年半的时间中缺少财务经理；第二，这个部门的领导者口头上反对设立财务经理的职位，而且在与范泽洛的简短会晤过程中对他不屑一顾；第三，对他个人而言这个职位非常具有挑战，因为工作地点不是他所期望的。他为妻子拍摄了一段视频，而不是让妻子自己来看他。他对我们提到，他简直不能忍受黑德兰港（澳大利亚西部一个很热的城镇）的炎热气候。然而，他很有逻辑地选择了这个任命是因为在业务运作已经很好的地方，他很难迅速地做出很突出的贡献。在必和必拓公司，他一旦赢得了自己新领导的赏识，那么接下来一系列的提升就不遥远了。

有几个方法能够发展高管的执行能力：

- 高管需要深入地理解如何有效地运作业务，理解提高业务绩效的关键杠杆是什么；
- 速度几乎总是最根本的要素，高管要学习如何又快又好地做出决策；
- 对发展、表达和建立团队对战略的承诺来说，团队环境是非常必要的，团队环境可以激发团队追随战略；
- 聘任及解雇的决定是很重要的，它使高管思考什么样的人是有价值的，什么样的人无价值，然后相应地去进行管理；
- 团队缺乏放松意味着纪律过于严格，因此高管需要提升业务运营的有效性；
- 高管需要在无法获得大量支持的情况下保持自如，并且能够创造性地去获取资源。

为了帮助高管在第一个行动中取得成功，教练需要帮助高管理解并且增强他们的领导力。人们通常会被"起火的平台"[①]所激发，因此当出现一些危机的时候，领导者不要浪费挽救这类危机的机会。人们认为某些事情是根本上的问题，因而通常对解决这类事情持很低的期望，但此时领导者有更大的自由去改变人员及业务流程。要做到这些，他们需要有更快的速度及有策略的执行，通过一些快速的成功和积极的势头来充

---

① 有问题的业务。——译者注

分利用好第一个行动。

行动2：展示你能够进一步提升一个健康业务的能力

使一个业务好转，这能够很好地显示出高管的能力，但为了进入企业的最高管理层，高管还需要展示他让一个健康的业务得到进一步提升的能力，毕竟只有很少的企业总是处于需要转型的时期。一家发展平稳的企业中，帮助领导者赢得追随者的"起火的平台"（问题业务）会更少。大部分人认为，在一个已经很成功的企业文化环境中去发起变革是很困难的。如果企业中人们普遍感到很满意，人们就不会认为有什么问题，那么也就没有必要解决问题了。在一个需要扭转状况的企业环境中，任何行动看起来都像是会有进展；而在一个健康的企业环境中，改进是很难看得出的。最终，高管需要克服对行动的焦虑——害怕行动会打破既有的平衡。

为了在已经发展得很好的业务中取得成效，领导者需要发展创新和提升业务的能力，同时又不致破坏现状。丹·帕伦博（Dan Palumbo）是一位曾经在宝洁、柯达、可口可乐等公司工作过的资深高管，他强调同时管理好紧急事务及管理日常事务流程的重要性。高管若要取得最高管理层的信任，必须证明自己有能力管理好一家发展稳定的公司。

为提升一个健康的业务，高管需要发展和表现出如下几种重要的能力。

- 需要把自己真正定位成对企业最终的利益与损失负责的主管；
- 需要有在CEO及董事会的面前曝光的机会；
- 需要发展自己与最高管理层谈判的能力，以平衡自己所在业务单元与其他业务单元的利益；

- 需要宏观地思考业务及其行业的定位、进入市场的策略、竞争、未来利润的来源等问题；
- 需要学习利用自己所在业务部门及公司的法律、人力资源等职能专家的资源。

在第二个行动中，教练必须向客户描述形势，帮助他们理解应该展示什么样的领导力。有些形势是没有"起火的平台"，来自上面的指令是"不要把事情搞砸了"，因此他们没有得到关于变革的授权，结果是这些领导者很少能够自由地做事情。他们常常只接管某个已经很成功并且习惯按既有方式行事的团队。然而，为了提升这个业务，变革是必要的。教练需要帮助高管明白如何在没有"起火的平台"的情况下进行领导。为了这个阶段的职业发展，高管需要发展一个很关键的技能，那就是以一种令人信服的方式去描绘和沟通愿景，真正地让团队看到"赢得更多"的重要性。

行动 3：在担任部门主管的同时创造自己的影响力

对高管来说，轮岗担任企业部门主管，这是经常被忽略同时也是对进入最高管理层有帮助的一个行动。很多时候，高管只是把轮岗担任职能主管当成换一个角度看问题的方式，但是，这种轮岗不仅能够让你在董事会及最高管理层面前有更多曝光机会，也能让你了解企业中的很多事情，得到大量信息。同时，你能够参加大部分高层会议，能够理解业务的运作方式、高层之间如何互动，以及他们个人之间的关系，这对你来说不仅是一种非常好的学习方式，也能够为你提供更多的机会。厄休拉·伯恩斯（Ursula Burns）现在是施乐公司的 CEO，她把自己能够成为高层领导者归功于一段重要经历，那就是曾经担任施乐公司前 CEO 及主席保罗·阿莱尔的助理,这段经历让她能够理解整个公司的业务。

首先,很多高管由于展示出了促进业务发展的能力(特别是那些晋升很快的高管),他们通常会得到一个职能主管的岗位。那些晋升很快的人多半是有很直接的在公司最高管理层面前曝光的机会,他们有大量场合去开发工具、解决问题、提升管理技能以及理解公司业务的全貌。在职能主管的岗位上,他们能够学习如何利用个人的影响力而不是职位影响力,学习如何进行管理而不仅仅是为了得到业务成果。

其次,从职能主管的角色,高管能学习到公司总部的运作方式,能够清楚地了解到总部层面如何创造价值。如果 CEO 缺少在职能部门的轮岗经历,他们经常会低估职能部门的价值,并且造成总部与职能部门之间的割裂,分散人们对业务的关注。如果一位新上任的 CEO 忽略了像法务、人力资源这样的职能部门的价值,他通常不会在这些部门雇用优秀的员工,也不会真正地把他们看作顾问,从而降低了领导的有效性。因此,当高管了解在总部环境中如何工作会更有效率后,回到自己的专业领域后会变得更优秀。

为了让客户准备好成为职能主管,教练需要帮助客户理解这个行动对他们的职业发展是非常明智的,然而要说服客户并不是一件容易的事情。从我们的经验来看,有的业务高管畏于总部职能主管的岗位。教练要能够明白并且向客户分享,这样的岗位对客户来说是非常具有发展性的岗位,高管在这样的岗位上能够学习到总部层面如何运作,这非常有价值。首先,他们必须在没有职权的情况下完成任务,因而他们必须建立广泛的人际关系。其次,高管可以看到公司全貌,而不仅仅是某个业务或者职能。最后,高管可以通过这样的角色在最高管理层及董事会面前有更多的曝光机会。因此这是非常有价值的岗位,教练可以帮助客户发展非常重要的人际关系技能。

接下来的行动

找到并且解决问题，进一步提升一个健康的业务，在职能岗位上创造影响，这些行动都有助于为高管晋升到最高管理层提供必要的经验和曝光机会。尽管这些行动不一定有严格的先后顺序，但是我们提倡在职业发展的早期，高管能够找到并且解决企业的某个问题。这些机会有一定的风险，但是在职业生涯的早期这种风险更容易承担，因为有更多的时间来恢复。

前面两个行动让高管发展并且展示出作为"专业主管"的能力，他们紧密地参与相关工作，任务定义也很清晰，产生结果需要的时间比较短。领导者也更可能通过财务及运营杠杆来指挥企业。

第三个行动，担任部门主管，这可以让高管练习"军事总指挥"（即把控全局）的能力，他们需要把注意力聚焦在未来，通过参与及激励来更多地连接各个职能部门的负责人，去设定及实现更长期的抽象目标。在这些角色中，他们发挥非职权的影响力的能力能够经常得到锻炼。

从过去的工作中我们能够看到，高管通过这3个行动能够为自己进入企业最高管理层打下非常扎实的基础，那些能够在这3种角色中表现出色的高管在他们后续的职业生涯中遇到的风险会更少。董事会在评估继任者候选人的时候会把这些方面作为重要的标准。

对高管来说，这些建议能够帮助他们进行个人的职业规划。高管通过在这些岗位上不断胜出，证明自己为什么已经准备好了去领导企业。当然，仅有这些经验还不够，高管还需要说明这些行动是如何帮助自己已经准备好进入企业的最高管理层，以及如何帮助自己提升了广度和深度从而能够胜任相应角色。在决策者面前，那些能够以一种有说服力的方式来讲述自己故事的高管，比那些只会在自己领域思考和工作的人具有更大的优势。

什么是有说服力的故事呢？首先要思考你过去的每一个职业背景。丹·帕伦博（Dan Palumbo）建议，把每一步都看作自己可以学到东西的机会，而不是一个出了状况要逃跑的机会。惠普公司的布赖恩·汉弗莱斯（Brian Humphries）强调，你的经历应该很清楚地表明你有目的明确的规划，而不要成为一个没有目的的"流浪者"。你要展示出你在持续地坚持自己的职业方向，并且总是保持投入能量。必和必拓公司的 CEO 马里厄斯·克洛珀斯（Marius Kloppers）建议，最重要的是你能够展示出你现在做得好是由于之前所付出努力的每一段职位经历。

通过这些行动，高管可以推进并且掌控自己的职业发展，而不只是顺应大流。这些经过思考的行动对帮助高管得到领导职位能发挥非常重要的作用。对教练和导师来说，理解这些行动及角色是非常重要的，因为很显然，仅仅简单地让高管轮换岗位是不够的，高管需要能够为得到这些职位而表现出他们已经准备好并且适合扮演每一个角色的能力。

作者简介

斯蒂芬·A. 迈尔斯是海德恩咨询公司（Heidrick & Struggles）的主席，主管全球领导的咨询业务。他曾经与内森·本内特合著《副驾驶：首席运营官的角色》（*Riding Shotgun：The Role of Chief Operating Officer*）。他被公认为是从 COO 转变为 CEO 的咨询专家，《商业周刊》在文章《后起之秀的 CEO 咨询》中曾经采访他，他的名字经常出现在《福布斯》《商业周刊》《总监》《华尔街日报》等报刊上。

内森·本内特是佐治亚理工学院的管理学教授。他曾经与斯蒂芬·A. 迈尔斯合著两本书，分别是《副驾驶：首席运营官的角色》（*Riding Shotgun：The Role of the Chief Operating Office*）及《职场竞赛：实现你职业目标的理论》（*Your Career Game：How Game Theory Can Help You Achieve Your Professional Goals*）。他目前的研究领域包括权力、领导力、高管团队的效能、领导者转换等。

第六部分

教练模型及工具

第六部分提出了一些重要的世界级教练所使用的模型及工具。首先是肯·布兰查德（Ken Blanchard）、马德琳·霍曼·布兰查德（Madeleine Homan Blanchard）及琳达·米勒（Linda Miller）所撰写的《领导力发展中的教练工具》。这一章中，作者定义了"关系地图"（relationship mapping）、"领导力观点"（leadership point of view），探讨了它们在对于教练信任领导者成功过程中所发挥的关键作用，接着提供了一个从项目管理者发展成 CEO 的例子。马歇尔·戈德史密斯在第 28 章中描述了很有意思同时也很成功的一项技术——用前馈代替反馈。接下来是"三类高潜力领导者及 Realise2 4M 模型"，看起来像是非常复杂的数学公式。P. 亚历克斯·林利（P. Alex Linley）与尼基·加尔恰（Nicky Garcea）在第 29 章中实际上非常直接、中肯地讨论了高潜力领导者的类型以及他们成功的不同途径。芭芭拉·明策-麦克马洪（Barbara Mintzer-MeMahon）在本部分的最后一章中提供了一个帮助高潜力女性领导者解决所面临的挑战的转变模型。

第 27 章

领导力发展中的教练工具

肯·布兰查德（Ken Blanchard）

马德琳·霍曼·布兰查德（Madeleine Homan Blanchard）

琳达·米勒（Linda Miller）

领导之旅崎岖不平，尤其是对新上任的经理人来说，前方并不明朗。迈克尔·沃特金斯（Michael Watkins）在他撰写的书《最初的 90 天》（*The First 90 Days*）中描述了新上任的管理者通常需要 6 个月以上的时间才开始产生贡献。教练能够缩短这个阶段，同时帮助管理者建立一生有用的卓越的领导力。

在本章中，我们将讨论两个能够特别快速提升领导者效能的工具："关系地图"和"领导力观点"。

领导是一个旅程

正如一名夏尔巴人 ① 的向导知道爬山的路径一样，高管教练也知道领导旅程的步骤。事实上，人们的领导旅程是完全可以预知的。

---

① 居住在喜马拉雅山两侧的一个民族。——译者注

当人们（特别是一些接受过某些技能训练的年轻人）加入企业的时候，他们通常是作为一名个体贡献者，通常在自己的专业领域承担一些关键的职责。也许他们属于某个团队，但作为个体贡献者，他们的绩效是由他们的工作所决定的。

汤姆的领导旅程是一个很好的例子，他作为一名项目开发者加入企业，他的工作是找出哪些新产品项目通过了审批，然后推动这些新产品的研发。他需要与市场、销售部门一起工作，但是，他是一位非常努力的个人贡献者，没有人向他汇报（见图 27-1）。

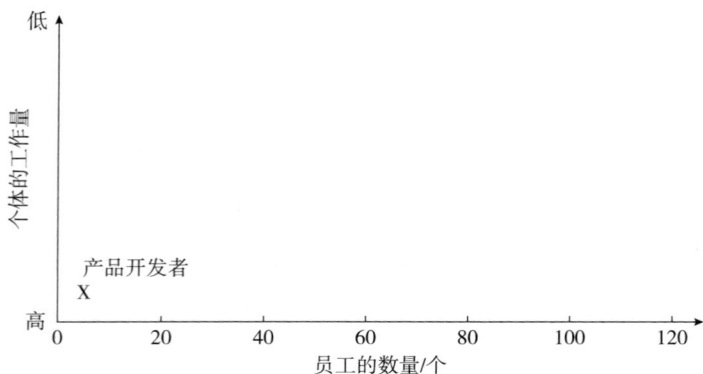

图 27-1　教练的领导力效果

当个体贡献者的专业能力提升后，他们经常会被提升到管理岗位上。他们通常没有管理经验，特别是当他们的工作领域非常偏技术，且他们的人际沟通技能也非常有限时。

当汤姆被提拔为管理人员后，随着向他汇报的人员增加，他作为个体贡献者的工作量也减少了。他不再独自完成任务，而是通过他人来完成任务（见图 27-2）。

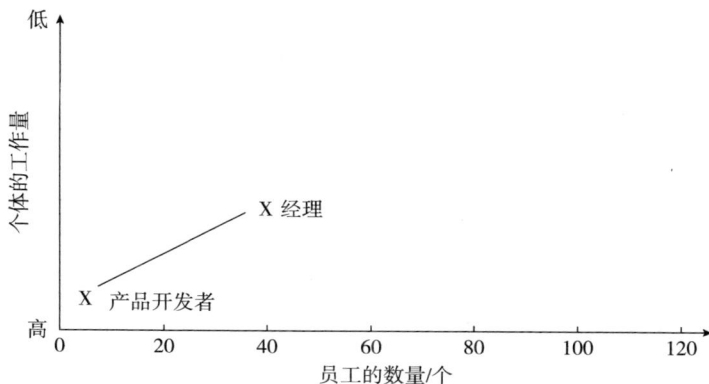

图 27-2 教练领导力的效果

对技术熟练、聪明的技术人员来说，有一点是非常困难的，那就是当他们承担了越来越多的管理职责后，他们必须更多地信任组织中所有层级的人，他们需要看到、听到并理解每一个个体，以最大限度地激发他们的潜能。在这个时候，汤姆的组织为他安排了一位教练，教练给汤姆介绍了一个名为"关系地图"的工具。

关系地图

汤姆要画出他的关键人员关系图并且理解每个人如何影响他的绩效，这非常重要。在制订项目的战略计划、新就任一个岗位的时候，或者在特殊的领域遇到很棘手的困难的时候，"关系地图"对领导者而言就是一个非常理想的工具。要有效地使用这个工具，领导者需知道并且表达出如下几点：

• 关键目标和里程碑；

•为实现目标而制订的计划；

•这个目标若实现，谁会受到影响；

•受影响的人各自会如何帮助或者阻碍目标的实现；

•如何利用这些能提供帮助的人；

•遇到问题时可能的应对策略。

绘制"关系地图"的流程

领导者需要多花一些时间去思考人际关系，并且遵照和依据一个特别的流程。首先，汤姆的教练让他在一张挂图上明确地写出什么是真正要实现的目标。由于有多个目标，汤姆的教练让他画出目标之间的关系图。接下来，汤姆用方框代表每一位会受到项目实施过程影响的人。像很多绘制"关系地图"的人一样，汤姆担心挂图上面写不下那么多人，但是教练告诉他想出越多的人越好，然后有必要的话再进行删减。汤姆画出了所有相关的高层领导、其他部门的同伴、直接下属、职能部门的汇报者、虚线汇报团队的领导者等。

一旦所有可能的相关者都被写在图上面了，汤姆就开始针对他们回答下面的问题。

•他们的主要目标和目的是什么？

•他们的目标和目的对我的成功或失败有什么样的影响？

•我需要他们提供什么？

•他们可能如何帮助或者阻碍项目？

•他们的思维方式是什么样的？我需要如何与他们高效地沟通？例如，他喜欢大量细节描述还是简要的总结？

- 他们对我是什么态度？有尊重和信任吗？
- 我对他们是什么感受？存在批判或者过去不好的复杂事情吗？

一旦完成思考过程，汤姆就可以想想自己了解到了什么。他马上明白，有些人对项目目标的影响其实并不大，而有些人可能很重要，但是之前被忽视了。

依据"关系地图"来制订计划

在绘制"关系地图"的过程中，汤姆需要为增进与图中每个人的关系而制订一个计划。行动计划包括花时间和那个人相处，寻求对方的建议，或者仅仅是简单地拿起电话来了解对方的观点。汤姆还为自己要深入了解的人安排了午餐和咖啡时间。这些对性格偏内向的汤姆来说，真的是有压力的事情，但他还是做了，结果他发现并没有自己想象的那么困难。他开始把一些新的人加入例行发出的邮件的收件人列表中，并且有意拜访了几个以前不经常沟通的人。

对于某个很特殊的人，汤姆意识到自己曾经犯过一些错误，过去的一些误会也导致他们之间沟通的障碍。于是汤姆打电话跟对方约了见面，讨论曾经发生的事情，从而拉近了双方的关系，为继续推动项目达成共识。这被证明是一个很关键并且非常积极的决定。

行动计划应当包括通过一些方法注意每个人如何使用语言。在汤姆的例子中，他需要理解对他人来说，什么对他们是重要的，他们关注什么，他们如何思考，他们如何做事情。

我们可以从人们的表达中了解他们是如何处理信息的，如果他们说"我看……"，那么他们很可能倾向于喜欢视觉性的图表。感觉型的人经常说"我感到不舒服"，比起电子文档，他们对打印出来的纸质文档更可能做出回应。那些评论"我听到你在说……"的人属于听觉型，他们会更多地对口头沟通做出回应。

汤姆非常仔细地学习倾听技巧，评估对方喜欢听还是看，对方想要详细的计划还是很直接的结果，这样，他的工作效率大大提高了。汤姆开始在工作中赢得优秀的沟通者的声誉。

在教练过程中有一点很关键，领导者需要确定自己是否要继续向上发展。在汤姆的案例中，他必须思考自己是要保持个体贡献者的角色还是转变为主要发展和依靠他人的领导者的角色。

汤姆发现自己很喜欢并且很擅长领导他人，结果他承担了越来越多的职责。一段时间后，管理层对他印象很深刻，因为他能够在保持自己作为技术专家的角色的同时，与他人建立良好的关系。最后汤姆被提拔为部门副总裁，承担了新的职责（见图27-3）。汤姆不再从事太多的技术工作，而是为整个部门确定战略方向。他在改变过程中不断成长起来。

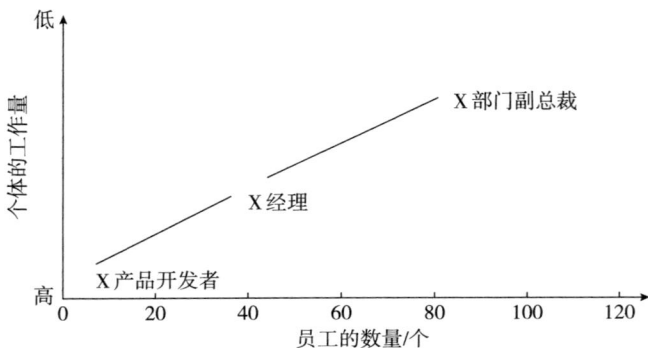

图 27-3　教练领导力的效果

组织中位于这个级别的领导者几乎都是要通过其他人来完成工作的，汤姆现在有 80 名直接及间接下属，他的部门负责完成 3 500 万美元的业绩。他现在认识到团队中的人员太多了，他无法让所有人都了解自己的想法，他需要找到一个方法让自己成为一位鼓舞人心的领导者，而不需要与每一个人接触。

再一次，汤姆的教练通过"领导力观点"工具，帮助汤姆完成从流程与人员的管理者到领导者的关键转变。

领导力观点

"领导力观点"是领导者的信条，它是领导者工作的愿景，以及领导者个人关于领导力的信念、期望等。"领导力观点"表达了什么对领导者来说是重要的，并且提供例子帮助人们理解、记住领导者曾经分享过什么内容。绘制"关系地图"的过程聚焦于领导者的发展，而梳理"领导力观点"是聚焦于其他人，告诉他们为了有效地与领导者一起工作，他们需要了解领导者的什么。

汤姆的教练向他解释，"领导力观点"可以表达他对其他人的期望，以及其他人可以对他有什么样的期望。通过分享自己的"领导力观点"，汤姆可以把到现在为止的一些没有言明的东西变得公开。他为人们树立一个榜样，鼓励大家思考自己的领导及激励员工的信念。最终，汤姆在遇到压力或者危机的时候，他的"领导力观点"可以成为行动的指南。

汤姆很高兴地接受了这个"作业"，尽管这比他想象的还要难。他几乎不清楚自己的"领导力观点"，因此他不得不分阶段来做。

肯和玛吉·布兰查德是在读了诺埃尔·蒂希（Noel Tichy）的书《领导力引擎》(*The Leadership Engine*)后开发出"领导力观点"这个工具的。蒂希的研究表明，高效能的领导者有非常清晰、可教给他人的"领导力观点"，他们非常愿意与他人分享。

开发"领导力观点"的流程

为了开发"领导力观点",汤姆需要回答一些问题,对这些问题的回答会引出更多的问题,汤姆需要进行大量的思考,最后得到很丰富的、不同的答案。在探索自己的"领导力观点"的时候,汤姆首先问:"那些激励我、对我的领导和激励员工的信念有影响的领导者是谁?"他想出了过去及现在所有的人,不管是真实的还是虚构的。其中汤姆很喜欢的一位领导者是非常谦恭的亚伯拉罕·林肯,另一个人名叫迈克,是汤姆中学时的足球教练,一位非常棒的、懂得激励的领导者。

汤姆写出了所有这些领导者的名字后,开始根据每一位领导者问自己几个问题。

- 这个人让我印象深刻的一个品质是什么?
- 他们做过什么让我感到非常受激励?
- 关于领导力,我从他们身上学到了什么?

汤姆的个人榜样中有一个人叫阿蒂克斯·芬奇(Atticus Finch),是哈珀·李(Harper Lee)的小说《杀死一只知更鸟》(*To Kill a Mockingbird*)中的主人公。阿蒂克斯·芬奇是一位非常有爱心和守承诺的父亲,当他遇到对自己和孩子巨大危机的时候,他挺身而出捍卫正义。通过思考为什么自己认为阿蒂克斯·芬奇如此令人受激励,汤姆认识到自己对做正确的事情也非常投入,即使做这件事情并不容易。

这些领导者品质和行动的列表显示出汤姆认为什么对领导者是重要的,这也是他的领导力价值观,这些价值观不同于企业官方的价值观。由于这是他个人的、驱使他的行为的价值观,他明白了解这些价值观以及向他的团队分享这些价值观是非常重要的。

通过这些价值观，汤姆开始能够对下一个问题进行深入思考：

- *其他人知道了我的哪些方面能够让他们更有效地与我一起工作？*

通过"领导力观点"的探索过程，汤姆明白即使他认为一位领导者在所有时候都应该友善及得体，这对他个人来说也是一个终身的挑战。他知道即使他做出最大的努力，他在有些时候也不能达到自己的标准。由于他有时候会犯错误而且讲不合适的笑话，汤姆决定在自己的"领导力观点"中提醒别人这一点。

这促使汤姆开始思考下一个问题：

- *人们对我可以有什么期望？*

教练说服汤姆让人们知道可以对汤姆有什么期望，这样汤姆可以展示出优秀的领导力是一种伙伴关系。这也可以让他的团队清楚地知道，在他的领导下事情可以是怎样发展的。

汤姆通过深入思考他对别人的期望以及别人对他的期望，认识到他希望别人能够成功。因此，不论是在需要他发言的时候，还是在解决问题、进行头脑风暴的时候，他们都可以期望汤姆给予帮助。

想到他这个方面的"领导力观点"时，汤姆感到向别人分享他们可以有什么期望以及不能有什么期望是一种风险。他认识到，当自己无法兑现某个承诺的时候，他其实是在隐性地允许别人要他采取行动。与教练讨论时，他认识到尽管这种分享是一种风险，但也是他建立团队所需要的信任环境的唯一方法。

下一个问题让汤姆更清晰：

• 我对我团队中的人有什么期望？

通过与教练沟通，汤姆认识到期望可以是非常明确的，例如"完成有共识的目标"，也可以是隐性的，例如"我期望我的团队去做他们承诺会做的事情"。汤姆直觉地理解，人们想要知道领导者对他们的期望是什么，他们想要清楚地知道领导者认为怎样才能干好工作，因为这能给他们带来一种安全感，对他来说当然也是这样。

汤姆的教练与他一起探讨团队可以对他有什么期望，他可以对团队有什么期望。很重要的是，汤姆需要为每一个主要的期望举一个例子，这样人们可以明白每一个期望的意思。

经过很长时间的思考，汤姆写下了他的"领导力观点"的初稿，刚开始他写了 10 页纸那么长，最终他减少到只有 3 页纸。完成这些之后，他需要回答最后一个问题：

• 我如何与其他人分享我的这份文档？

他知道，如果仅仅是简单地把这份文档读给别人听，并不能鼓舞到他们。他用心地记住了这些内容，这样当他向别人分享的时候，他可以看着他们的眼睛，让他们感受到自己的真诚。汤姆的教练也鼓励他定期地回顾这份文档，以在必要的时候更新内容。

汤姆在工作中开始依赖这份文档，他最近告诉教练："当我遇到困难以及忘记我自己是谁的时候，我就会去看看这份文档，我很高兴在很低沉的时候能有这份文档帮助我。它就像我身边的一个急救包。"

把"领导力观点"用于工作中

教练与客户一起建立"领导力观点"文档时，很重要的是要记住这个过程需要花费很多时间，而且客户有自己不同的方式。每一位客户的思维及学习风格是不同的，视觉型的领导者需要想象与问题有关的画面，听觉型的领导者想要谈论问题，还有少数领导者不是脑子一热来回答这些问题的，他们需要更多时间，并且要做笔记。

有一位客户在繁忙的工作结束后，开车回家陪伴自己的 3 个孩子，她在开车的时候思考这些问题，然后给助理留下了语音邮件，让助理写下来后发邮件给她。另外一位非常外向的、喜欢边想边说的企业家则举行了一场餐会，邀请他的那些有趣的朋友，然后大家围绕这些问题进行了现场讨论。他收集那些很惊人的想法，并且奖励那些对他的领导力具有敏锐看法的人。另外，有些领导者能够在长距离、独自一人的散步过程中得到很好的答案，然后做一些记录。没有唯一的找到答案的方法，但是教练可以帮助领导者找到适合自己的方法。这个过程一旦开始，就会成为领导者的领导过程中的一项任务，对某些人而言，这甚至意味着成为终身的任务。

找到你的"领导力观点"

- 谁是让你受到激励的领导者？
- 他们有哪些特质？他们做过什么让你受到激励？
- 你能做这些事情吗？你拥有这些特质吗？如果没有，你能够开发这些特质吗？如果不能，你可以做些什么？

- 你对自己和他人的期望是什么？

- 别人对你的期望是什么？

- 你如何向别人分享你的这些信息？

鼓舞人心的领导者

汤姆成为部门副总裁的经历是一个典型的例子。如果 CEO 退休了，汤姆将会被提拔为企业的高层管理者，没有人会对此感到奇怪。如果领导者被提拔为企业的 CEO，那么他们有责任创建并实现组织的愿景、价值观和使命，聚焦于战略及建立领导团队。他们需要与其他的 CEO 建立人际网络，学习什么是有效的方法、什么是无效的方法。他们必须在解决问题的时候做出很艰难的决定，很多时候这是没有参考指引的。

汤姆已经很久没有用到专业技能了，这些技能曾经很好地帮助到他，但是以后不再有太多用处了。作为一名 CEO，汤姆现在通过其他人的工作来实现所有的结果，为股东和企业的成败承担责任（见图 27-4）。

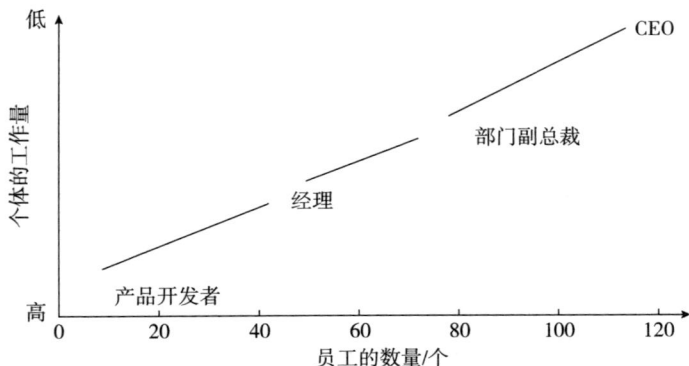

图 27-4　教练领导力的效果

管理是通过他人及与他人一起完成任务，为掌握这一技能，汤姆有一份每个人擅长的事情的详细"地图"，这对他非常有帮助，因此汤姆经常使用"关系地图"。

高管在最佳状态下能够领导他人创造卓越，从而使整个组织取得成功。汤姆经常分享自己的"领导力观点"，他的管理团队也是这么做的，这样组织中成员之间的信任程度以及沟通的品质都有了提高。汤姆现在每天都在帮助其他人实现目标，为他们提供好的资源，帮助他们处理各种困难。他自始至终都在用组织的愿景和价值观去激励团队。

作者简介

肯·布兰查德是世界上最有影响的领导力大师之一，他因在领导力和管理领域的突破性贡献而受到人们的尊敬。他撰写了几十本著作，其中有在国际上风靡一时的畅销书《一分钟经理人》（*One Minute Manager*）、商业畅销书《顾客也疯狂》（*Raving Fans*）及《同心协力》（*Gung Ho!*）。他的著作被译成超过27种语言，总销量近2 000万册。他是总部位于圣迭戈的国际性管理培训与咨询公司肯·布兰查德公司的联合创始人及精神领袖。美国大峡谷大学（Grand Canyon University）的商学院以他的名字命名。

马德琳·霍曼·布兰查德是"布兰查德认证"（一个在线的领导力发展系统）的团队领导者，也是肯·布兰查德公司的教练服务部门的组建者。霍曼·布兰查德夫人自1989年就成为一名教练，并且作为顾问委员会成员及高级培训师，帮助教练大学（Coach University）建立了核心课程。她是国际教练联合会的创始委员会的成员，她曾经在国际教练联合会服务6年时间。在此之前，她曾经创办过一家教练服务公司——直线教练（Straightline Coaching），致力于为一些有创造力的人提供生活及工作教练服务。她曾经在两年时间里担任一个教练项目的项目总监，为一家国际性银行的信息技术部门的 2 100 多名员工提供教练服务。她撰写过 3 本书:《组织教练》（ *Coaching in Organizations* ）《发挥最佳潜力：高管教练的秘密》（ *Leverage Your Best，Ditch the Rest：The Coaching Secrets Executives Depend On* ）、《更高层次的领导》（ *Leading at a Higher Level* ）。她也是肯·布兰查德公司教练技术课程"领导者的教练基础"（ Coaching Essentials for Leaders ）的开发者之一。

琳达·米勒是肯·布兰查德公司的"教练全球联络人"，她为欧洲、亚洲及中美洲、南美洲等地区的领导者提供教练及培训服务，此外她很擅长向人们介绍什么是教练以及如何在组织中应用教练。1996 年以来，琳达一直是国际教练联合会中的活跃成员，并且是"大师级教练认证"（ Master Certified Coach ）标准的设计者。她与马德琳·霍曼·布兰查德合作撰写了《组织教练：肯·布兰查德公司的最佳实践》（ *Coaching in Organizations：Best Practices from The Ken Blanchard Companies* ）。2009 年，她因为对教练领域的卓越贡献而被授予荣誉博士称号。

第 28 章

用前馈代替反馈

马歇尔·戈德史密斯（Marshall Goldsmith）

长期以来，人们认为提供反馈是领导者的一项基本技能。员工在努力实现组织目标的时候，他们需要知道自己做得怎么样，需要知道自己的绩效是否符合领导者的期望，需要知道哪些方面做得好，哪些方面需要改变。传统上，领导者以一种自上而下的方式给下属提供反馈信息。正如员工需要从领导者那里得到反馈，领导者也可以因员工的反馈而获益。员工可以提供关于流程的效率、管理者领导力的效能等方面的有价值的信息，这种向上反馈在 360 度评估中越来越普遍。

但是，所有类型的反馈都有一个根本性的问题：它聚焦于过去已经发生的事情，而不是未来可能发生的事情。反馈本身是很有限的、静态的，而不是扩展的、动态的。

过去几年中，我观察了超过 3 万名参加过一个很有意思的练习的领导者，在该练习中，参与者需要扮演两个角色。他们在一个角色中要提供前馈（即为某人的未来提供建议，并且提供尽可能多的帮助），在另一个角色中要接受反馈（即听取别人对自己未来的建议，并且尽可能多地学习）。该练习时长为 10 ~ 15 分钟，参与者有六七次交谈。在该练习中，参与者会被要求完成以下事项。

- 选一个他们想要改变的行为，这个改变应当可以为他们的生活带来明显、积极的变化。
- 描述这个行为并且随机地选择搭档，一对一对话。对话可以很简单，例如"我想成为更好的倾听者"。
- 询问前馈（关于参与者选择的行为，未来可能帮助到参与者的建议）。如果参与者与搭档在一起工作过，那么最好不要给出任何关于过去的反馈，而只能够提出关于未来的想法。
- 注意听取建议并做笔记，参与者不允许对建议做任何的解释，不允许评论建议，甚至不能给正面的评价，例如："真是一个好主意！"
- 对搭档表示感谢。
- 询问搭档想要改变什么。
- 提供前馈，即帮助对方改变的两个建议。
- 当对方表达感谢时，只说"不客气"。通常给出及接受建议的整个过程的时间是两分钟左右。
- 重新换一位搭档，重复前面的过程，直到组织者停止练习。

练习结束后，我请参与者为体验的过程提出一个总结词，然后组成一句话："这个练习……"。省略号处通常是非常正面的词语，例如"棒极了""有能量""有用""有帮助"，其中最常被提到的是"有趣"。

当我们想到任何反馈活动的时候，我们最不可能想到的词是什么？是"有趣"！

尝试前馈的 11 个理由

参与者被问到，为什么这个练习会让他们感到有趣，而不是痛苦、尴尬或者不舒服。他们的回答能够解释，为什么相对反馈而言，前馈是一个更有用的工具。

（1）我们能改变未来，但无法改变过去，前馈能够帮助人们聚焦于积极的未来，而不是失败的过去。运动员经常是通过前馈来训练的，赛车手被教导"看前面的路，不要看墙"，篮球运动员被教导要想象篮球进入球筐的完美投篮。告诉人们如何能够更加成功（而不是回忆过去的失败），这能够提高他们未来成功的概率。

（2）帮助人们学习如何做正确比证明他们什么地方做错了更有成效。负面的反馈经常变成"我来证明你做错了"，部分接受反馈的人会对此抗拒，部分反馈者也会感到不舒服。即使是建设性的反馈也常常会被认为是负面的，因为反馈有必要涉及对错误、缺点、问题的讨论。相反，前馈几乎总是正面的，因为它关注的是解决方案，而不是问题。

（3）前馈对成功的人来说更为合适。成功的人喜欢针对他们的目标收集建议，他们倾向于抗拒负面的判断。我们总是倾向于接受用我们看待自己的方式所给出的反馈，而会反对或者拒绝与我们自己不一致的反馈。成功的人倾向于对自己有一个积极的自我印象。我研究过很多成功的高管，他们会（甚至喜欢）对前馈做出回应，但我不确定他们是否对反馈有积极的回应。

（4）前馈可以来自任何了解要完成的任务的人。非常奇妙的是，在前面提到的练习中，参与者可以从那些他们根本不认识的人那里学到非常多的东西！例如你想提高倾听能力，几乎所有的搭档都可以给出一些提高倾听能力的想法，他们不需要认识你。反馈要求反馈者对被反馈者有了解，而前馈只需要前馈者对要完成的任务有很好的想法。

（5）人们不会把前馈视为针对个人的。理论上讲，积极的前馈被看成"聚焦于绩效，而不是聚焦于个人"。实际上，几乎所有的反馈都是针对个人的（不管反馈的方式是什么样的）。成功的人高度地把个人身份与工作联系在一起，他们越成功，越倾向于这样。给一位专业人士做反馈而不涉及他的个人身份，这是非常困难的。而前馈讨论的是还没有发生的事情，因此前馈不涉及对个人的评价。正面的建议通常被人们视为客观的劝告，而对个人的评价经常被视为对个人的攻击。

（6）反馈会强化自我的模式及消极的自我实现预言。前馈能够增加改变的可能性，而反馈会增强失败的感受。我们曾经被伴侣、某个重要的人、朋友"帮助"过，他们似乎有一张"照相机的内存卡"，跟我们分享并指出我们过去的缺点。负面的反馈经常被用来加强这样的观点——"这就是你做事的方式"，前馈则基于对接受反馈的人能够在未来做出积极的改变的假设。

（7）面对反馈的障碍。大多数人不喜欢负面的反馈，也不喜欢对别人给出负面的反馈。我曾经给 50 多家公司做过 360 度反馈报告的解读，在几个对领导者的反馈项中，"及时提供发展性的反馈"与"鼓励并接受建设性的批评"都是满意度分数最低的。传统的培训看起来没有多大的用处，因为如果领导者每次在看到评估表之后有了"提高"，他们就能更好地反馈，那么现在他们就应该完美了！领导者并不擅长给予、接受负面的反馈，短期内这并不会有。

（8）前馈几乎能够覆盖反馈所涉及的各方面。我们假设，你刚刚在高管委员会面前做了一次很糟糕的汇报演讲，你的主管也在场，他没有批评你，而是给你一些建议，帮助你为下次的汇报做好准备。这些建议可以非常有针对性而且用一种积极的方式来提供。这种方式可以解决同样的问题，但不会让你感到尴尬，也不会让你感到更羞愧。

（9）前馈会比反馈更快且有效。有一个非常好的提建议的技巧："我对你的将来有 4 个建议，请接受这些建议背后积极的精神。如果你只用到其中两个，你未来还会有两个可用。忽略对你没有用的建议就好了。"通过这样的方式，我们不会浪费时间去评判这些建议的质量，也不会去"证明这些主意是错误的"。这些争论经常是负面的，会浪费大量时间，也没有什么效果。对建议没有评判，提供前馈的人以及接受前馈的人也变得更加积极、正面。成功的人有非常强的自由决定的倾向，他们会接受自己相信的观点，而拒绝自己感到"被强迫"的观点。

（10）前馈是很有用的工具，可用于主管、同事和团队成员。而反馈，不论方式正确与否，都会涉及评判，当反馈用于主管或者同事的时候，可能会导致非常负面甚至限制职业发展的后果。前馈并没有比评判更加优越，它更像是一位有帮助的"同路人"，而不是一位"专家"。人们本身更愿意听取没有站在权威位置的人的建议。有一个非常棒的团队建设的练习，练习中每位成员互相询问："我未来如何帮助我的团队？"然后倾听同事的前馈（一对一对话）。

（11）人们倾向于更多地倾听前馈而不是反馈，前面练习的一位参与者提道："与在工作中相比，在练习中我会更有效地倾听。"他这样分析原因："通常，当别人在说话的时候，我忙于思考如何回应，这样可以让我看起来很聪明，因此，我并不是在完全地倾听别人。而在别人给我前馈的时候，我能做出的唯一回应就是'谢谢你'。既然我没必要思考如何聪明地回答，我就能够集中精力去倾听别人了。"

总而言之，本章的意图不是说领导者绝对不要给反馈或者绩效评估应该取消，而是要说明在每天的互动沟通过程中，前馈相对于反馈是更为可取的。前馈除了更具效率和效果外，还会让生活变得更快乐。当主管们被问道："你上次收到反馈时，你的感受是什么样的？"回答普遍是非常负面的。当他们收到前馈的时候，他们的回应是：前馈不仅有用，而且非常有趣。

企业所有部门、层级的人员之间高品质的沟通将组织紧紧联系在一起。领导者通过使用前馈，并且鼓励别人也使用前馈，能够显著地提高组织中沟通的品质，确保正确的信息得到传递，接收信息的人也乐于接受内容。结果是，组织变得更具活力、更开放，员工更关注对未来的承诺，而不是沉溺于过去的错误之中。

作者简介

马歇尔·戈德史密斯多次被《哈佛商业评论》评为世界上最有影响力的 50 位领导力思想家之一。《美国管理协会》杂志描述他为前 50 位思想家和在过去 80 年影响了管理领域的领导者之一。他被《华尔街日报》评为十大高管教育家之一；被《福布斯》评为五大最受尊敬的高管教练之一；被《经济时报》（印度）评为美国十大 CEO 教练之一，被《快公司》称为美国杰出的高管教练。马歇尔是被选出来与 120 位 CEO 和他们的管理团队一起工作的少数高管导师之一。他的许多著作销量超过百万册，包括被《纽约时报》评为畅销书的《魔劲》（*MOJO*）和《管理中的魔鬼细节》（*What Got You Here Won't Get You There*）[也是《华尔街日报》排名第一的商业图书和哈罗德·朗曼奖（Harold Longman Award）年度商业图书]。

第29章

三类高潜力领导者及 Realise2 4M 模型

P. 亚历克斯·林利（P. Alex Linley）

尼基·加尔恰（Nicky Garcea）

在动态、复杂的全球环境中，学习与改变的需求从来没有像今天这么强烈。全球化的程度不断加深，印度及中国的经济崛起极大地激发了人才需求大潮，2008 ~ 2009 年金融危机……高潜力领导者如何应对（甚至利用）这些环境，将决定在接下来进入企业最高管理层时，他们能够成功地走多远。领导者潜力的类型也有助于使他们成功的发展途径变得更宽阔。我们的经验表明，有 3 种类型的高潜力领导者：故步自封的（hard-wired）领导者、勤奋的（hard-working）领导者、谦逊的（humble）领导者。每一种类型的领导者都有其不同的发展需求以及绩效表现的轨迹。我们区别不同类型的高潜力领导者，有助于更好地理解他们不同的需求，从而更好地帮助他们。

故步自封的领导者

这类领导者在成长过程中一直相信自己是人群中的佼佼者。就读于预科学校、私立学校、常青藤联盟大学或者剑桥大学的尖子班，是学生社团领袖、大学精英，研究生毕业，然后被重重地贴上"高潜力领导者"

的标签——这是这类领导者的普遍经历。我们的观点其实很简单，他们通过这些经历进入精英一族，这些标签也让他们得到很多人的尊敬，同时，他们也背负着很大的期望，并因"固定观念"（fixed mindset）而承受很大的压力。

"固定观念"也许是高智商、之前的成功及早期成就无意造成的结果，它通常是这样的一些观点："我是公司中最优秀的人之一，因而对我来说所有的事情都很简单。"对这些有"固定观念"的人来说，任何事情都应该很简单，他们没必要努力，他们绝对不会失败，他们即使犯错也不会犯致命的错误。很显然，"固定观点"会阻碍他们进一步深入思考学习和改变，而这种学习和改变其实应该贯穿现代企业的整个生命周期中。"固定观念"会导致这样的想法："如果我做不到人们对我期望的，人们会发现这一点。我太害怕失败了，所以我不敢去尝试。"

故步自封的领导者最终会变得没有力量。另外，他们期望（并且相信别人期望他们）能轻松获得成功，而不是努力去争取。他们有卓越的才华、能力、智商及个人魅力，他们以为靠着这些能够达到他们想要的任何目标。对于努力工作、付出、失败、学习，他们认为："我不需要这些，这是别人要做的，而不是我要做的。""固定观念"代表的想法是"我天生就值得拥有任何东西"。结果是，如果有事情挑战了他们的这个信念，导致这些高潜力领导者认为自己可能没有什么特别的，这些事情就会对他们造成重大威胁。逃避比失败更容易，不去尝试比战胜更容易，因此"自毁"（self-sabotage）是这些有"固定观念"的高潜力领导者的一个关键标志。

勤奋的领导者

勤奋的领导者的特点是喜欢广泛地学习、改变、成长，这也许经常让他们遇到挑战、失望和挫折，但是他们利用这些严格的考验来锻炼自己的理念和弹性。他们的智商毫无疑问是非常高的，但他们从来不认为他们的高智商是理所当然的，他们把自己的智商更多地当成生存的技能而不是书本知识。

这些高潜力领导者通过生活中的变迁努力去学习、适应并发展，从而表现出自己工作中的道德、承诺和投入。随着全球高潜力人才库的扩大，他们的经验、理念也变得更加多元化，他们认为这是很正常的。

勤奋的领导者拥有一种不同的态度和心态，他们把每一次挑战都看成一个机会，把不确定性当成潜能，把逆境当成前进、学习与改变的台阶。与那些故步自封的领导者相反，这些领导者的特点是他们有成长的心态，他们相信命运不是生来既定的，通过学习可以塑造和影响命运的轨道。

谦逊的领导者

高潜力领导者的第三种类型是谦逊的领导者，竞争者无法真正看出他们有什么特殊才能。尽管从某种方式来看，这像是过去30年才被人们所认识的"冒名顶替综合征"的变形，但他们之间还是有细微的差异。谦逊的领导者可能在一定程度上有自信，但他们同样无法看到自己和他人相比有什么不同，这种现象经常在我们所研究的成就卓然的女性领导者（特别是亚洲的女性领导者）身上出现。她们把自己的成功与成就归功于环境、好运气、别人的努力，或者凑巧。

谦逊的领导者同样会被视为很强的继任者候选人，他们很自然地拥有吉姆·科林斯（Jim Collins）所支持的第五级领导者（Level5 Leadership）的谦逊美德。我们经常看到符合 Realise2 团队特征（Realise2 Team Profile）的高绩效领导团队具备谦逊的特点，而那些绩效不佳的领导团队则较少具有谦逊的特点。

总而言之，如果这些领导者的谦逊削弱了他们的贡献和影响力，那么他们谦逊的价值可能会变小，这样，过分的谦逊就变成了缺点，它阻碍高潜力领导者去做应该做的事情。在某些由男性主导的组织环境中，谦逊相当于放弃职业发展的机会。很重要的是，他们需要发展对环境的敏锐性，了解什么时候是为自己说好话的时机，什么时候应把功劳让给别人（这也是他们总是愿意做的事情）。

帮助高潜力领导者的 Realise2 优势模型

一方面，故步自封的领导者、勤奋的领导者、谦逊的领导者有不同的发展需求；另一方面，他们具有共同的人性。这可以通过"优势识别"的方法来帮助他们一定程度上了解自己的优点、擅长之事，以及喜好。

"优势"（Strength）是指我们能做好同时又喜欢做的事情，"优势"传统上被理解成"好的表现"（我擅长什么），但这是不够的，因为我们发挥优势时能够体验到"能量"（我享受并且为我自己提供能量）。此外，为了让优势产生结果，我们需要使用它，而使用优势本身是不断变化、与情境相关以及动态的。

综合考虑这 3 种要素，我们定义优势由"表现"（Performance）、"活力"（Energy）及"使用"（Use）所组成。这 3 个要素在坐标轴的不同区域，代表 4 种不同的表现、活力、使用的可能组合，也就是由 Realise2 4M 模型（见图 29-1）所定义的 4 个象限。

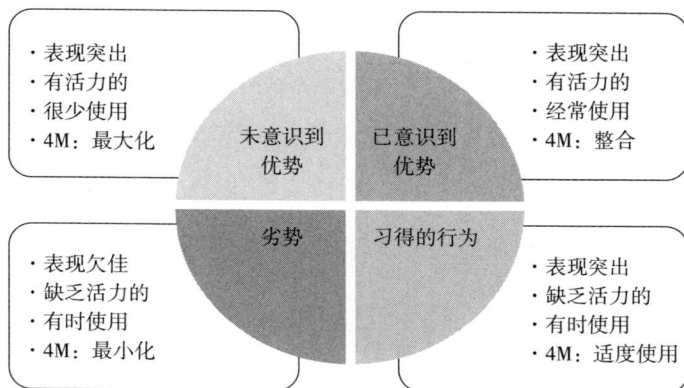

图 29-1　Realise2 4M 模型

（1）已意识到优势的特征是表现突出、有活力的、经常使用；

（2）未意识到优势的特征是表现突出、有活力的、很少使用；

（3）习得的行为的特征是表现突出、缺乏活力的、有时使用；

（4）劣势的特征是表现欠佳、缺乏活力的、有时使用。

这 4 种特征——已意识到优势的特征、未意识到优势的特征、习得的行为的特征、劣势的特征一起组成了 Realise2 4M 模型。4M 是指这个模型中的 4 个建议，从第一象限按顺时针分别是：

（1）整合（Marshal）已意识到的优势：根据情境及环境而适度使用它们；

（2）适度使用（Moderate）习得的行为：在需要的时候，适度使用它们；

（3）最小化（Minimize）劣势：除非必要，尽量少用；

（4）最大化（Maximize）未意识到的优势：找机会更多地使用它们。

使用 Realise2 4M 模型来教练高潜力领导者

对高潜力领导者的基本优势方面的教练，是要帮助他们切实地了解自己的优势、自己习得的行为以及自己的劣势。这些优势是帮助他们加强整合自己特质的基础，使他们发挥自己的潜能，继续发展并且获得更大的成功。对这 3 种类型的领导者，优势的影响略有不同。

- 对于故步自封的领导者，理解环境背景的优势，领会优势与情境之间的动态交互作用，能帮助他们理解他们内在的世界并非如想象的那样一成不变。这种对适应性和敏捷性的重新思考能够转变他们的心态和观点，最终能够改变他们的绩效。
- 对于勤奋的领导者，他们体验到优势和习得行为之间的区别往往是顿悟。这一类人很可能把自己的优势理解成"我所擅长的"，因此混淆了他们的学习行为，认为努力工作和付出是获得成功的敲门砖。当他们开始认识到高绩效可以通过做自己喜欢的事情来实现时，当然偶尔也需要屈服去做那些不得不做的事情，那么他们的洞察力和绩效可以很快地提升一个层次。
- 对于谦逊的领导者，他们对自己优势的认识、接纳、加强可以开启他们对自己价值的感受，释放他们有时候认为自己不过是名不副实的成功者的糟糕感受。当他们认识、整合了自己的优势，他们就找回了真正的自己，活得更加真实、自信，最终能有更好的表现。

当开始鉴别和认识领导者的优势之后，教练一般就可以通过 Realise2 4M 模型来继续帮助他们工作了。

（1）整合你已意识到的优势，并且将其与你的目的和目标保持一致，这样你实现目标的可能性会更大。

（2）注意适度使用已习得的行为已习得的行为应根据需要来使用，但是不要过度使用。

（3）学习如何改进你的劣势，让这些劣势不会对你造成负面影响。你需要寻找方法通过你的优势来弥补劣势，和他人或团队一起工作，学习如何改进劣势，让劣势变为优势。

（4）寻找机会去最大化自己的优势，更多使用它们去达到自己想要的结果。你未意识到的优势是一座巨大的、未开发的"金矿"。

（5）完成上面的循环之后，要付诸实践，1 个月、3 个月、6 个月之后再回顾，看看自己哪些方面发生了改变、还需要做些什么。这样通过持续发挥自己的优势来让自己有最佳的表现，控制自己的习得行为，改进自己的劣势。

对高潜力领导者很重要的是，Realise2 4M 是一个动态的模型，Realise2 是一个动态的评估工具。情境发生变化时，我们在这些情境中发挥的优势也会改变，这叫作适应性。在快速发展的过程中，高潜力领导者未必能够认识到适应的需要；相反，他们认为要继续像以前那样做，甚至努力做得更多，这样他们才可以获得更大的成功。情境判断应该得到足够的重视，亚里士多德（Aristotle）称之为"实践的智慧"，这是一种判断、决定、实践通过正确的方式、做正确的事情、得到正确结果的能力。

我们在帮助高潜力领导者发挥他们优势的过程中，很重要的是让他们认识到其优势仅仅是"个人—组织—环境"三角形的一条边，如果他们想要有更好的领导力表现，他们需要付出更多的努力。另外两条边分别与战略（组织方向）、情境（环境背景）有关，这 3 条边就构成了 3S-P

模型，这个模型是由劳伦斯·莱昂斯（Laurence Lyons）和安娜·贝特森（Anna Bateson）一起开发出来的。

3S-P 模型：整合优势、战略及情境以提升绩效

3S-P 模型的中心假设非常简单。如果没有考虑背景（情境，Situation）和方向（战略，Strategy），优势不过是一种爱好；如果没有意识到环境（情境）和需要的能力（优势），战略不过是对着星空许愿；如果没有航行的方向（战略）和到达目的地的方式（优势，Strength），情境不过是我们身边一幅美好的画而已。当这 3 个因素结合在一起的时候，我们具备必要的基础和足够的能力去创造绩效（Performance），所以我们定义了这个 3S-P 模型（见图 29-2）。

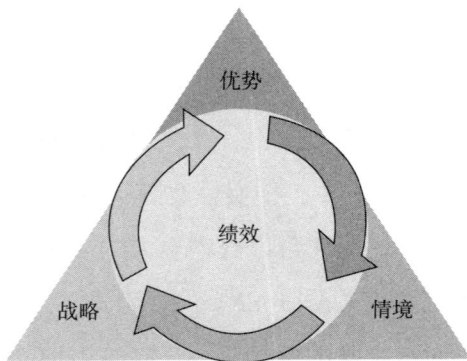

图 29-2　3S-P 模型

我们教练高潜力领导者也考虑了这 3 个方面，包括如下一些典型的问题。

1. 优势

• 你为实现目标能够发挥的优势有哪些？

• 你的组织如何看待你的优势？

• 你的优势是否利用好了？

2. 战略

• 你想实现的成就是什么？为什么？

• 帮助或者阻碍你实现这个成就的主要影响因素是什么？

• 为什么做这件事情对组织来说是正确的？你如何帮助组织实现使命和目标？

3. 情境

• 你现在所面临的环境是什么样的？它如何影响你？

• 世界的什么变化会影响你的决定？

• 你的优势、战略、情境是不是相互匹配的？如果不匹配，你可以做些什么？

高潜力领导者通过教练的过程，对优势、战略、情境的动态整合的理解越来越深入，他们对应该如何做来创造更高的绩效会有更复杂而完整的观点。当然，在当今世界，情境和战略是不断改变的，这是我们所面临的现实。因此，尽管教练过程必须是动态和适应的，我们还是需要有一套基本原则来为我们做什么以及为什么做提供一个思考框架。

第一，人们通常在发挥自己优势的时候能够表现得更好。第二，正如雷文斯公理（Revans's anxiom）所指出的，个人和组织的学习速度必须总是快于（至少等于）环境的变化速度，这样他们才能生存及兴盛。第三，通过最大限度地整合优势、战略、情境，我们能够帮助人们在不断变化的世界中有好的表现从而获得成功。高绩效领导者所存在的世界充满了陷阱和诱惑，同时也充满了机会和潜在的可能性。我们的角色是帮助他们将优势发挥得更好，而他们的管理工作未来也会影响我们所有人。

作者简介

P. 亚历克斯·林利教授，是 CAPP 的心理学家及创始总监。他作为一名组织咨询专家将优势心理学应用于组织发展和人才实践，为全球的主要企业客户提供咨询服务。亚历克斯曾经独立撰写、与他人合著或者编辑超过 150 份研究论文及专著的部分章节，出版了 7 本专著，包括《积极心理学实践》（威利出版社，2004）、《优势》（CAPP 出版社，2010）、《积极心理学手册》（牛津出版社，2010）等。

尼基·加尔恰是 CAPP 非常有名望的心理学家和咨询总监，她领导一个咨询团队，致力于评估、发展、绩效管理和基于优势的人才管理、教练、女性领导力发展等关键领域。尼基主要在美洲、欧洲、西非等地区工作。2010 年，她参与编辑了《积极心理学手册》。

第 30 章

教练高潜力女性领导者：使用六点影响力模型实现转型

芭芭拉·明策 - 麦克马洪（Barbara Mintzer–McMahon）

最近的一个周末，我和丈夫去到一个我们很喜欢的海滨度假胜地，我们在当地的一个市场买东西时，一些明信片上写着的很精辟的话引起了我的兴趣。其中有一句话吸引了我的注意力，它是一个问题："当机会来临的时候，你能回答'谁能帮我抓住机会'吗？"

在与我一起工作过的女性领导者中，我说不出有多少人在机会面前曾经非常挣扎。为什么呢？为什么对女性来说，她们拥抱和获得可能的职业发展机会是那么困难呢？我曾经为很多女性领导者提供过教练服务，其中有些人经历着缺乏自信的挣扎，她们不愿意相信或者接受新的机会，别人也发现很难相信她们能够以新的方式去处理旧的、熟悉的事情。有一些勇敢的女性领导者积极地寻找宝贵的机会，最终发现她们不得不长时间地等待别人给她们这个机会。本章提供了一个转变模型，这是一个非常重要的工具，可以帮助她们熟练地应对这样的挑战。

女性领导者的职业发展是一个非常紧迫的问题，举例来说，美国的劳动力人群正发生着激变。在"婴儿潮"中出生的那一代人中有 60% 是白种人，现在他们逐步退休了。他们正在被全新的"劳动力大军"所代替，这些劳动力将让美国变得更加复兴和有活力。这个社会背景为高潜力女性领导者提供了更多发展机会。

因此，现在是很关键的时刻，因为占劳动力如此之多的女性对消费者购买决策具有不可替代的影响力。美国的女性购买了 85% 的产品，她们对所有产品的消费决策的影响超过 90%。商业预测师费丝·波普康（Faith Popcorn）曾经说："无论是世界 500 强企业还是初创小企业，都在尽力针对女性做大量的市场营销，他们想要控制每一个产品和服务的细分市场。"

在组织中让女性担任领导工作及决策制定的角色，以了解消费者以及预测消费者的需求，是必然的趋势。那些为重要客户提供有效服务的组织必须非常了解她们，很显然，谁又能够比女性自己更了解女性消费者的选择和喜好呢？

识别并且关注这些新的女性领导者非常关键，我们需要采取一些行动。企业要成功就必须知道如何招募、留用女性领导者，并且在每一个层面的业务中使用这些高潜力的女性领导者。麦肯锡咨询的一份研究报告也支持这个观点，其研究发现，那些将女性提拔到管理层的企业往往具有更高的收益率。麦肯锡 2010 年的关于女性的报告表明，高管团队中有更多女性的企业的收益率比其他的企业高出 41%。

攀登企业的领导阶梯

从"婴儿潮"到"新劳动力"的变化过程中，女性领导者有这么大的转变潜力，我们不禁要问自己：我们可以为她们做些什么？我们可以确信女性已经为组织中的职业发展做好准备了吗？同样，组织是否已经为女性领导者做好了准备？

全球的 MBA 项目中，女性的人数不断增加，这是女性认可、承诺和渴望进入商业世界的一个证据。Forte 集团做过一次调查，数据表明，其14 所成员学校中有 13 所学校的班级中，来自中国或印度的女性学生占了海外学生的大多数。Forte 集团的成员学校包括哈佛商学院、芝加哥大学、宾夕法尼亚大学。

那么问题来了，我们是否已经积极地做好了计划，帮助和发展这些准备并将要承担更多高级管理岗位的高潜力的女性？在不同的国家和文化下，答案可能是不同的。美国的统计数据表明，人们还需要为此做更多的事情。目前管理和专业岗位中的男性与女性大概是平均分布的，但是女性更多的是位于"金字塔"的中底部，而男性则主导了金字塔的顶部。世界 500 强企业的高管团队中只有 14% 是女性，尤其是只有不到 2%的 CEO 是女性。这表明美国的这些组织中，女性领导者还存在很大的发展机会。

当职业女性沿着企业领导阶梯（Leadership Ladder）向上攀登的时候，她们很多人发现自己遭受着一些直接的挑战，例如朋友、婚姻、母亲身份、社区等。这些挑战经常与她们的工作形成冲突，让她们很难达到所期望的工作与生活的平衡。大多数女性感受到多种身份所带来的压力。

对于高潜力女性领导者而言，这种压力尤其大，她们越往组织的高层发展，越能感受到所要付出的代价。她们需要应付新的职责及紧张的工作任务所带来的挑战，同时她们不想让那些在自己向上发展过程中支持过自己的人失望。此外，她们不想放弃自己有竞争力的地位，也不想让家人和朋友失望。她们在两个非常不同的"世界"中穿行，个人目标及职业愿景的冲突也越来越大。

那么，她们为什么会遇到这样的困难？又如何避免落入这样的陷阱？组织能够如何培养这些精英和关键员工呢？

职业转型的六点影响力模型

转变的六点影响力模型（Six Point Influence Model，简称"六点模型"）是用于把大的转变分解为可管理的小的改变的系统化的教练模型。这个模型非常适用于培养和教练人才，并且在实践中已经非常有效地用于帮助女性领导者解决其所面临的挑战。

六点模型的一个总的目标是支持人们持续地转型。这个模型有 4 个相互影响的要素（4P）：认知（Perception）、实践（Practice）、伙伴（Partnership）和绩效（Performance）。4P 中任何一个要素的改变，很自然地会影响其他 3 个。要成功地掌握这 4 个要素，还需要平衡地使用反思（Reflection）与自律（Discipline）。这六点就组成了"转变的六点影响力模型"（Six Points of Influence for Transformational Change）（见图 30-1）。

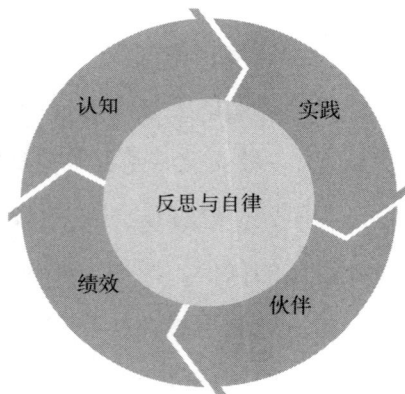

图 30-1 转变的六点影响力模型

定义六点影响力模型

认知。认知是指我们如何看待自己，如何看待他人，他人如何看待我们，所有涉及的人如何看待或理解情境、业务以及我们注意到的体验。

实践。实践是我们的做法、习惯和行为模式，我们所关注的一系列能力，我们应对变化的方式，对变化的反应，面对变化如何做出选择。

伙伴。伙伴是我们选择如何与他人合作，而且可能更重要的是我们教会别人如何与我们合作。

绩效。相对于我们想要通过改变所创造的愿景，绩效是指在现实中得到的结果。

反思与自律。为成功地运用 4P，领导者需要通过反思与自律来整合4P。

反思是花时间去思考"过去发生了什么"以及未来的"如果……"（ what if ），它包括我们过去经验中的记忆和情绪，对过去的理解，对未来的预期，以及关于改变如何影响接下来的事情。反思有些是关于正面的，有些则是关于负面的。

自律是为采取行动而必需的承诺与能力。

人们在遇到压力和挑战的时候，很自然的倾向是选择逃避。同时，在反思和自律之间保持平衡是非常必要的。反思而没有行动，你哪里也去不了；行动而没有反思会导致你更快地奔向失败。

不要单独去追求反思和自律，领导者必须在生活中、与重要的人有互动关系的环境中去进行反思和把握自律。教练的责任不仅仅是和领导者一起发展行动计划，同时还要确保卷入合适的利益相关者，建立与这些利益相关者的反馈机制，以保持行动计划在正轨上。

最后，为了让转型能够产生作用，女性领导者所预想的结果必须与她的价值观联系在一起。她必须清楚地了解自己和组织的价值观（这个过程可以在教练的帮助下完成），这样她就可以回答"那会怎么样"（so what）这种问题。她必须反思她个人的认知，考虑改变对她自己、上司、组织、伙伴、家庭等意味着什么。在女性高潜力领导者决定改变之前，她应当考虑这个改变对她的影响圈中的人带来的好处和坏处。

开始使用六点影响力模型

我们回忆一下，那些曾经面临着机会的女性领导者，她们由于种种缘故在机会面前停了下来。她们可以如何使用这个模型呢？（例如，想象她的上司已经声明要离开，她有填补这个空缺的可能性。）

在开始使用六点模型之前，教练要先向她们介绍这个模型：认知、实践、伙伴、绩效、反思与自律。她需要从一个感到最舒服的领域开始。例如，如果她看待自己的方式及别人看待她的方式让她很纠结，她可能会由于缺乏自信而不愿意把这个模型用于工作中。在这种情况下，她要从"认知"开始进行教练。另外，如果她关注的是自己的团队缺乏清晰的愿景，她也许需要选择从"绩效"开始。

通过六点影响力模型来加快女性高潜力领导者的职业发展

这 6 个领域缺少任何一个，都会阻碍女性高潜力领导者的晋升。我们来探讨一下，当女性高潜力领导者想要打破所谓的"玻璃天花板"并且与教练一起工作的时候，六点影响力模型可以如何解决她们所面临的常见障碍。有些时候，这些障碍只与六点中的一点有关，有些时候与两点或更多点有关。

承担了太多的角色。这是企图帮助所有人解决所有问题的方向性的挑战。这个问题与认知有关，即女性高潜力领导者对自己选择的角色缺乏清晰的愿景；也与实践有关，即承担了太多的任务而没有建立区分边界。

男性俱乐部。女性高潜力领导者被严重地排除在男性环境之外，要避免这个障碍，需要反思自己重要的利益相关者，识别关键的竞争对手，建立伙伴关系。

继任计划的偏见。继任计划中女性往往被忽略，这可能是其他人的认知所造成的女性经常被看成是支持角色而不是领导者，或者男性领导者以为女性领导者不愿意离开家庭而无法满足差旅和职责的要求。女性领导者会更可能提名女性作为继任者，但高层中很少有女性领导者。

经常承担支持者的角色。照顾（care-giving）的习惯根深蒂固，这通常是女性高潜力领导者的认知所造成的，特别是自我认知。教练需要训练女性高潜力领导者经常反思自己的时间花在什么方面，会不会产出她想要的成果。

单打独斗。女性高潜力领导者的同盟者太少。女性高潜力领导者有太多理由来独自承担工作，也许是由于追求完美而避免寻求帮助和避免授权给他人。女性高潜力领导者在传统文化中被教导为别人工作，她们经常自己承担太多而造成团队的懈怠。可能由于缺乏伙伴，她们坚持独立做所有的事情，或者担心如果她寻求别人的帮助或不知道问题的答案，其他人会怎么看待她们。有些女性高潜力领导者甚至担心，如果她们和教练、导师一起工作，同事们会认为她们还没准备好或者没有能力。

不清晰的愿景。愿景不清晰的例子是，女性高潜力领导者想要得到的大于她现在已经拥有的。她知道自己可以有更大、更有意义的贡献，但是她还不清楚自己的愿景或者能做出的贡献是什么。或者她的确有一个愿景，但是这个愿景与她的上司所认为的工作重点是冲突的。这都是与绩效有关的挑战。

工作中运用六点影响力模型的案例说明

前面介绍了这个模型并提供了识别及处理障碍和挑战的一些例子。下面是我教练过的两位高绩效女性领导者的案例，她们通过六点模型在生活中创造了持久的转变。

格蕾塔和唐娜

第一个案例，格蕾塔（Greta）面临着一个机会，但是她有些抗拒，因为她担心会影响她的家庭。第二个案例，唐娜（Donna）也面临着一个有挑战的机会，她的情况的独特之处在于，她没有忽略其他人，唯独忽略了自己。

案例研究 1：格蕾塔的故事

格蕾塔发现自己陷入了一个很多女性所面临的一个情形：必须在家庭和事业之间做出痛苦抉择，因为她是一位高潜力员工，职业机会非常诱人。当她知道被列入了一家很大的制造公司的 CEO 候选人名单之后，她就像打了鸡血一样充满能量和激情。对高潜力领导者而言，自己能力提升以及别人对他们的认可，会让他们有一种上瘾的感觉。在顺利发展的过程中过于满足是一件容易的事情，因为只要在个人生活上犯一些错误来让自己失望就好了。当格蕾塔要为更大的任命做准备的时候，她不得不考虑更多的事情，她意识到自己没有办法在维持其他的承诺和责任的同时继续保持这样的职业发展速度。

当她被分派了一个需要经常到国外出差的项目之后，她做出选择的关键临界点就来临了。格蕾塔无法应付这样的压力，她需要重新思考和协调自己的事业与家庭。她向我寻求帮助，于是我们一起反思"那会怎么样"（so what）这个因素。我们讨论她可能需要采取什么新的行为和行动，考虑这个变化的好处和弊端，并且积极地为二者做好准备。格蕾塔用"如果我接受这个任命，那么……"这个句式填写她自己和不同利益相关者的名字，考虑这个任命对自己丈夫、家庭、团队及组织的影响。

格蕾塔留出黄金时间与丈夫和孩子们在一起，他们一起反思家庭需要做出的牺牲，每个人增加的需承担的责任，一起评估这次职位晋升是不是值得的。他们讨论长期和短期的回报，对家庭财务上的益处（更安全的保障、孩子们上大学的资金、家庭度假资金等）。

格蕾塔告诉家人，如果她在新的任命中成功，她将与大家一起分享一大笔奖金，于是大家达成了一致意见。现在大家都是在为奖金而努力工作，而不是格蕾塔一个人获得回报而其他人要做出牺牲，这让他们之间的合作关系有显著的不同。孩子们满腔热情地讨论在格蕾塔不在家的时候，大家如何分担家务和其他的责任。

格蕾塔也与自己的上司一起反思她的愿景，她分享了自己的观点和考虑、正面和负面的影响。与上司协商的时候，她显示出自己的自律（能力及承诺），最后她获得了每个月至少有 10 天可以待在家的许诺。通过与家人及上司的沟通，格蕾塔与大家一起建立了合理的期望，并且得到了组织内部和外部的支持。她能够制订出一份对所有关键利益相关者（她的团队、公司、家庭）都有利的计划。

案例 1 的行动步骤

认知。格蕾塔需要反思自己的信念，需要思考新的角色对她是否有真正的价值，是否值得她做出这样的牺牲；她同时还需要克服传统的女性观念（例如她需要通过支持他人而体现自己的价值）。

绩效。一旦她澄清了自己的愿景，并且与自己的价值观建立联系，她就意识到自己非常努力地想要在每个人面前、每件事情上都做到完美。她需要改变自己的实践，不再这样做，并且寻求他人的支持。她把反思过程扩展到主要的利益相关者，与他们一起讨论赞成和反对的理由，并且形成共同的愿景。

自律。教练支持格蕾塔担负起把实践与愿景保持一致的责任。

实践。她与家人一起设计了一个确定期望与责任的行动计划，而且包含了一些细节，诸如谁承担家务、奖金如何分配等。

伙伴。她建立起持续反馈的流程，确保这个流程对每个人都是有效的，并且能够为她提供持续的改进。

案例研究 2：唐娜的故事

唐娜为一个很大的医疗保健组织工作，她一开始担任的是行政助理职务，经过 31 年的职业生涯，她在组织的领导阶梯中逐步发展成一名负责服务与支持的总负责人。尽管这是一个高阶的职位，但她一直以来总是担任以服务为导向的部门经理。

正如人们在唐娜早期的生活所看到的，她的职位对她而言看起来很合适。唐娜的母亲是一位很有声望的女主人，能够让每个人感到被关爱。在唐娜的工作中，她发现自己也被评价适合类似的岗位。像她的母亲一样，她擅长处理人际关系，让每个人感到舒服和开心。

但是唐娜内心有一个隐藏的渴望，她想要从事创新与创意方面的岗位。由于她只表现出部分才能，她的工作中只有很少的机会能有创新。她在自己的岗位上干得很好，由于她认为公司就是要她执行其他人的计划而不是提出自己的计划，因此她没有表现出其他的天赋。每次做绩效回顾的时候，上司问到她的兴趣和接下来的行动步骤，她都隐藏了自己真实的渴望。她的假设是，既然同事已经非常坚定地认为她适合现在的岗位，那么她对创新和战略的想法是得不到欣赏、认可的，甚至是不切实际的。唐娜陷入了很多高潜力领导者会遇到的、没有反思自己的自我设限的信念的陷阱。传统上，女性被认为应当支持他人，把自己放在前面是不符合女性规范的，很多女性领导者甚至质疑优先考虑自己的需要和渴望是不是正确的。

唐娜需要改变对自己的认知，并且教会别人改变看待自己的方式。在教练过程中，我们引导唐娜更深入地思考，她需要改变自己在战略会议上保持沉默的方式。很多年以来，她只是在讨论到与自己工作相关的事情的时候才发言，现在她不得不练习鼓起勇气发言，以表现自己在创新方面的能力。

为了创造这样的改变，唐娜突破了伙伴的边界，她研究并找出企业中与战略、创新有关的关键人物，创造机会与这样的潜在支持者建立联系。有时是在战略会议的正式场合，有时是在电梯中的非正式场合，她练习如何向他们分享关于战略和创新方面的观点。

结果是，唐娜改变了自己的个人品牌及别人对她的认知，与保持沉默相反，她关注提升沟通与影响他人的新能力。她愿意冒风险提出自己的观点，展示出自己在战略上的独到见解，让别人把她当成资源。

唐娜的努力得到了回报，她赢得了上司的支持，她的上司非常欣赏她的努力，并且帮助她在创新和战略部门找到了一个机会。

案例 2 的行动步骤

反思。我们反思什么是唐娜最看重的，处理她对改变自己认知和绩效的恐惧，理解她在自信方面的障碍。

实践。我们让她通过实践来改变别人对她的认知。在这个案例中，这意味着唐娜准备自己的策略，鼓起勇气在正式会议上发出自己的声音，磨炼她影响他人的能力。

伙伴。我们识别出能够帮助她的关键人物。教练帮助客户找到谁是支持者、谁是阻碍者，这是非常重要的。高潜力的女性领导者必须学习如何引起潜在支持者的关注。

总结

高潜力的女性领导者及她们的教练拥有令人兴奋的机会，她们可以影响世界并且扩展自己的觉察。当"婴儿潮"的那一代人退休了，女性就被期望越来越多地承担起领导者的角色。教练必须对女性领导者的这个需求更加敏感，并且准备好帮助她们克服种种障碍。教练必须理解，女性的自我认知及其他人对她们的认知是受文化所限制的，影响着她们面对未来的可能性的勇气。随着更多的高潜力女性领导者、组织以及与她们一起工作的其他领导者开始检查认知、实践、伙伴、绩效这几个领域，另外结合反思与自律，我们将看到更多聪明、机智的女性领导者承担起高管的角色。

行动规划

对于任何经历并且理解当前的挑战以及认同六点影响力模型及其创造的可能性的领导者，我在最后提出两个问题作为其行动上的挑战。

（1）组织中的领导者个人可以做些什么来创造更多的机会？

（2）组织需要做些什么来为高潜力的女性领导者创造更多的机会？

或者，像 2000 年前的拉比·希勒尔（Rabbi Hillel）所说的：

"如果我不为自己，谁会为我？"

"如果我只为了我，我是谁？"

"如果不是现在，那又是什么时候？"

作者简介

芭芭拉·明策-麦克马洪居住于旧金山湾区，是一位高管教练和咨询顾问。她的专长是领导力发展、团队建设、变革管理及战略合作。1989年她创立了"转型管理中心"（Center for Transitional Management）。2003～2011年，她曾经担任 Linkage 全球领导力协会的教练专业的高级主管。她曾经作为主要的负责人为壳牌、英特尔、Pella、Nektar Therapeutics、马德里理工大学及其他很多企业提供培训项目。麦克马洪夫人目前与 Alexcel 及高管发展协会（Institute of Executive Development）合作研究高管转变的最佳实践（Best Practices of Executives in Transition），她经常被邀请就该主题进行演讲和提供顾问服务。

致谢

　　《领导力教练》是集体努力的成果，离开这些伟大教练的卓越努力、关心和专长，本书是不可能完成的。

　　首先，我们深深感谢本书的所有作者。他们都很繁忙，都是各自领域的领导者，但愿意抽出时间来分享他们的智慧。非常感谢他们的努力和智慧，特别要感谢保罗·赫西博士，我们中很多人在工作中受益于他的"情境领导"理论。同样，非常感谢著名的人力资源大师戴维·尤里奇，他不仅贡献了几章，而且为本书作序。

　　我们特别感谢 Jossey-Bass 出版社的工作团队，马修·霍尔特、杜恩·科尔格及米歇尔·智伦克，他们的专业技能和知识让本书的出版过程变得十分愉快。同样，我们非常感谢优秀的编辑助理洛瑞恩·费歇和凯瑟·海特·斯图加特。她们的编辑技能和她们的快乐态度让我们在一起工作得非常开心。

　　最后，我们非常感谢家人，他们在本书的写作和编辑过程中对我们的支持是无价的。我们把最深的感谢给予丽达、凯利、布赖恩、朱迪、纳杉、蕾切尔、斯科特必利和荷马。没有他们，本书是不可能完成的。

马歇尔·戈德史密斯，加利福尼亚州兰乔圣菲

劳伦斯·S.莱昂斯，英国雷丁大学

萨拉·麦克阿瑟，加利福尼亚州圣迭戈

编者简介

马歇尔·戈德史密斯被《哈佛商业评论》评为世界上最有影响力的50位领导力思想家之一。《美国管理协会》杂志描述他为前50位的思想家和在过去80年影响了管理领域的领导者之一。他被《华尔街日报》评为十大高管教育家之一；被《福布斯》评为五大最受尊敬的高管教练之一；被《经济时报》（印度）评为美国十大CEO教练之一；被《快公司》称为美国杰出的高管教练。马歇尔是被选出来与120位重要CEO和他们的管理团队一起工作的少数高管导师之一。他的许多著作销量超过百万册，包括被《纽约时报》评为畅销书的《魔劲》和《没有屡试不爽的方法：成功人士如何获得更大的成功》（What Got You Here Wont Get You There），后者是《华尔街日报》排名第一的商业书和哈罗德·朗曼奖年度商业书。

劳伦斯·S. 莱昂斯是一位资深的教练、顾问、公共演说家、作家，是数字设备公司前任技术总监。他曾被亨利管理学院描述为"企业转型的领先权威"，他是该学院的教授和未来工作论坛的创始研究主任。

莱昂斯博士被认为是高管教练的先驱；他担任过美国和欧洲企业的几百位高级和高潜力高管的教练。他的很多教练客户在名人录里都能找到。

莱昂斯博士拥有布鲁内尔大学的博士和硕士学位以及市场营销学文凭。他是领导者协会思想领袖论坛（原德鲁克基金会）的特邀成员。

莱昂斯博士是本书的姐妹篇《领导力教练（实践篇）》的编著者。

萨拉·麦克阿瑟是一家位于加利福尼亚州圣迭戈市的编辑公司的创始人，有近 20 年出版领域的经验，曾为像马歇尔·戈德史密斯和安东尼·罗宾斯这样有影响力的客户工作。她为畅销书《没有屡试不爽的方法：成功人士如何获得更大的成功》《魔劲》以及《领导力教练》的出版做出了重要贡献。2009 年她与马歇尔·戈德史密斯和约翰·巴尔东尼合作编辑了《AMA 领导力手册》（AMA Handbook of Leadership），这本书在 2010 年被《选择》杂志评为商业、管理及领导力十大最佳书籍。作为管理和发展方向的编辑，萨拉在很多领导与管理主题上创造了巨大的成功。萨拉是广受欢迎的自由编辑和写作教练。

她在《圣迭戈读者》（The San Diego Reader）杂志、Harcourt Brace & Company 和安东尼·罗宾斯公司都有编辑或管理职务。她是《世界企业教练》（Business Coaching Worldwide）的前任编辑，毕业于俄勒冈大学，拥有英语和环境研究双学位。